BOOK IN BOOK

SEOUL
COMPLETE
MAP

【附韓語&美食導覽】

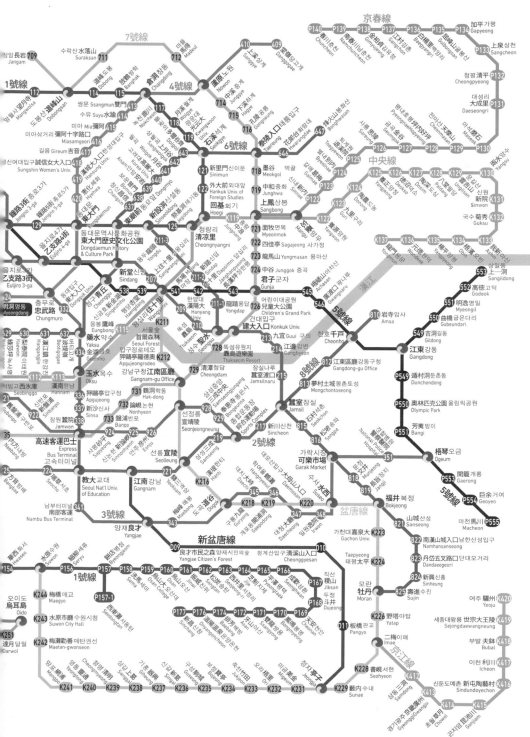

3

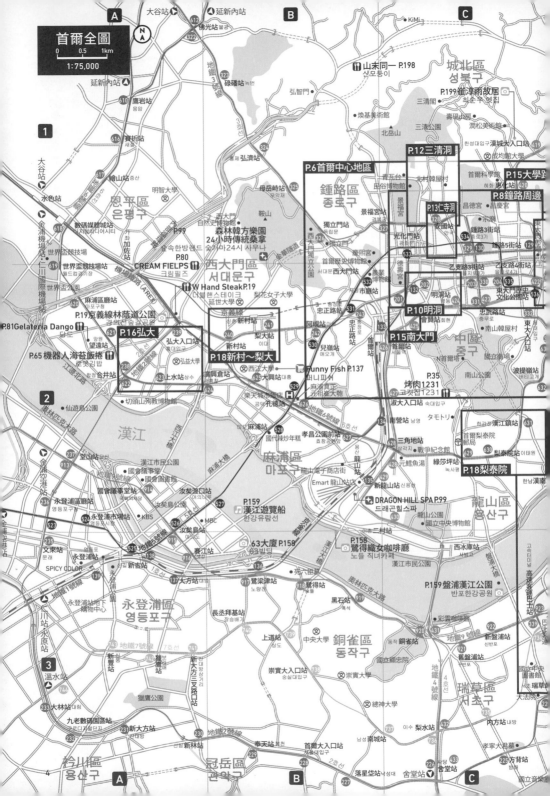

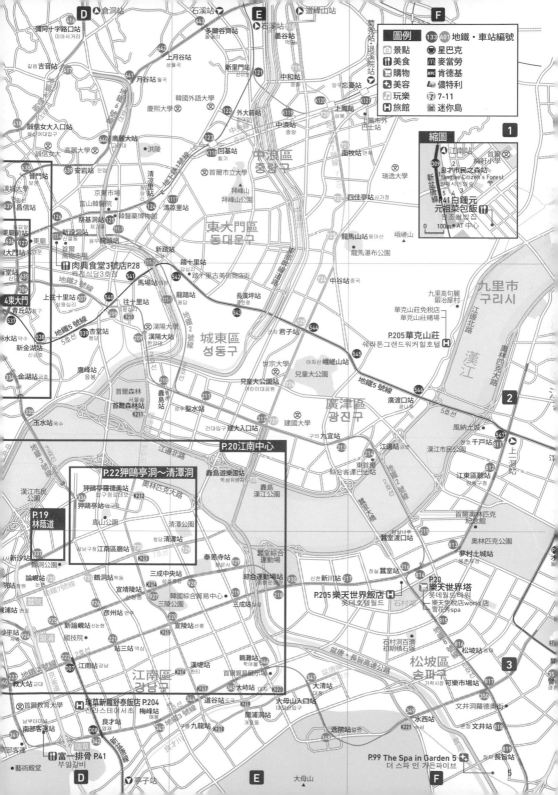

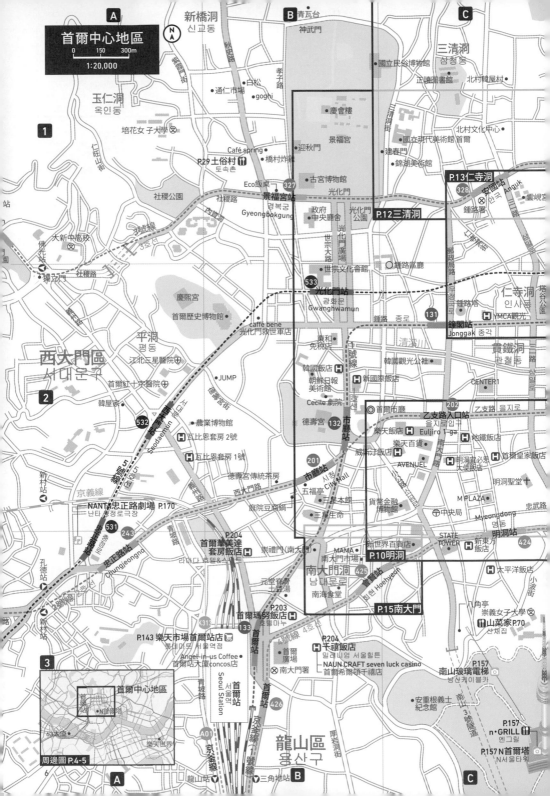

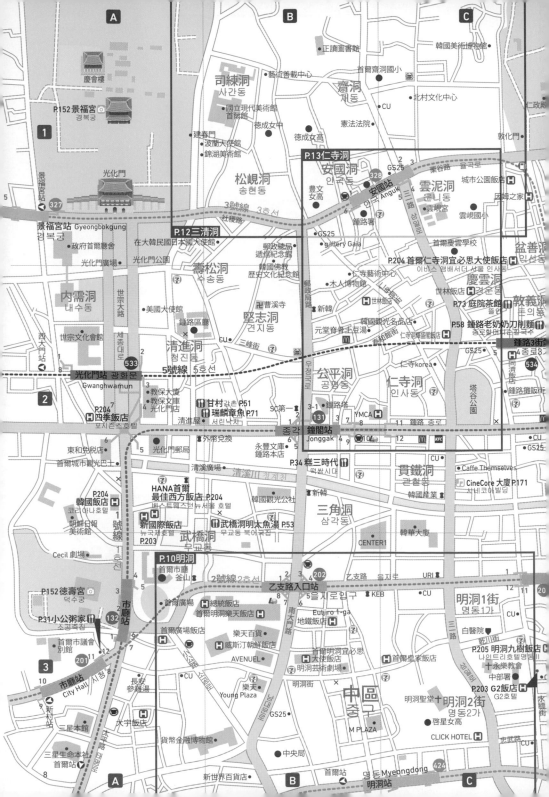

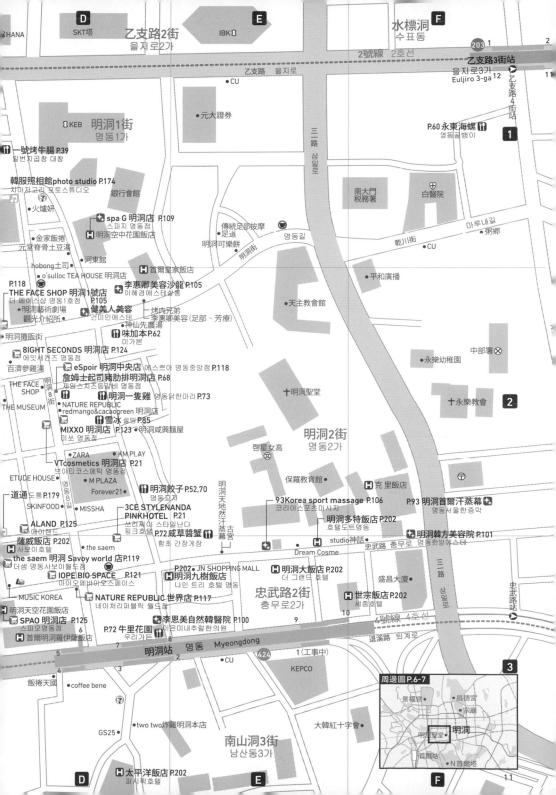

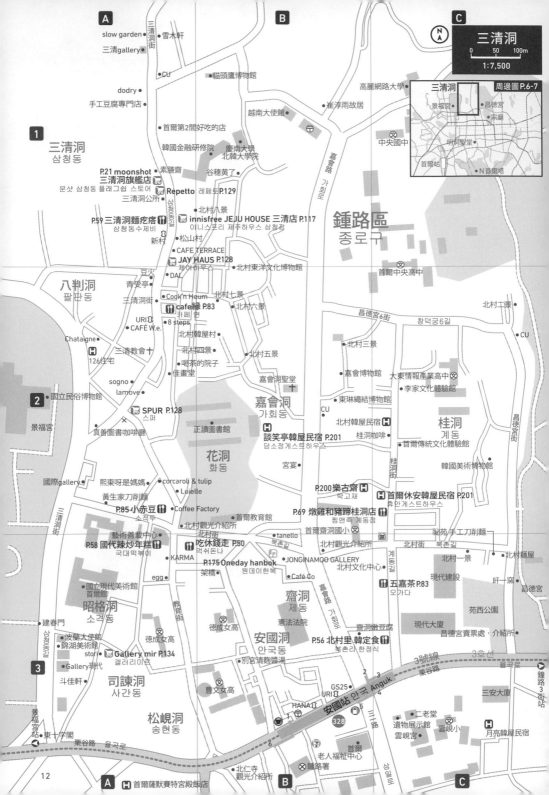

D 周邊圖 P.6-7

景福宮　昌德宮
宗廟
明洞聖堂　仁寺洞
N首爾塔
首爾站

安國洞
안국동

E 2 3

鍾路3街站
GS25
URI 安國 Anguk 4
三一路
HANA 5

安國站 328 6

景福宮站

OLIVE YOUNG
3號線 3호선
栗谷路
GS25
HANA
郵政局路

北仁寺洞觀光介紹所
大筆藝術
鍾路署

遺物展示館 二老堂
雲峴宮 雲峴園小

月亮韓屋民宿 H

F

N 仁寺洞
0 50 100m
1:4,200

1

打開筆房 P.135
열림필방
原州韓紙特約店 P.134
원주한지특약점
gallery Gaia
Gana藝術中心

智異山
天道教
中央大教堂
蝶祖
鄭
蘋果樹

首爾
老人福祉中心

德成女大

鍾路區
종로구

慶雲洞
경운동

首爾慶雲學校 首爾校洞國小

永昌
承文閣
文化紙業社
土大門家

Jetoy P.137
제토이

耕仁美術館 関家茶軒
傳統茶館
東方畫廊

P.184 Ssamziegil
쌈지길

韓國工藝文化振興院 藝術中心
P.132 國際刺繡院
국제자수원
木人博物館
阿利水
白岳美術館
季節食膳
P.134 VIIN COLLECTION
P.184仁寺洞MARU
인사동마루
新韓

木響 P.82
SORIHANA P.132
소리하나
星期三
寺洞麵屋
休 Insa Art plaza

全國公演團體協會

仁寺洞 H
皇冠飯店 鍾路稅務署

male
山村
通仁商店 耕藝術
傳統茶屋
仁寺洞

韓國工藝館
世林飯店

KEB

鍾路亞雲數飯店 P.203
흥담 어벤드 종로
SK建設大廈
里門先農湯

上賓飯店

全北紙業社
樂園年糕店
選藝術中心

擔廊
Doore

京一韓紙百貨
韓國觀光名品店
輝盛閣國際公寓

池花子真好
峰元筆房 鹽巴娃娃

樂園商店街

2

534
鍾路3街站
종로3가
Jongno 3-ga

乙支路4街站

GS25

GS25
5號線 5호선
郵政局路
光化門站

泰和館街
美麗襪博物館

貴足按摩 P.106
귀족마사지
國際刺繡院

韓紙故事館

神仙先農湯
道元兌換所
Nature Republic
日新堂筆房
古館

Vision

red mango

仁寺korea P.137
인사코리아

南仁寺洞觀光介紹中心

Hanaro大廈

韓美大廈
泰華大廈

和信小攤村

勝洞教會 十

塔谷公園

3

鍾路2街
종로2가

公平洞
공평동

YMCA觀光飯店 H

清進食堂
subway

仁寺洞
인사동

本拌飯
三一路

鐘閣站 종각
Jonggak
D 普信閣
市廳站

1號線 1호선 鍾路 종로

MISSHA
E 鍾路

KFC
F 3號線 鍾路3街站 13
3 鍾路3街站

131

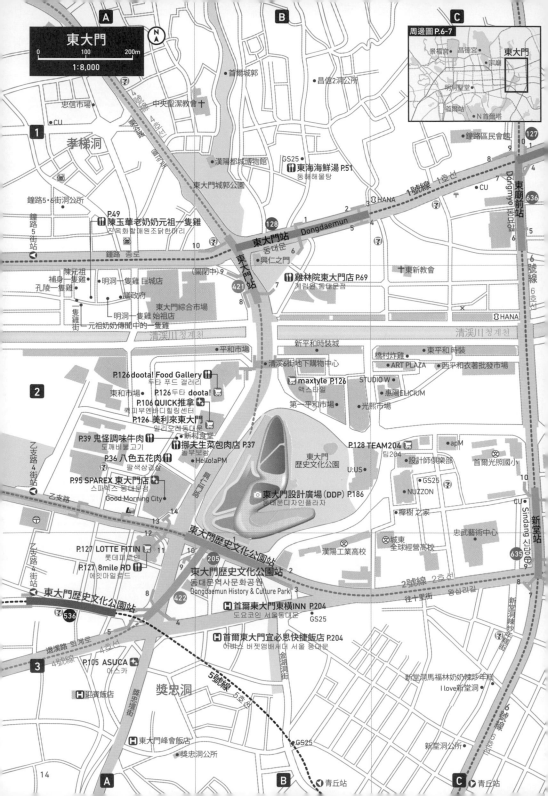

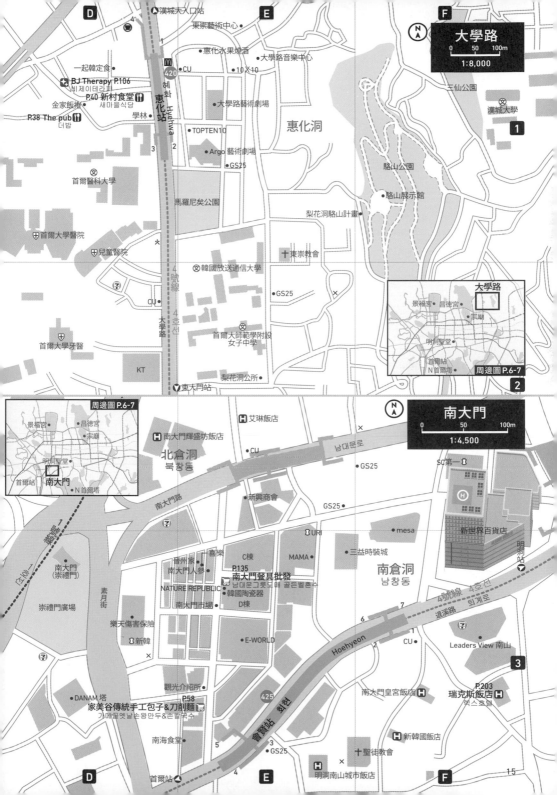

D

E

F

漢城大入口站

東崇藝術中心

惠化水果燒酒

大學路音樂中心

10 X 10

CU

一起韓定食

BJ Therapy P.106
비제이테라피

P.40 新村食堂

金家飯捲

P.38 The pub

420

惠化站

새마을식당

學林
새밥

大學路藝術劇場

TOPTEN10

惠化洞

大學路

0   50   100m

1:8,000

三仙公園

漢城大學

1

Argo 藝術劇場

GS25

首爾醫科大學

馬羅尼矣公園

駱山公園

駱山展示館

梨花洞駱山計畫

首爾大學醫院

兒童醫院

韓國放送通信大學

CU

GS25

4號線

東崇教會

景福宮 昌德宮

宗廟

大學路

明洞聖堂

首爾站

N 首爾塔

周邊圖 P.6-7

2

首爾大學牙醫

大學路

4號線

首爾大師範學校附設
女子中學

KT

梨花洞公所

東大門站

景福宮 昌德宮

宗廟

明洞聖堂

首爾站 南大門

N 首爾塔

周邊圖 P.6-7

艾琳飯店

南大門輝盛坊飯店

CU

SC第一

南大門

0   50   100m

1:4,500

北倉洞
북창동

남대문로

GS25

GS25

新興商會

URI

mesa

新世界百貨店

明洞站

南大門路

喜樂

晉州家

C棟

MAMA

三益時裝城

南倉洞
남창동

南大門人參

P.135

南大門餐具批發

NATURE REPUBLIC

韓國陶瓷器

南大門
(崇禮門)

南大門市場

D棟

素月街

崇禮門廣場

樂天傷害保險

新韓

E-WORLD

4號線

退溪路

CU

Leaders View 南山

3

Hoehyeon

觀光介紹所

425

DANAM 塔

P.58

家美谷傳統手工包子&刀削麵

P.203

南大門皇宮飯店

瑞克斯飯店

南海食堂

會賢站

GS25

新韓國飯店

聖徒教會

首爾站

明洞南山城市飯店

D

E

F

15

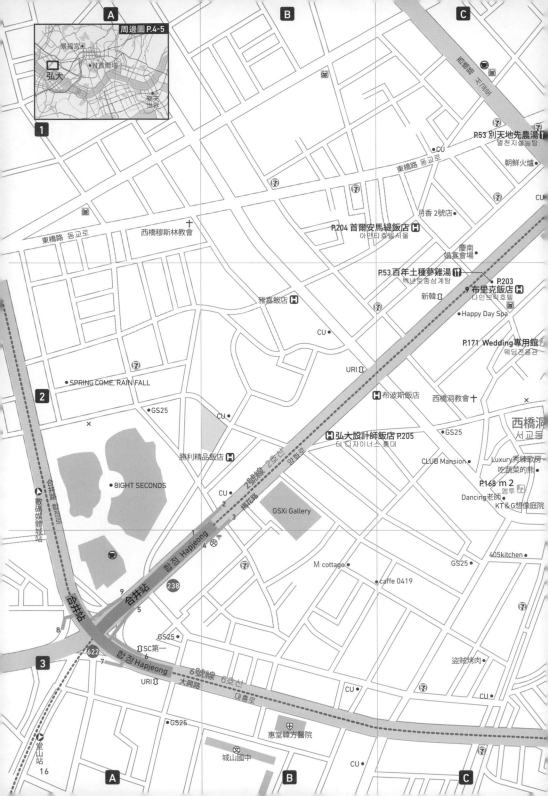

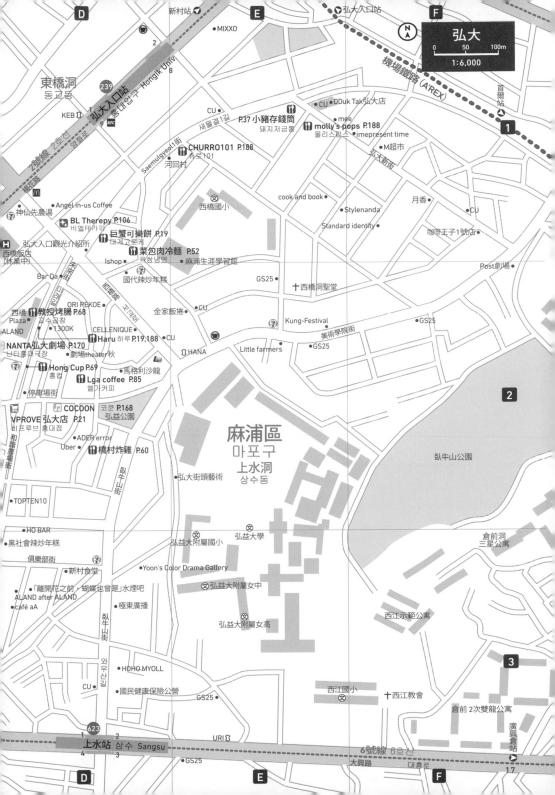

弘大

D   E   F

新村站

MIXXO

弘大入口站

機場鐵路 (A'REX)

首爾站

東橋洞
동교동

KEB

弘大入口站
홍대입구 Hongik Univ

2號線 2호선

KFC

CU

P.37 小豬存錢筒
돼지저금통

CU ● DDuk Tak弘大店

1

● molly's pops P.188
몰리스팝스

● imepresent time

CHURRO101 P.188
츄로101

Saemulgyeol1街
새물결1街

● mee

● M超市

河回村

弘大新街

Angel in-us Coffee

西橋國小

cook and book ●

月香

CU

神仙先農湯

BL Therepy P.106
비엘테라피

● Stylenanda

咖啡王子1號店

巨蟹可樂餅 P.19
대게고로케

Standard identity

弘大入口觀光介紹所

菜包肉冷麵 P.52
쌈밥肉냉면

Post劇場

西橋飯店
(林業中)

Ishop

麻浦生涯學習館

Bar Da

國代辣炒年糕

GS25

十西橋洞聖堂

ORI PEKOE

教授烤腸 P.68
교수곱창

金家飯捲

CU

Kung-Festival

西橋
Plaza

● 1300K

美術學院街

GS25

ALAND

CELLENIQUE

Haru 하루 P.19,188

CU

Little farmers

GS25

NANTA弘大劇場 P.170
난타홍대극장

劇場theater秋

HANA

馬格利沙龍

Hong Cup P.69
홍컵

Lga coffee P.85
엘가커피

停車場街

麻浦區
마포구
上水洞
상수동

COCOON 코쿤 P.168
弘益公園

2

臥牛山公園

VPROVE 弘大店 P.21
비프루브 홍대점

和諧廣場街

ADER error

Uber ●

橋村炸雞 P.60

弘大街頭藝術

TOPTEN10

倉前洞
三星公寓

HO BAR

黑社會辣炒年糕

弘益大附屬國小

弘益大學

俱樂部街

新村食堂

Yoon's Color Drama Gallery

西江示範公寓

「離開花之前，蝴蝶也曾是」水煙吧

弘益大附屬女中

ALAND after ALAND

café aA

極東廣播

弘益大附屬女高

西江示範公寓

3

HOHO MYOLL

CU

國民健康保險公營

GS25

西江國小

十西江教會

倉前 2次雙龍公寓

廣興倉站

上水站 상수 Sangsu

URI

GS25

6號線 6호선

大興路 대흥로

17

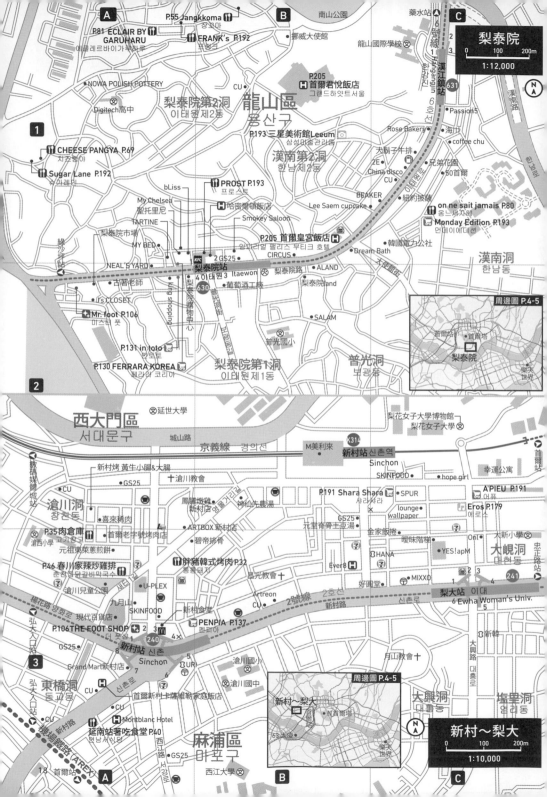

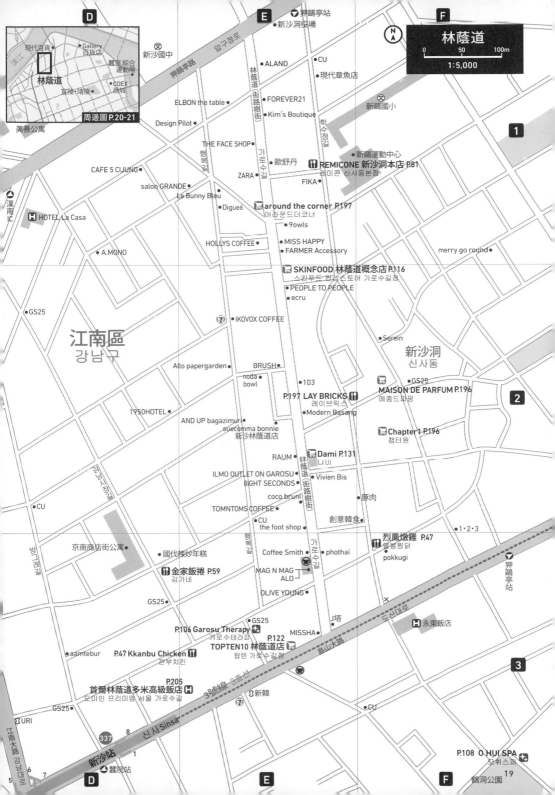

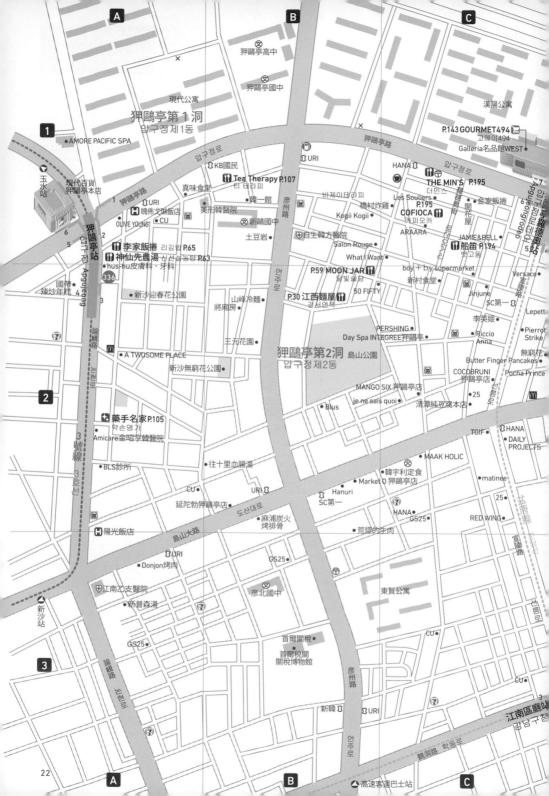

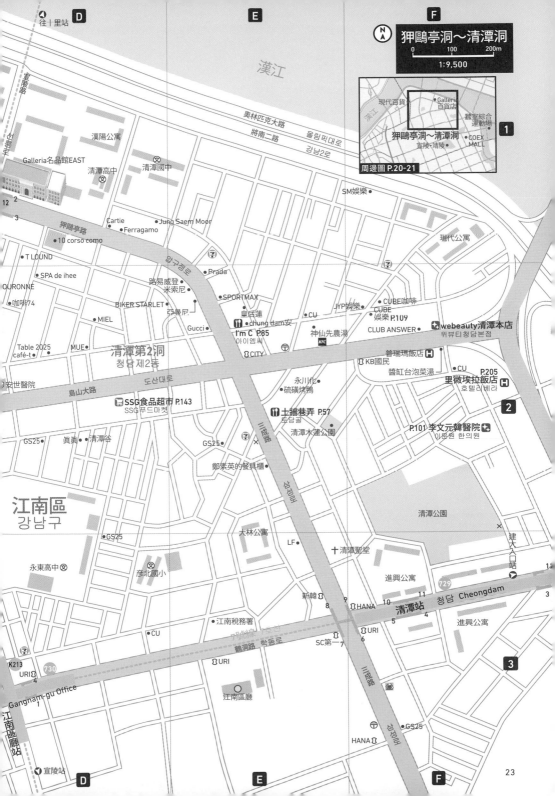

搭地鐵移動吧

基本費用	一般(現金)1350W，(T-money)1250W
轉乘	在首爾地鐵內可以不出站進行轉乘
搭乘時間	17～19點為下班尖峰時段，道路擁擠，議搭乘地鐵，會比計程車省時又省錢

售票機

① 買票

這就是一次性票卡。購買費用包含500W押金。

顯示中文
按下畫面下方從右邊數來第一個的「中文」按鈕，切換成中文。

選擇一次性使用的交通卡
按下「初次搭乘專用」按鈕，購買「一次性交通卡」。

搜尋車站路線或站名
搜尋目的地站名，按下該地按鈕。所有車站都有編號。

選擇張數，付款
按下站名後，會進入張數選擇畫面，點選所需人數並投入現金。

② 搭乘

前往目的地方向的驗票口
有些驗票口是按照行車方向來區分，在進站時要確認目的地方向為何。

搭乘地鐵
跟在台灣相同，搭乘時請守規矩。不必理會車內販售。

③ 下車

在目的地下車
以明洞為首的觀光地區周邊車站都有中文廣播。

④ 退還押金

只要將卡片放入印有「Deposit Refund Device」的機器並按下按鈕即可。

各種情境都能精準傳達！隨處可用！

韓國旅遊用語集錦

以下透過不同情境，介紹從打招呼等基本用語到簡單會話等絕對能派上用場的慣用句！如果能夠積極活用並和當地人溝通，旅程鐵定會變得更加有趣。就用手指來試試看吧！

基本篇

你好。
안녕하세요.
安妞哈ㄥㄟ呦

再見。（離開該處時）
안녕히 계세요.
安妞ㄏㄧㄍㄟㄥㄟ呦

再見。
안녕히 가세요.
安妞ㄏㄧ嘎ㄥㄟ呦

是的。
네./예.
ㄋㄟ/耶

不是。
아니요.
阿妞

辛苦了。（離開餐廳等地時）
수고하세요.
蘇溝哈ㄥㄟ呦

謝謝。
감사합니다.
咖母撒哈米達

謝謝。
고마워요.
摳嗎我呦

不好意思。
죄송해요.
催松嘿呦

不好意思。（叫人時）
저 (여) 기요.
秋 (呦) ㄍㄧ呦

對不起。
미안해요.
米安ㄋㄟ呦

麻煩你了。
부탁해요.
布他ㄎㄟ呦

沒關係。
괜찮아요.
肯掐那呦

我知道了。
알겠어요.
啊魯ㄍㄟ搜呦

不是很明白。
잘 모르겠어요.
掐魯 摸魯ㄍㄟ搜呦

請問有會中文的人嗎？
일본어 하시는분 계세요?
ㄘㄨㄥ估攝 哈西ㄋㄧㄥ蹦 ㄎㄟㄥㄟ呦？

還想再來玩。
또 놀러오고 싶어요
偷 ㄋㄛ魯ㄌㄨ喔溝 西波呦

下次再見吧。
또 만나요.
偷 嗎嗯那呦

美食篇

有中文的菜單嗎？
일본어 메뉴판이 있어요?
ㄘㄨㄥ估攝 menu爸尼 咿搜呦？

請不要弄太辣。
너무 맵지 않게 해주세요
ㄋㄛ母 妹起 安ㄎㄟ 嘿啾ㄥㄟ呦

看起來好好吃！
맛있겠다!
嗎西ㄎㄟ他！

我要開動了。
잘 먹겠습니다.
掐魯 摸ㄎㄟ蘇母你達

我吃飽了。
잘 먹었습니다.
掐魯 摸溝蘇母你達

請給我水／小碟子／濕紙巾。
물/접시/재떨이/물수건주세요.
母魯／秋西／切偷哩／母魯蘇溝嗯啾ㄟㄟ呦

請幫我打包（外帶）。
포장해 주세요.
波加ㄋㄛ 啾ㄟ呦

請幫我換網子。
（在燒肉店時）
판 갈아주세요.
幫嗯 咖啦啾ㄥㄟ呦

請問廁所在哪裡？
화장실이 어디에요?
花將戲哩 歐滴欸呦？

請幫我結帳。
계산해 주세요.
ㄎㄟ撒ㄋㄟ 啾ㄟ呦

很好吃！
맛있어요!
嗎西搜呦！

會辣嗎？
매워요?
妹嗚喔呦？

肚子很飽。
배불러요.
配布ㄌㄡ呦

請再給我一份這個。
이것 더 주세요.
衣勾 偷 啾ㄥㄟ呦

美容篇

請幫我安排女性（男性）店員。
여자 (남자) 스탭을 부탁합니다.
呦加 (那母加) 蘇ㄊㄟ布魯　布他咖母你達

我沒有預約，沒問題嗎？
예약을 못했는데 괜찮아요？
耶呀古魯　摸ㄊㄟ努恩ㄉㄟ　肯掐那呦？

有點（非常）痛。
좀 (많이) 아파요.
秋母 (嗎你) 阿爸呦

很舒服。
시원해요.
西嗚喔ㄋㄟ呦

剛剛好。
딱맞아요.
他　嗎加呦

購物篇

可以試穿嗎？
입어 봐도 되요？
衣波爸偷ㄉㄟ呦？

還有其他顏色嗎？
다른 색깔 있어요？
他倫　ㄙㄟ咖魯 衣搜呦？

有大的（小的）尺寸嗎？
큰 (작은) 사이즈 있어요？
苦嗯 (掐古嗯) size衣搜呦？

請讓我看看鏡子。
거울을 보여 주세요.
摳烏魯　波ㄋㄟ 啾ㄙㄟ呦

有新貨嗎？
새것 있어요？
ㄙㄟ溝 衣搜呦？

我只是看看。
그냥 보는 중 이에요.
哭娘 波努恩 七污尼欸呦

我再考慮一下。
좀 더 생각해 볼게요.
秋母 偷 ㄙㄟ嗯嘎嘿波魯ㄎㄟ呦

請算便宜一點。
싸게해 주세요.
撒給 嘿啾ㄙㄟ呦

現在流行的是哪一個呢？
지금 잘 나가는 것 뭐에요？
七估母 掐嘎 那嘎努恩 溝 摸欸呦？

請幫我換錢。
환전해 주세요.
法恩瓊恩嘿 啾ㄙㄟ呦

觀光篇

○○今天有開嗎？
○○는 오늘 열어 있어요？
○○努恩 歐努魯 呦ㄌㄡ 衣搜呦？

有中文的手冊嗎？
일본어 팜플렛 있나요？
ㄘㄨㄥ估撾 帕嗯府魯雷 衣嗯那呦？

導覽是幾點開始？
투어는 몇시 부터요？
偷歐努恩 謬西 不偷呦？

可以進去嗎？
들어가도 되나요？
偷烏ㄌㄡ嘎都 ㄉㄟ那喲？

請幫我叫計程車。
택시 불러 주세요.
ㄊㄟ苦西 布ㄌㄡ啾ㄙㄟ呦

請載我到○○。
○○까지 부탁해요.
○○咖幾 布他ㄎㄟ呦

我在這裡下車。
여기서 내립니다.
呦ㄎㄟ搜 ㄋㄟ哩母你達

請問可以拍照嗎？
산진 찍어도 되요？
撒吉恩 七溝都 ㄉㄟ呦？

兩張大人票。
어른 두장 주세요.
歐魯恩 都烏醬 啾ㄙㄟ呦

很漂亮。
아름다워요.
阿魯姆達烏哦呦

很感動。
감동했어요.
坎動嘿搜呦

玩樂篇

我是○○的粉絲。
저는 ○○씨 팬이에요.
秋努恩 ○○西 倍妮欸呦

一起喝酒吧！
같이 술 먹어요.
咖起 蘇魯 摸溝呦

歐爸好帥！
오빠 멋있어요!
歐爸 摸西搜呦！

安可！
앵콜!
欸嗯摳魯！

很有趣。
재미있어요.
切咪搜呦

請拍照。
사진 좀 찍어 주세요.
撒吉恩 秋母 七溝 啾ㄙㄟ呦

一起拍照吧。
같이 사진 찍어요.
咖起 撒吉恩 七溝呦

還能買票嗎？
아직 표는 구할 수 있어요？
阿吉 ㄅㄧㄡ努恩 苦哈魯蘇 衣搜呦？

我想要連在一起的座位。
같이 있는 자리가 좋아요.
咖幾 衣恩努恩 掐哩嘎 秋阿呦

旅館篇

我是預約的○○。
예약한 ○○입니다.
耶呀咖恩 ○○衣母你達

沒有熱水。
따뜻한 물이 안 나와요.
達偷湯 母哩 安那哇呦

電燈不亮。
불이 겨지지 않아요.
布哩 ㄎㄧㄡ吉吉 阿那呦

請打掃房間。
방 청소해 주세요.
爸恩 秋恩搜 嘿啾ㄥㄟ呦

請告訴我Wi-Fi的密碼。
와이파이 비밀번호 알려주세요.
歪拜 必咪魯波ㄋㄡ 阿魯流啾ㄥㄟ呦

散步篇

（給別人看地圖）
請告訴我現在在哪裡。
여기가 어딘지 가리켜 주세요.
呦ㄍㄧ嘎 歐迪恩吉 咖哩ㄎㄧ啾ㄥㄟ呦

車站在哪裡？
역은 어느 쪽이에요？
呦股恩 歐努 秋ㄍㄧ欸呦？

我迷路了。
길을 잃었어요.
ㄎㄧ魯 衣ㄌㄡ搜呦

戀愛篇

請告訴我kakao talk的ID。
카톡 아이디 알려주세요
咖偷哭 阿衣滴 阿流啾ㄥㄟ呦

請跟我交往！
사귀어 주세요.
撒ㄍㄧㄡ 啾ㄥㄟ呦！

我愛你。
사랑해요.
撒郎嘿呦

親愛的／甜心
자기야
掐ㄍㄧ呀

不要劈腿喔！
바람 피우지마요！
爸郎 逼烏吉嗎呦！

你在做什麼？
지금 뭐해？
七股母 摸黑？

想見你～。
보고싶어～.
波溝西波～

危機篇

請幫助我。
도와주세요.
偷哇啾ㄥㄟ呦

請叫警察。
경찰을 불러주세요.
ㄎㄧ用嗯掐魯魯 不流啾ㄥㄟ呦

我把護照弄丟了。
여권을 잃어버렸어요.
呦古喔努魯 衣ㄌㄡ波溜搜呦

我找不到行李。
짐을 못 찾았어요
七母魯 摸 掐加搜呦

我的錢包被偷了。
지갑 도독 당했어요.
七嘎 都都 坦嘿搜呦

明明放在這裡的，卻不見了。
여기에 뒀는데 없어졌어요.
呦ㄍㄧ欸 偷努恩ㄉㄟ 歐布搜啾搜呦

請帶我到醫院。
병원에 데려가주세요.
畢歐恩望ㄋㄟ ㄉㄟ流嘎啾ㄥㄟ呦

我肚子（頭）痛。
배(머리)가 아파요.
沛（摸哩）嘎 阿爸呦

\ 讓你的心境也徹底變成首爾人 /

自言自語・情感表現慣用句

在旅行中也用韓文來表達情緒！也許當地人會因為你不經意說出的韓文而開心喔。

대박	超棒！（ㄉㄟ爸）	그래？	是嗎？（哭雷？）
쩔어!	真不得了！（秋ㄉㄡ！）	잘자～	晚安～（掐魯加～）
이쁘다	好可愛／好漂亮（一布達）	피곤해～	好累～（逼溝ㄋㄟ～）
진짜!?	真假！？（七恩掐！？）	빨리빨리!	快點快點！（爸里爸里！）
정말?	真的？（秋恩嗎魯？）	가자	走吧！（咖加！）
안돼!	不行！（安ㄉㄟ！）	건배!	乾杯！（摳恩杯！）
죽겠어!	要死了！（啾ㄎㄟ搜！）	어머 어머	哎呀呀／哎唷（歐摸歐摸）
화이팅	加油！（fighting）	헐……	咦……（感嘆、吃驚等）（齁魯……）
왜?	為何？／怎麼了？（喂？）	아이고	啊啊（感動、難過、很可惜等，隨時可用）（愛溝）
어때?	怎麼樣？（歐ㄉㄟ？）		

手指美食目錄

分別以肉、湯、麵等分類介紹韓國料理中的代表菜色。
用手指照片，讓店員看你想吃的東西來點餐吧！

肉
고기

豚

〔五花肉〕豬
삼겹살 ∂∂∂

在豬肋骨周圍，肥肉和瘦肉形成的三層肉。採厚切方式，整個煎脆之後，和豆瓣醬（韓國味噌）、泡菜、蔥等一起包覆在蔬菜內食用。

豚

〔排骨〕豬
돼지갈비 ∂∂∂

排骨。浸滿甜醬的肉質非常軟，直接吃或包進蔬菜吃都很棒。

豚

〔豬的橫膈膜〕豬
갈매기살 ∂∂∂

豬的橫膈膜和肝臟之間的肉。脂肪量少，味道清爽，像牛里肌。

豚

〔熟肉〕豬
보쌈 ∂∂∂

預先調味過的水煮豬肉，一般會和泡菜一起吃。味道清淡，營養價值高。

豚

〔豬腳〕豬
족발 ∂∂∂

醬油燉煮的豬腳，沒有臭味，膠原蛋白豐富，很受女性歡迎。

豬

〔血腸〕豬
순대 ∂∂∂

豬腸裡加入冬粉、蔬菜或豬血等的韓國香腸，沾粗鹽吃。

牛

〔烤肉〕牛
불고기
∂∂∂

牛肉炒成甜辣味，浸入醬油，並用專門的鐵板一同炒蔥等蔬菜和蕈類食物。又稱韓國風壽喜燒，味道不辣，廣受各年齡層喜愛。

牛

〔肉膾〕牛
육회 ∂∂∂

生牛肉。瘦肉細切後用調味料和佐料來拌，加入蛋黃或梨一起吃。

牛

〔牛肋排〕牛
쇠갈비 ∂∂∂

用醬料醃漬的牛肋排。若沒有事先調味則稱為生牛肋排。

牛

〔烤腸〕牛
곱창 ∂∂∂

牛的所有內臟，特別指小腸部位。韓國牛的內臟脂肪很多，味道醇厚。

（用手指）我要一份（兩份）這個

이것 하나 (이인분) 주세요

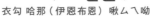

衣勾 哈那（伊恩布恩） 啾ㄥㄟ呦

〔辣炒雞肉〕雞
닭갈비
///

雞胸肉和大腿肉炒得辛辣。
主流做法是浸到辣椒醬裡，
再和椰心菜、番薯一起炒。
若加入起司，辣度就會變
淡，味道轉為濃郁。吃完也
會炒飯吃。

雞

〔韓式燉雞〕雞
찜닭
///

用辛辣方式來燉煮雞肉，切碎的雞肉和馬鈴
薯、蔬菜、有嚼勁的韓國冬粉一同燉煮。

〔炸雞〕雞
치킨
///

韓式炸雞。調味後的
藥念炸雞也很受歡
迎。

雞

〔雞腳〕雞
닭발
///

用辣椒醬調味的雞
腳，是攤販經典料
理。

雞

湯
국

〔參雞湯〕
삼계탕
///

雞腹中填入高麗人參和糯米等
食材，歷經長時間烹煮而成。

〔先農湯〕
설렁탕
///

牛肉和牛骨燉煮的白湯，有時
會加入素麵。

〔豆腐鍋〕
순두부찌개 ///

碎豆腐、蔬菜和魚貝類用辣湯
一起烹煮。

〔泡菜鍋〕
김치찌개 ///

加入滿滿帶有酸味的白菜泡菜
鍋，裡頭也有肉和蔬菜等。

〔味噌鍋〕
된장찌개 ///

韓式味噌湯。味道比日本味噌
湯濃厚，也有辣味的。

〔牛肉湯〕
곰탕
///

牛肉和內臟燉煮而成。沒有放
入牛骨，湯頭很透明。

〔明太魚乾豆腐湯〕
북어국
///

燉煮鱈魚的湯。味道清爽，可解
宿醉。

加入大量辣椒調味的雞腳，吃法是戴著塑膠手套食用。

鍋
찌게

〔一隻雞〕
닭한마리 🌶🌶🌶

整隻雞水煮。湯頭味道濃厚，帶有蔥、馬鈴薯等蔬菜甜味及雞汁，口感單純又深奧。料理名稱一隻雞，韓文就是指一整隻雞的意思。

〔馬鈴薯排骨湯〕
감자탕 🌶🌶🌶

燉煮馬鈴薯及豬背骨的辛辣湯頭。浸滿味道的馬鈴薯呈現黏糊口感。

〔部隊鍋〕
부대찌개 🌶🌶🌶

軍隊發祥的鍋料理。食材以火腿、午餐肉、泡麵等易保存食物為主。

〔辣炒年糕鍋〕
떡볶이 🌶🌶🌶

細長麻糬（年糕）鍋。大多很辛辣，根據店家不同，裡面會加入海鮮及拉麵等多種食材。

〔海鮮鍋〕
해물탕 🌶🌶🌶

加入豐富蝦子、花枝、螃蟹、蛤等魚貝類的火鍋，看起來極為豪華。

海鮮
해산물

〔醬油螃蟹〕
간장게장 🌶🌶🌶

甘甜且味道醇厚的生蟹浸入醬油醃製而成。和白飯的味道極為相襯，有著「白飯小偷」的別名。用甜辣佐料醃製而成的則稱為辣醬蟹。

〔辣炒章魚〕
낙지볶음 🌶🌶🌶

用辣椒醬炒紅章魚，當下酒菜時會和麵類一起吃。

〔安康魚鍋〕
아구찜 🌶🌶🌶

安康魚和豆芽菜等蔬菜一同蒸煮而成。

〔白姑魚〕
조기 🌶🌶🌶

和秋刀魚、鯖魚等都是韓國烤魚定食的經典菜單。

〔活章魚〕
산낙지 🌶🌶🌶

活章魚生魚片，會沾芝麻油和鹽一同食用。

〔韓式生魚片〕
회 🌶🌶🌶

韓國的生魚片一般是用白身魚，會沾苦椒醬吃。

飯 밥

〔韓式拌飯〕
비빔밥
韓風什錦飯。色彩豐富的食材和飯一同攪和著吃。

〔石鍋拌飯〕
돌솥비빔밥
裝在熾熱石鍋中食用的什錦飯，還能享用香味濃厚的鍋巴。

〔海苔飯捲〕
김밥
韓式海苔飯捲。用韓式海苔包覆著以芝麻油調味的白飯。

〔粥〕
죽
韓式粥。味道比日本的濃厚，會添加南瓜等甜的食材。

〔菜包飯〕
쌈밥
用蔬菜包覆飯、肉和味噌的傳統料理。

〔炒飯〕
볶음밥
韓式炒飯。大多是吃完鍋料理再炒飯來吃。

麵 면

〔冷麵〕
냉면
冰涼的牛骨湯中放入極有嚼勁的麵條。用剪刀剪斷後食用。

〔刀削麵〕
칼국수
韓式烏龍麵。湯頭和材料、麵條等會依店家不同而有各式種類。

〔炸醬麵〕
자장면
淋上黑味噌醬的麵食。加入大量洋蔥，帶點甜味。

〔炒碼麵〕
짬뽕
添加大量海鮮的麵食。湯中加入滿滿辣椒，味道辛辣。

〔豆漿麵〕
콩국수
清涼的豆漿湯麵。黃豆味道濃厚，口感卻很清爽。

〔麵疙瘩〕
수제비
用手將麵團撕塊做成。用湯燉煮後食用。

咖啡 카페

〔咖啡〕
커피
在韓國，用熱水稀釋濃縮咖啡後的美式咖啡最為主流。

〔紅茶〕
홍차
最受歡迎的是桃子茶等用水果製作的紅茶，甜味強。

〔韓方茶〕
한방차
裡頭加有各種韓方細心燉煮過的高濃度萃取物。

〔刨冰〕
빙수
韓式刨冰。特色是有水果、麻糬、紅豆等豪華配料。

〔糖餅〕
호떡
經典的零嘴。在小麥粉中加入黑糖和堅果製炸烤而成。

〔鬆餅〕
와플
韓國經典甜食。豪華配料十分受歡迎。

豆漿麵稱為夏日風物詩。首爾是做成鹹味，但在全羅道地區也有人會加入砂糖做成甜味料理。

在首爾必做的101件事！
從經典度假方式到無可取代的享樂方法，在首爾盡情遊玩的美妙多樣提案。

5W1H來解惑
詳細說明What、When、How to等基本問題，一讀就懂。

分區或分類型做整理介紹
用類別區分各個主題，可從「想做的事」開始翻閱。

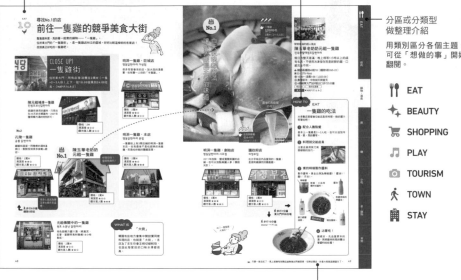

🍴 EAT

✦ BEAUTY

🛒 SHOPPING

🎵 PLAY

📷 TOURISM

🚶 TOWN

🏢 STAY

旅遊情報
用一行文字介紹對旅途有幫助的訊息及如何享受旅程的小知識！

【圖例說明】

🏠 地址

☎ 電話號碼

🕐 營業時間（寫出開始到結束的時間。最後點餐或入館截止時間會有所不同，有時也會因店家情況提早關門）

㊡ 公休日

ⓦ 成人入場票、設施使用費

⊗ 從最近的車站或據點場所出發的所需時間

[中文OK]
表示有會說中文的工作人員
請注意該人員並非一直都在

[有中文菜單]
表示有用中文書寫的菜單

▶MAP　表示在書前地圖上的位置

☆∴本書登場人物！
Hare和Tabi

為了找到真命天女在世界各地旅行！

Hare

Tabi

特別收錄

別冊地圖

地圖圖例

🍴 餐廳

📷 風景區

🛒 購物

🎵 表演

📷 觀光景點

首爾便利帳

可以用手指給對方看！

[關於本書]　本書記載的資料是2017年9月的情況。內容時有變動，請事先做好確認。遇到節日和年底年初等假期時，營業時間和公休日等會和書中介紹的不同，還請注意。敝出版社恕不賠償因本書記載內容所造成的損害等，尚請見諒。

最新・最前線・旅遊全攻略

首爾

SEOUL

在首爾必做的101件事

做過的請打勾！

BEST PLAN

EAT

BEAUTY

SHOPPING

TOURISM

PLAY

TOWN

STAY

一看就懂 首爾之旅STUDY

歡迎參加首爾的非凡之旅！

五彩繽紛的首爾街頭有著豐富的購物和美食商圈！
漫步繁華的首爾大街，仰望的天空一片晴朗快意。

¶¶ EAT

美食

燒肉、韓式拌飯、韓式定食……韓國簡直是美食天
堂！數不清的魅力料理，你想吃什麼呢？

✦ BEAUTY

美容

美容大國韓國。透過在台灣無法體驗到的新奇桑拿
和韓式美體，從內在徹底變美麗！

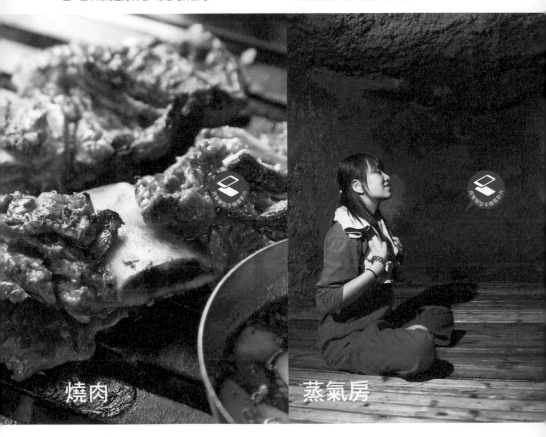

燒肉

蒸氣房

吱吱作響的肉片

燒肉

說到韓國就會想到燒肉。從最經典的五花肉到牛肉燒肉，
各類型菜單一應俱全。圍著鐵桶享用的絕品立食燒肉，是
韓國道地的美食饗宴。
→ P.40

身心排毒

蒸氣房

韓國版的健康浴場。具備桑拿室、搓澡室和食堂等，滿滿
充實感讓你不自覺就耗上一整天。透過韓國傳統桑拿「汗
蒸幕」大量排汗，去除毒素。
→ P.94

▶ 如何觀看影片

朝日 connect

先下載免費APP
從智慧型手機或平版電腦的「Google play」或「App store」搜尋「朝日connect」，下載免費APP。
※需自行負擔通訊費用。

→

選擇日期，將手機鏡頭對準！
開啟APP，在日期選擇上設定為2017年11月2日，對準每個記號。
※請水平對準記號，對準後需等待數秒。

🛒 **SHOPPING**

購物

充滿韓國流行指標的首爾，從平價美妝到服飾、鞋子，應有盡有！

📷 **TOURISM**

遊覽

今昔共存，可看之處多如繁星。

📺 宛如時代劇一般

交接儀式

在德壽宮大門前舉辦的交接儀式。只要看了遵從歷史文獻再現的守門將交接儀式，就彷彿穿越時空回到朝鮮時代！
→ P.153

平價美妝

交接儀式

夜店

📺 不要錯過暢銷品

平價美妝

想買平價美妝，一定要來明洞！各品牌的暢銷品都有韓國女性保證，讓你安心。價格也非常實惠，適合拿來送禮。
→ P.114

🎵 **PLAY**

玩樂

充滿音樂饗宴的夜店。24小時根本玩不夠！

📺 讓你嗨到早上！

夜店

韓國夜店的氣勢太吸睛！浸淫在響徹全場的音樂裡，男男女女都樂在其中。音樂和舞蹈是無國界的！
→ P.168

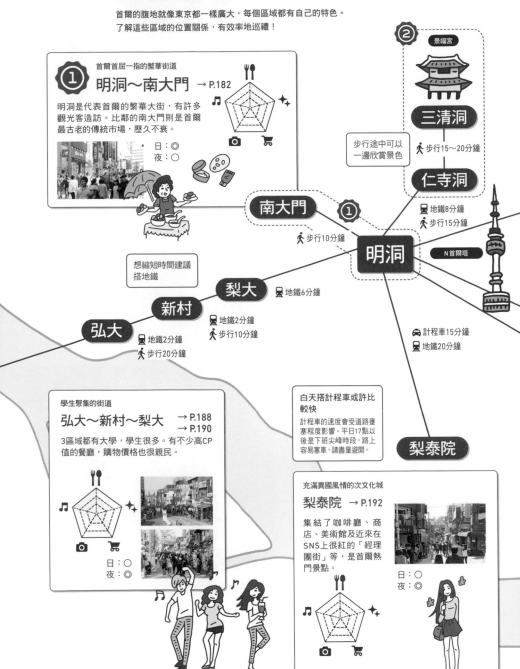

BEST PLAN
01

可以在哪裡做什麼？
調查實現夢想的區域

首爾的腹地就像東京都一樣廣大，每個區域都有自己的特色。
了解這些區域的位置關係，有效率地巡禮！

① 首爾首屈一指的繁華街道
明洞～南大門 → P.182

明洞是代表首爾的繁華大街，有許多
觀光客造訪。比鄰的南大門則是首爾
最古老的傳統市場，歷久不衰。

日：◎
夜：○

② 景福宮

三清洞

步行途中可以
一邊欣賞景色

步行15～20分鐘

仁寺洞

南大門

①

步行10分鐘

想縮短時間建議
搭地鐵

梨大

地鐵6分鐘

新村

地鐵2分鐘
步行10分鐘

弘大

地鐵2分鐘
步行20分鐘

明洞

地鐵8分鐘
步行15分鐘

N首爾塔

計程車15分鐘
地鐵20分鐘

學生聚集的街道
弘大～新村～梨大 → P.188 → P.190

3區域都有大學，學生很多。有不少高CP
值的餐廳，購物價格也很親民。

日：○
夜：◎

白天搭計程車或許比
較快

計程車的速度會受道路壅
塞程度影響。平日17點以
後是下班尖峰時段，路上
容易塞車，請盡量避開。

梨泰院

充滿異國風情的次文化城
梨泰院 → P.192

集結了咖啡廳、商
店、美術館及近來在
SNS上很紅的「經理
團街」等，是首爾熱
門景點。

日：○
夜：◎

6

首爾 行前須知

✈ 從台北出發	2小時30分鐘左右	🚗 主要交通工具	地鐵、計程車 → P.212
🕐 時差	韓國比台灣快1小時	🍶 菸酒	20歲以上OK
💬 簽證	90天以內觀光免簽證	🚻 公廁	沖水式廁所 → P.217
💬 語言／文字	韓語	💰 匯率	1000W≒29NT

大學路

🚇 地鐵3分鐘（梨花站）

邊散步邊感受歷史風情

② 仁寺洞～三清洞 → P.184

傳統家屋、韓屋林立的區域，王宮等觀光景點不勝枚舉，可以盡情購買傳統小物。

日：◎
夜：×

東大門

🚇 地鐵4分鐘

夜晚搭計程車要注意！
深夜時段會有計程車司機敲竹槓，要求不合理價格，建議還是搭乘夜間巴士為佳。

不夜城，盡情體驗購物

東大門～大學路 → P.186

洋服批發市場和時裝大樓林立的街道。週末店家會營業到早上，可以享受深夜逛街的樂趣。

日：△
夜：◎

🚇 地鐵21分鐘

橫越漢江，可考慮搭乘地鐵
橫渡漢江的橋會很壅塞，又因為距離長，夜晚遇到敲竹槓計程車的風險很高。

🚇 地鐵18分鐘

漢江

意外地惱人
此路段搭計程車會比較高明
若有時間走路也OK，不過較耗費時間和體力。雖然有些壅塞，但搭計程車還是會比較快一些。

林蔭道　狎鷗亭洞　清潭洞
（新沙站）　（狎鷗亭羅德奧站）

③

沉醉在時尚氛圍中

③ 林蔭道～狎鷗亭洞～清潭洞
→ P.196
→ P.194

即使在漢江以南的江南地區也是數一數二的時尚大街，許多高級品牌和咖啡館都坐落於此，連藝人也會出沒。

日：○
夜：○

🔻 漢江將首爾的南北劃分開來。漢江以北為「江北」，漢江以南則是「江南」。

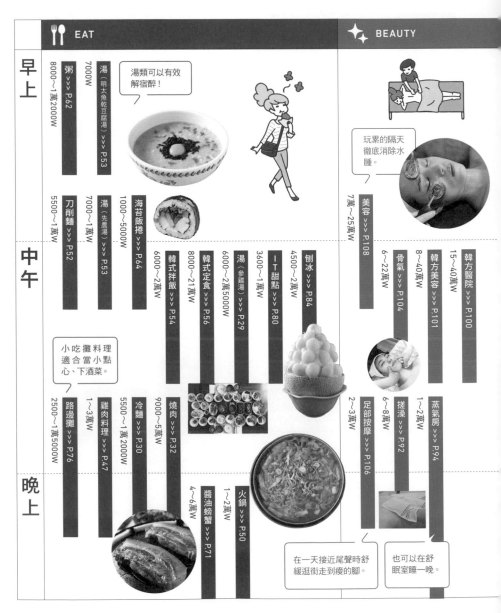

BEST PLAN
02

在最適當的時間做最適當的事

24小時玩樂計畫

難得的韓國旅行，當然要24小時盡情享樂！
以下依照類別區分，介紹各景點的最佳遊玩時間。
擬定從早玩到晚的happy計畫吧！

EAT

BEAUTY

早上

湯類可以有效解宿醉！

粥 >>> P.62　8000～1萬2000W

湯（明太魚乾豆腐湯）>>> P.53　7000W

玩累的隔天徹底消除水腫。

美容 >>> P.108　7萬～25萬W

中午

刀削麵 >>> P.52　5500～1萬W

湯（先農湯）>>> P.53　7000～1萬W

海苔飯捲 >>> P.64　1000～5000W

韓式拌飯 >>> P.54　6000～2萬W

韓式定食 >>> P.56　8000～2萬W

湯（參雞湯）>>> P.29　6000～2萬5000W

IT甜點 >>> P.80　3600～1萬W

刨冰 >>> P.84　4500～2萬W

韓方醫院 >>> P.100　15～40萬W

韓方美容 >>> P.101　8～40萬W

骨氣 >>> P.104　6～22萬W

小吃攤料理適合當小點心、下酒菜。

足部按摩 >>> P.106　2～3萬W

搓澡 >>> P.92　1～2萬W

蒸氣房 >>> P.94　6～8萬W

晚上

路邊攤 >>> P.76　2500～1萬5000W

雞肉料理 >>> P.47　1～3萬W

冷麵 >>> P.30　5500～1萬2000W

燒肉 >>> P.32　9000～5萬W

醬油螃蟹 >>> P.71　4～6萬W

火鍋 >>> P.50　1～2萬W

在一天接近尾聲時舒緩逛街走到痠的腳。

也可以在舒眠室睡一晚。

1月1日	元旦	8月15日	光復節（獨立紀念日）
農曆 1月1日	朝鮮新年（農曆新年） 2018年：2月15日～2月17日 2019年：2月4日～2月6日	農曆 8月15日	中秋（農曆8月15日） 2016年：9月23日～9月25日 2017年：9月12日～9月14日
3月1日	獨立運動紀念日	10月3日	開天節（建國紀念日）
5月5日	兒童節	10月9日	諺文日
農曆4月8日	釋迦摩尼誕辰	12月25日	聖誕節
6月6日	顯忠日（忠靈紀念日）		

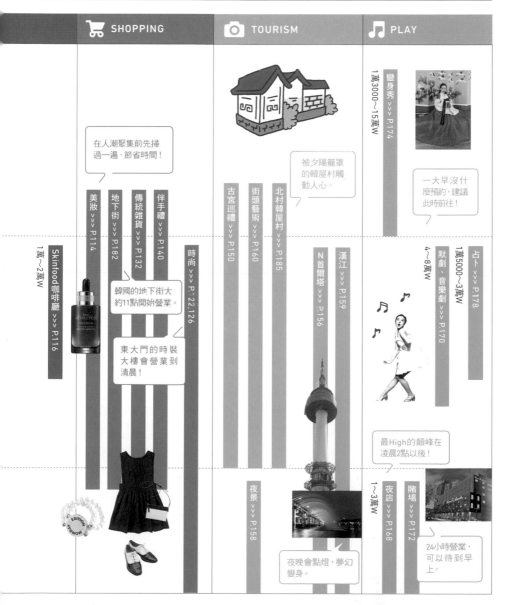

🛒 SHOPPING　📷 TOURISM　🎵 PLAY

在人潮聚集前先掃過一遍，節省時間！

被夕陽籠罩的韓屋村觸動人心。

一大早沒什麼預約，建議此時前往！

美妝 >>> P.114
地下街 >>> P.182
傳統雜貨 >>> P.132
伴手禮 >>> P.140
時尚 >>> P.122,126

古宮巡禮 >>> P.150
街頭藝術 >>> P.160
北村韓屋村 >>> P.185

N首爾塔 >>> P.156
漢江 >>> P.159

變身秀 >>> P.174
1萬3000～15萬W

占卜 >>> P.178
默劇・音樂劇 >>> P.170
1萬5000～3萬W
4～8萬W

1萬～2萬W
Skinfood咖啡廳 >>> P.116

韓國的地下街大約11點開始營業。

東大門的時裝大樓會營業到清晨！

最High的顛峰在凌晨2點以後！

夜景 >>> P.158

夜店 >>> P.168
賭場 >>> P.172
1～3萬W

夜晚會點燈，夢幻變身。

24小時營業，可以待到早上。

首爾必去景點全攻略
完美的三天兩夜行程範例

第 1 天

到了！先逛明洞，晚上前往東大門GO！

先從首爾的繁華大街明洞開始。午餐吃有飽足感的燒肉，晚上就到不夜城東大門通宵逛街買時尚單品！

PM

13:00 仁川機場
🚌 搭接駁巴士 90分鐘

15:00 明洞
（需時約4小時）

- MISSHA → P.114
- the saem → P.119
- eSpoir → P.118
- 攤販甜點 → P.74
- 黑豚家 → P.34

🚇 地鐵4分鐘

19:00 東大門
（需時4小時以上）

- doota! → P.126
- LOTTE FITIN → P.127
- TEAM204 → P.128
- SPARE× 東大門店 → P.94

SHOPPING

花90分鐘逛一圈

首先前往明洞的主要街道。這裡聚集許多美妝店，購物會很有效率。

POINT

選擇明洞的旅館。建議在放好行李後先逛明洞一圈，習慣首爾的風情。

早晚都有人潮的鬧區明洞，可以感受到活力滿滿的韓國氛圍。

SWEETS・SNACK → **DINNER**

在小吃攤買零食邊走邊吃

16點左右主要街道的攤販就開始營業了，好猶豫到底要吃什麼！

從甜點到鹹食都有。

彩虹棉花糖、香腸和辣炒年糕串。

在明洞吃肉！肉！肉！

說到韓國就會想到燒肉！第一晚就盡情地大口吃五花肉（三層豬肉）吧！

沾了海鮮醬的黑豬肉味道濃郁，齒頰留香。可以用生菜包著一口吃下。

SHOPPING
在東大門來場時尚購物

東大門地區的時裝大樓週末會營業到凌晨，吃完晚飯可以悠閒逛街。

POINT

在不夜城東大門購物不必在意時間！

也可以試試殺價！

也可以選擇按摩！

BEAUTY
在蒸氣房身心排毒

在附有桑拿、搓澡室等複合式設施的蒸氣房消除購物疲勞吧。

這是穹頂狀的傳統桑拿「汗蒸幕」！內部近100度高溫，會排出大量的汗，排毒效果顯著。

美味餐點、盡情購物、美容觀光……想做的事不勝枚舉！以下介紹能有效率遊覽各地區，利用三天兩夜盡興享受的完美行程。

SEOUL
MAP
🇰🇷

三清洞

仁寺洞
南大門　　　　東大門
明洞

林蔭道

上午探訪古代，下午造訪現代韓國

第2天是古代與現代的巡禮。在遊覽完傳統王宮後，移動到江南，探訪流行最前線的時尚景點吧。

MORNING

用食材豐富的粥開啟一天序幕

在韓國，早餐的經典菜單就是粥。不辣且味道順口，豐富配料一次滿足。

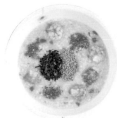

還有甜甜的南瓜粥！

色彩鮮豔的蝦仁花椰菜粥及香甜的南瓜粥。

⬇🚶

SIGHTSEEING

在世界遺產昌德宮感受歷史

歷史上的王宮絕不能錯過。首爾市中心有許多王宮，可以輕易接觸到歷史。

位於三清洞地區的昌德宮保存良好，已經登錄為世界遺產，大家都會被那雄偉的王宮規模給懾服。

⬇🚶

CAFE　在三清洞喝傳統茶

散步休息時，喝杯甜味傳統茶。坐在傳統家屋的露天座位，忘卻時間，喘口氣放鬆一下吧。

冰花梨茶。韓國傳統茶大多帶有甜味，夏天喝口冰茶，神清氣爽。

在韓屋林立的街道散步。

三清洞地區有許多改裝韓屋而成的商店，滿滿都是值得一去的景點。

SHOPPING

在流行發射地林蔭道來趟時尚之旅

接著到漢江南側，江南地區的時尚小鎮林蔭道。這裡網羅許多高品味的商店及咖啡廳。

POINT
3天的旅行中，就安排1天給漢江以南的地區吧。

LUNCH

在韓屋餐廳吃最道地的韓式定食

在韓屋享用道地料理，氣氛和口感都很超群。

豪華絢爛！

第 2 天

AM

8:00　明洞
└ 味加本
　→ P.62

🚇 地鐵11分鐘

10:00　昌德宮
（需時約1小時）
　→ P.150

🚶 步行5分鐘

11:30　三清洞
（需時約3小時）
└ cafe緣
　→ P.83

PM
└ 北村里韓定食
　→ P.56

🚇 地鐵17分鐘

16:00　林蔭道
（需時約1.5小時）
└ TOPTEN10
　→ P.122

計程車20分鐘

18:00 江南
┌ 元祖菜包飯
│ → P.41
└ ARENA
　 → P.169

DINNER

在美食大街吃薄片燒肉

江南的新論峴站附近有許多好吃的店家，可以配酒享受料理的美味！

用各種蔬菜包包看。

用蔬菜包著薄片燒肉食用，感覺再多都吃得下！

NIGHT SPOT

在江南的夜店玩個盡興

江南地區的夜店充滿成熟氣氛，首爾人保證讓你High翻全場！

POINT

說到夜店，最推薦江南和弘大（P.168）！

聚集許多俊男美女！

前往首爾現今最夯的夜店——ARENA。用燈光和口哨炒熱氣氛！

第 3 天

伴手禮！伴手禮！！伴手禮！！！

轉眼間到了最後一天。要來採購伴手禮了！為免漏買，在最後的最後也不能鬆懈！

AM

8:00 明洞
┌ 神仙先農湯
│ → MAP別P.11 D-2
└ 韓服照相館photo studio
　 → P.174

地鐵8分鐘

PM

12:00 仁寺洞
（需時約1小時）
└ ソリハナ
　 → P.132

地鐵15分鐘

14:00 南大門市場
＜所要約40分＞

步行10分鐘

15:00 明洞
（需時約90分鐘）
┌ 新世界百貨公司
│ → P.182
└ 金家飯捲
　 → MAP別P.11 D-1

機場接駁巴士90分鐘

18:00 仁川機場
┌ 新羅免稅店
│ → P.145
└ 樂天免稅店
　 → P.144

MORNING

清爽的先農湯

早上就喝牛骨汁熬成的先農湯。可和白蘿蔔泡菜一同享用。

用爽口的湯讓你
Wake up！

ACTIVITY

來場變身秀，拍一張回憶照

這是可以讓妳穿著傳統韓服的活動。變身成公主，來場攝影秀！

有公主的感覺。

選擇韓服，化好妝拍照，照片會製成相本讓妳帶走。

SHOPPING

在仁寺洞GET傳統伴手禮

五彩繽紛的韓國傳統刺繡和手工拼布都集中在仁寺洞一帶。

SHOPPING

南大門市場的有趣伴手禮

南大門市場有賣拉麵用鍋子、韓國海苔等各種伴手禮。

SHOPPING

地下街的美食伴手禮

在地下街可以入手最講究的泡菜、韓國海苔等食材，試吃也OK。

POINT

百貨公司也有行李箱寄放服務！

LUNCH

take out海苔飯捲，在移動中享受遲來的午餐

海苔飯捲可以外帶，讓你在接駁巴士上大口享用。

SHOPPING

在機場免稅店買齊所有東西！

免稅店賣的韓國美妝價格實惠！最後別忘記確認有無漏買！

享受200%的首爾3日遊
達人的三天兩夜行程範例

造訪聚集了許多當地人的首爾隱藏地區

SHOPPING

在車站地下商圈GET
超便宜的優質好物

讓人驚訝的價格

高速巴士客運站樓下的GO TO MALL
是便宜衣服和包包的寶庫！

DINNER

造成話題的冰
拍照收藏起來

超適合拍照的絕妙冰品在享用前一定
要拍照留念！

BEAUTY

完美消除
腳部疲勞

24小時營業的足部按摩店。在深夜
時間也能前往，非常方便。

抓住學生的流行！用實惠的價格享受季節風情

MORNING

以時髦又酥脆的
海苔飯捲當早餐

不同風味的海苔飯捲早餐。

ACTIVITY

在占卜咖啡廳
預測未來！？

好緊張啊！

在明亮的咖啡館，邊喝茶邊看你的運
勢！

SHOPPING

在女子大學路GET
便宜又可愛的鞋子

梨大一帶有許多便宜又可愛的
鞋店。

DINNER

超好吃炸雞與啤
酒的黃金比例

多汁的炸雞和
啤酒是首爾人
最推薦的組
合。

ACTIVITY

充滿藝術風格的
弘大街道

用相機捕捉街頭的大
型壁畫。

LUNCH

首爾人
也會排隊的排骨

只要肉賣完就結束營業，午餐時間可
是要排隊的！

在高貴的街頭捕捉讓你提振心情的商品！

MORNING

選擇連鎖店的先農湯
會比較讓人安心。

SHOPPING

在高級超市購入女性
喜愛的食品伴手禮

Super

用講究的食品伴手
禮提高送禮格調。

SHOPPING

量身訂做的首飾就是對自己
的犒賞

當場即可拿到

選好零件，做出屬
於自己的設計。

方便聰明的打包小撇步
準備首爾之旅的行李用品

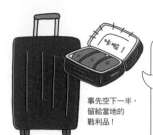

事先空下一半，留給當地的戰利品！

3天2夜用行李箱

若旅程為3天2夜，準備能夠帶上飛機的SIZE就足夠了。不過考慮到會買大量伴手禮，準備大一點的會比較保險。

FASHION

首爾和日本同樣四季分明，冬天比日本寒冷，記得要穿暖和些。

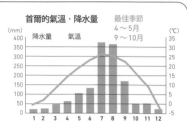

首爾的氣溫・降水量　最佳季節
4～5月
9～10月
降水量　氣溫

COSMETICS

高級旅館會提供這些用品，但也有些住宿地什麼都沒準備，要事先確認。

這些桑拿內沒有，就自行帶去吧。

洗髮精&潤髮乳　　卸妝品

防曬乳　　　　　化妝品

基礎化妝品

可以在當地準備
當地美妝店送的試用包使用後即可丟棄，非常方便。

春　　　　　夏

四季
搭配指南

秋　　　　　冬

睡衣
旅館大多不會準備睡衣，自行攜帶比較保險。

多準備一些桑拿用會比較方便。

內衣褲
進入桑拿間，內衣外需穿著館內提供的衣服，建議準備的數量要多於旅行天數。

決定好出發日期後，就趕快開始準備旅行用品！
為了不在當地手忙腳亂，該帶去的物品要好好確認妥當。
雖然什麼都想帶，不過首爾的好處就是很多東西可以在當地準備。
帶著最低程度的必需品，開始你的非凡之旅！

MONEY

韓國是個刷卡社會。換越多現金，損失的手續費也就越高，因此只要帶最低程度的錢就可以了。

預算是旅行天數
×
3000台幣

信用卡
即使是在治安良好的韓國，帶著巨款走在路上還是很危險，請盡量用信用卡結帳。

錢包

現金
兌換最低程度的現金為佳。在韓國國內換錢手續費會比較便宜。

3天2夜的平均預算　約4萬5000台幣
價格會有所漲幅，此為大略標準。

◎ 事前花費
機票…1～1.5萬台幣
旅館…3000～1萬2000台幣

◎ 當地開銷
🍴 … 4500台幣
🛒 … 6000台幣
🎵 … 4500台幣
📷 … 1500台幣
✈ … 6000台幣

在當地使用的外出包

外出包裡放護照、貴重物品和旅遊指南等。不少韓國人都會揹後背包，當地治安也很良好，因此建議大家善用能空出兩隻手的後背包。

…ETC.

除了錢以外，也放入護照、預約相關文件、讓旅行更愉快的小物吧。

護照
也帶上一份影本，可供在夜店等場所檢查ID之用。

機票 or 電子票券
電子票券要事先影印，於機場櫃台出示。

轉換插頭
可以在家電量販店等地方購買。

相機

旅遊書

各類預約
確認文件影本

生理用品等都可以在當地便利商店購買！

　幾乎

🏨 飯店 提供 & 可能 不提供 的物品

提供	不提供

浴巾

浴衣、睡衣
較便宜的旅館幾乎都沒提供，別忘了自備睡衣。

牙刷
基於衛生和成本考量，通常不會提供。

吹風機

洗髮精 & 潤髮乳
先預設鹽洗用品類不會太齊全吧。

Wi-Fi

有了這些代表去過首爾！
首爾戰利品寶物大公開

WEAR　瞬間吸引他人目光的個性派

☐ ITEM 01 花洋裝

韓國的時尚特色就是用色大膽的個性花紋。好想入手一件絕對會被別人問是哪裡買的花洋裝！

價格：2萬W～

🏠 購自這裡GO！

東大門時裝大樓 >>> P.126
韓國FF >>> P.122

WEAR　突顯搭配

☐ ITEM 02 彩色針織衫

色彩種類豐富的長版針織衫。即使是顏色鮮豔的款式，只要搭配其他服裝走簡潔風格，上衣就會成為對比色而突顯出來，穿搭方便。

價格：1萬W～

🏠 購自這裡GO！

GO TO MALL >>> P.198
東大門時裝大樓 >>> P.126

SHOES　配色可愛又好走路

☐ ITEM 03 平底鞋

鞋子的配色有流行款和精心設計款等，種類多樣。鞋跟部分也有平底鞋和突顯腳部曲線的高跟鞋等。

價格：2萬W～

🏠 購自這裡GO！

TEAM204 >>> P.128
JAY HAUS >>> P.128

JEWELRY　經濟實惠的吸睛首飾

☐ ITEM 05 閃亮裝飾品

能夠購入閃閃發亮的平價裝飾品也是韓國的特色。為了讓穿搭多些變化，建議可以多買一些，露天商店也會販賣。

價格：1萬W～

🏠 購自這裡GO！

GO TO MALL >>> P.198
Monday Edition >>> P.193

BAG　尺寸、種類豐富！

☐ ITEM 04 小提包

比日本還早流行的小提包。只要環顧街頭，就會發現許多首爾女性都會帶小提包，設計、顏色、花紋的種類也非常豐富。

價格：3萬W～

🏠 購自這裡GO！

doota! >>> P.126
A LAND >>> P.125

COSME　打造最完美的滑嫩肌膚

☐ ITEM 06 氣墊粉餅

在韓國大為流行，至今也已成為經典商品的氣墊粉餅。只要將滲入海棉中的粉底液輕拍在臉上，就能打造出吸睛的水亮肌膚。

價格：2萬～4萬W

🏠 購自這裡GO！

IOPE >>> P.121
ETUDE HOUSE >>> P.115

COSME　頭髮、肌膚、全身都能使用的萬能商品

☐ ITEM 07 蘆薈凝凍

內有大量蘆薈的凝凍。一個約4000W，是讓人盡情使用的安心價格。除了全身可用，曬傷時也很適合拿來冷卻。

價格：4000W～

🏠 購自這裡GO！

NATURE REPUBLIC >>> P.117
SKIN FOOD >>> P.116

COSME　分開使用是強調CP值

☐ ITEM 08 面膜

韓國美妝的代表就是面膜。一片約1000W起跳，很適合拿來送禮。有各種不同的效果和香味，送人時請對方選擇也是一種樂趣。

價格：1000W～

🏠 購自這裡GO！

innisfree >>> P.117
THE FACE SHOP >>> P.118

購物天堂韓國有許多讓人心癢的商品。
可愛的衣服與首飾、平價好用的美妝、韓國才有的伴手禮等等，既能拿來送禮，也能自己使用。以下介紹16種買了絕對不會後悔的產品！在事先空下一半的行李箱中塞滿旅程的戰利品帶回家吧！

FOOD 講究的口感和香味

☐ **ITEM 09 韓國海苔**

建議購買不同種類，入手經濟實惠的分食用小片海苔及高級的大片海苔。在大型超市、百貨公司地下街、免稅店等都買得到。

價格：2500W～

🏠 購自這裡GO！

SSG食品超市 >>> P.143
GOURMET494 >>> P.143

FOOD 從不辣到激辣，口味豐富

☐ **ITEM 10 泡麵**

用鍋子煮的泡麵體積都不大，便於攜帶。口味多樣，一次購買好幾種，回國後比較風味也很有趣。

價格：700W～

🏠 購自這裡GO！

樂天瑪特 >>> P.143

FOOD 一用就能立即感受韓國味！

☐ **ITEM 11 辣椒醬**

韓國餐桌上不可或缺的調味料就是辣椒醬。道地的辣椒醬也是必帶回國的商品，右圖是含有草莓的辣椒醬，帶點甜味，非常好吃。

價格：2500W～

🏠 購自這裡GO！

樂天瑪特 >>> P.143
SSG食品超市 >>> P.143

SWEETS 包裝、形狀都可愛

☐ **ITEM 12 小零食**

可愛包裝非常引人注目的小零食，適合送禮和自用，有添加麻糬和辣味口味，享受韓國才有的口感。超商也買得到。

價格：2000W～

🏠 購自這裡GO！

樂天瑪特 >>> P.143

GOODS 傳統拼布

☐ **ITEM 13 褓子器**

韓式拼布，美麗色彩的搭配最吸引人目光。會做成書封、化妝包等可放在包包裡的小物，建議在仁寺洞一帶購買。

價格：5000W～

🏠 購自這裡GO！

SORIHANA >>> P.132
Gallery mir >>> P.134

GOODS 入手和別人不同層級的小物

☐ **ITEM 14 刺繡小物**

細緻又鮮豔的刺繡是韓國經典傳統伴手禮。送小鏡子給重要的人是很棒的選擇，此外，也有人會送刺繡零件盒和磁鐵等。

價格：5000W～

🏠 購自這裡GO！

國際刺繡院 >>> P.132
SORIHANA >>> P.132

GOODS 讓人開心的韓國風情伴手禮

☐ **ITEM 15 韓服小物**

以韓服為題材的商品就是你去過韓國的證明！送朋友可愛明信片等文具和角色商品也很適合。

價格：2000W～

🏠 購自這裡GO！

原州韓紙特約店 >>> P.134
PENPIA >>> P.137

GOODS 煮泡麵的必備品

☐ **ITEM 16 泡麵用鍋子**

煮泡麵的專用鍋，韓國人人手一個，直接用鍋子吃泡麵才是內行人。有很多不是IH對應鍋，需事先確認。

價格：5000W～

🏠 購自這裡GO！

南大門餐具批發 >>> P.135

SEOUL NEWSPAPER

首爾是韓國的流行文化中心。這個大都會的最新最夯消息,分門別類介紹給你!

 EAT

在SNS上沸沸揚揚。 首爾的視覺系甜點大小事

適合發表在SNS上的甜點店陸續開張!

甜點業界達到高峰!
遠超過日本預期,朝著先進國家邁進

早些時候,韓國的代表性甜食還是刨冰,沒想到現在SNS上反映熱烈的甜點吹起新風潮。蛋糕、冰品,甚至飲料都有,種類繁多……造訪店家並拍照已成為現今首爾的旅行趨勢。

🏠 SHOP LIST

🅐 Bistopping
林蔭道的超人氣霜淇淋店。常因人潮聚集而喧鬧不已,建議平日來訪。
>>> P.80

🅑 REMICONE
林蔭道的冰淇淋店。有豐富的創意菜單,東大門也有分店。
>>> P.81

🅒 ÉCLAIR BY GARUHARU
講究材料的閃電泡芙專賣店。陳列在櫥窗裡的閃電泡芙宛如寶石一樣閃閃發光。
>>> P.81

🅓 Gelateria Dango
靜靜開在望遠咖啡廳街的義式冰淇淋店。冰品種類豐富,份量適中,令人開心。
>>> P.81

🅔 CREAM FIELDS
位於弘大地區盡頭的蛋糕店。店內櫥窗擺滿適合拍照的甜點。
>>> P.80

怪物拿鐵
7500W
連杯套都超可愛的絕品飲料。🅔

冰淇淋＋甜筒＋裝飾物只要1萬3000W
首爾新發明!最夯的季節性甜點非此莫屬!!
🅐

必拍甜點
📷
5款!

閃電泡芙
各7500W
自左至右是柚子、巧克力、櫻桃口味。🅒

義式冰淇淋
3900W
天兵笑臉令人會心一笑。🅓

烏雲冰
6100W
可以享受冰在口中一顆顆碎開來的口感。🅑

EAT 弘大最火紅的 新款邊走邊吃美食

首爾第一的學生街
陸續登場最新的邊走邊吃美食

首爾著名學生街弘大地區陸續誕生最新美食。大多兼具口感和有趣外觀，年輕人趨之若鶩。

沙朗牛排飲料
8900W
在飲料上竟然放了沙朗牛排的驚人菜色。Ⓐ

巨蟹可樂餅
2500W
口感酥脆的好吃可樂餅。Ⓑ

燈泡葡萄柚汁
3800W
裝在燈泡形狀容器裡的可愛果汁。Ⓒ

起司甜辣炸雞
3500W
在經典美食辣雞丁上加起司！Ⓓ

🛒 **SHOP LIST** - - - - - - - - - - - - - - - - - - -

Ⓐ **W Hand Steak** (더블핸스테이크)
🏠 麻浦區楊花路23街30　☎ 02-892-9576
🕐 12：00～23：00　㊡ 全年無休　🚇 2號線
弘大入口站3號出口步行4分鐘
弘大 ▶ MAP P.4 A-2

Ⓑ **巨蟹可樂餅** (대게고로케)
🏠 麻浦區和諧廣場路110　☎ 02-3142-9595
🕐 11：00～22：00　㊡ 全年無休　🚇 2號線
弘大入口站9號出口步行4分鐘
弘大 ▶ MAP P.17 D-2

Ⓒ **Haru** (하루)
🏠 麻浦區弘益路3街25　☎ 070-7623-9158
🕐 12：00～24：00　㊡ 全年無休　🚇 2號線
弘大入口站9號出口步行6分鐘
弘大 ▶ MAP P.17 D-2

Ⓓ **Hong Cup** (홍컵)
>>> P.69

> 這裡是
> HOT SPOT

誕生在京義線的舊路段上
京義線林蔭道公園
경의선숲길공원
建造於京義線舊路段——

首爾往坡州方向上的公園。弘大地區的公園周邊開設許多美食店，很多年輕人會在夜晚享受野餐樂趣。
🏠 麻浦區楊花路23街一帶　🚇 2號線弘大入口站3號出口附近
弘大 ▶ MAP P.5 A-2

SHOPPING 從美妝店到便利商店 角色聯名商品超厲害

明明是日本的角色，
為何只有在韓國才能買到！？

在購物業，販賣和知名角色的合作商品——「角色聯名商品」成為話題。現在已從美妝進展到便利商店業！商品都和韓國國內的角色與小小兵等海外有名的各種角色合作，連神奇寶貝等日本角色也只有在韓國才能買到，用來當伴手禮送人最適合。只是角色聯名商品大多是期間限量商品，就算決定馬上再去韓國旅行，有販賣的可能性也很低。旅行時能確實入手喜歡的東西就再好不過了。

美妝	時尚	便利商店
蛋黃哥聯名眼影 和Holika Holika合作的聯名商品！	粉紅頑皮豹長T 和SPAO合作。袖子的印刷很酷。	小小兵濕紙巾 和GS25合作。兩件一組，可以當伴手禮送人。
皮卡丘迷你氣墊腮紅 和TONTMOLY合作。還有賣其他各種商品。	蠟筆小新T恤 胸前的小新圖案是重點。和SPAO合作。	傑尼龜藍色檸檬水 和7-11合作。還有小火龍版本。

SPOT
樂天世界塔
終於盛大開幕

聳立於蠶室的首爾新象徵

2011年開工,終於在2017年4月完工並盛大開幕的樂天世界塔。以123層樓且高達555公尺的規模為傲,和南山塔一同成為首爾地標的話題景點。

這裡是看點

瞭望台
瞭望設施特別充實!118樓的玻璃露天展望台就在你腳下,可以享受膽戰心驚的瞭望樂趣。

樂天瑪特
觀光順便買食品伴手禮,廣受觀光客歡迎。也有專為旅客設的伴手禮區域。

飯店
76～101樓為樂天飯店&度假村中最高級的飯店品牌SIGNIEL的樓層。

水族館
樓下有國內最大規模的都市型水族館,一次遊覽650種、5萬5000隻海洋生物。

樂天世界塔

松坡區奧林匹克路300 ☎1661-2000(首爾天空瞭望台) ⊕12:00～23:00 ⊛全年無休 ◎2、8號線蠶室站1號出口附近
蠶室 ▶MAP P.5 F-3

STAY
整潔時尚的飯店
掀起風潮!

飯店以明洞為中心出現開業風潮

明洞常常因開設新飯店而話題不斷,迎來空前絕後的「時尚飯店風潮」。這裡介紹鐵定能讓旅行氣氛更加熱絡的3間飯店!

HOTEL MAP

PICK UP
明洞地區的推薦旅館!

乙支路入口站
樂天百貨 明洞本店
仁濟大學 首爾白醫院
明洞聖堂
明洞站
首爾中央郵局

Ⓐ Ⓑ Ⓒ

明洞28飯店
整潔時尚的飯店先驅,也是SLH(獨立小規模高級旅館)的成員。
>>> P.202

明洞多特飯店
有共用的洗衣間和廚房,適合單人旅行者長期居住。
>>> P.202

G2飯店
2017年4月開業,一進去就有超棒的大廳等著你。>>> P.203

首爾人氣
新品牌美妝大調查

BEAUTY

從時尚品牌到藝能事務所，新品牌多方面誕生。

美妝大國韓國這幾年來相繼出現新品牌。價格比大家熟悉的牌子高了一些，不過特色是使用起來方便，包裝也很可愛。

受時尚女子廣大支持

VTcosmetics
브이티코스메틱

VT暗瘡神奇貼
1萬8000W
這款商品也很受歡迎！是可以貼在痘痘等小傷口上的暗瘡貼，不易掉，也不太會留下痕跡。

VT逆轉肌齡骨膠原粉底
1萬8000W
韓國美容節目「Get it Beauty」也有介紹的優秀粉底，可以打造韓國妝容特有的潤澤感。

明洞店
명동점

現在氣勢最旺的美妝品牌，廣受歡迎的逆轉肌齡骨膠原粉底是常常缺貨的超人氣商品。
🏠 中區明洞8街18-1 ☎ 02-779-7082 🕙 9：00～23：00 🈺全年無休 🚇 4號線明洞站6號出口步行3分鐘
明洞 ▶MAP P.10 D-2

因朴寶劍拍攝的廣告造成話題

VPROVE
비프루브

VPROVE 粉紅色舒緩噴霧
（朴寶劍版本）
1萬9000W
使用薔薇精華的噴霧化妝水，可以保持肌膚濕潤。

寶劍紅景天能量乳霜
2萬5000W
朴寶劍愛用的乳霜，通稱為「寶劍乳霜」。

弘大店
홍대점

人氣年輕男星朴寶劍擔任廣告代言人的品牌。男性化妝品也很棒，有不少男性支持者。
🏠 麻浦區和諧廣場路79-1 ☎ 02-337-8108
🕙 10：30～23：30 🈺全年無休 🚇 2號線弘大入口站9號出口步行10分鐘
弘大 ▶MAP P.17 D-2

YG創的美妝品牌

moonshot
문샷

GD Eau de Toilette
1萬8000W
moonshot招牌商品，歌手G-DRAGON聯名商品，GD帶頭親自使用。

淡斑精華
1萬8000W
使用美白精華，有良好覆蓋力和貼合力，可以代替粉底使用，非常優秀。

三清洞旗艦店
삼청동 플래그쉽 스토어

大型藝能事務所YG娛樂創的品牌，從重點化妝品到基礎化妝品等都有，品項豐富。
🏠 鍾路區三清路111 ☎ 070-4100-4607
🕙 11：00～20：00 🈺農曆新年、中秋連休 🚇 23號線安國站1號出口步行20分鐘
三清洞 ▶MAP P.12 A-1

絕對會被外形級引而買下手

3CE
쓰리씨이

LOVE 3CE DUO SHADOW
1萬8000W
LOVE 3C系列眼影，以復古玩具為靈感的外形超級可愛。有2種顏色。

STUDIO VELVET
CREAM LIP & PENCIL
各1萬8000W
使用滿滿studio crew技術的3CE STUDIO系列霧面唇膏。

STYLENANDA PINKHOTEL
스타일난다 핑크호텔

日本也有分店的服裝品牌STYLENANDA的美妝系列。
🏠 中區明洞8街37-8 ☎ 02-752-4546
🕙 11：00～23：00 🈺全年無休 🚇 4號線明洞站8號出口步行2分鐘
明洞 ▶MAP P.11 D-3

SEOUL NEWS

① 明洞地區的攤販在16點以後開始營業（P.74）。只要1500~4000W就可以享受邊走邊吃的樂趣。　② 美妝店會叫賣攬客，可以拿到免費面膜等。
③ 假日時明洞藝術劇場附近的廣場（MAP P.11 D-2）會有許多新銳藝人表演，表演結束後可以拍照留念喔。

22

EAT

HOW TO EAT

首爾「美食」事件簿

韓國的美食文化和餐廳禮儀跟台灣大異其趣。你是否曾發生過像這樣的困擾情況呢？

事件 1

進了店裡卻一直被擋路。
這是被拒絕入店嗎？

興致勃勃去吃燒肉，發現店裡有空位，但店員一直擋在位子旁邊，根本過不去。這是怎麼回事？

飄過…

昏…

不得不知的
韓國「飲食之道」

飯是良藥！ **醫食同源**	正確來說是「藥食同源」。韓國人的思想大多來自東方醫學，認為「均衡良好的飲食有益健康」。
重視均衡 **五味五色**	根據陰陽五行說，味道是酸甜苦辣鹹，顏色則是青赤黃白黑，韓國人會費心調整平衡，色彩鮮豔也是料理的特色。
總之就是要 **攪拌**	韓國吃法是將韓式拌飯、紅豆刨冰、咖哩等充分攪拌後食用。他們認為攪拌、調和味道後，料理才稱得上完成。

解決！ 放心交給店家的「傲嬌」吧！

若用一句話來表達韓國的接客狀況，就是「多管閒事的放任主義」。也許一開始大家會對這個反應感到困惑。得先掌握進店到離開的流程，才能順利行動。

從進店到離開都順順利利

進店

坐進空位子

如果進到店裡時沒有特別被招呼，只要去坐空位就OK了。若有人招呼，就用手指告知人數。

↓

點餐

用指的來點餐

指著菜單點餐，份數用手勢來表達就沒問題。請活用別冊P.28的手指點餐目錄吧。

이거 주세요
請給我這個。
（伊勾 揪ム乁呦）

↓

進餐

調理就交給店員

像燒肉和火鍋等餐點大多由店員來調理，就交給他們吧。

먹어도 되요?
這個可以吃嗎？
（牟勾斗 ㄉ乁呦）

↓

結帳

去收銀機結帳

吃飽後去收銀機結帳。沒有帳單直接去收銀機前就對了。

게산해 주세요
請幫我結帳。
（給札ㄋ乁 揪ム乁呦）

↓

離開

用糖果來轉換心情

收銀機附近大多會放置薄荷口味的免費糖果。

MINT

事件 2

結帳時跟店員說「分開付」，就被瞪了。

和朋友吃飯，結帳時說分開付，對方就擺出一臉嫌惡的表情……為什麼！？

 解決！ 沒有分開付的文化！回旅館再結算吧

韓國的結帳方式和台灣也有點不一樣，他們沒有分開付的文化，一般都是A全額付第一間店，B全額付第二間店。要分開算錢，等之後再說吧。

> 結帳的祕訣！建議分配各負責人

在韓國旅行只要由每個成員來分擔花費，就不會造成混亂。

負責用餐
分開付會遭人嫌，所以用餐就由某人支付大家的款項。

負責咖啡廳
在咖啡廳結帳也不要分開付，而是交由某人去付款。

負責入場費
去寺廟的入場費、計程車資等很難當場分開付，就交由負責人處理。

最後一天結算

> 保留收據！
>
> 연수증 주세요
> 請給我收據
> （呦恩恩揪恩
> 揪厶ㄟ呦）

事件 3

沒點的菜一直來……不會是在敲竹槓！？

才剛坐下來，突然菜就一道一道端上來了！明明還沒點餐……對方該不會同我要求鉅額款項吧！？這到底是怎麼回事！？

 解決！ 韓國會提供免費小菜！

在韓國，提供名為「반찬」的免費小菜是很正常的，小菜也可以自由追加。這些排成一排「沒有點的菜色」並非敲竹槓，而是一項服務，可以安心品嘗。

> 不只有小菜！ 來檢查一下桌子吧

除了小菜外，餐廳的桌上還會有一些日本看不到的物品。

水
有時會提供淺褐色的玉米茶。

面紙
用來擦嘴和擦手。也可拿來上洗手間用…

湯匙、筷子

小菜
每家店的菜色和數量不一，有泡菜、沙拉等。

牙籤
綠色的半透明牙籤是用澱粉做成，就算誤食也沒關係。

25

EAT 01

3天2夜
稱霸11種美食的行程範例

第1天

15:00 先吃甜點！
吃吃刨冰，神清氣爽
品嘗韓國的刨冰。
雪冰 → P.85

18:00 第一天晚餐就要吃五花肉
說到韓國就會想到五花肉！津
津有味吃著份量足夠的五花
肉。
首爾之家 → P.28

第2天

9:00 早上就由順口的粥揭開序幕
用口感柔和且營養滿分
的粥來補元氣。
味加本 → P.62

10:00 去三清洞散步
去韓屋林立的三清洞散步。
早上人很少，可以輕鬆逛。
北村韓屋村 → P.185

11:30 在韓屋咖啡廳小憩
在傳統家屋和韓屋中喝
茶、吃點心。有種穿越
時空的感覺。
cafe緣 → P.83

13:00 品嘗香噴噴的名產辣炒年糕鍋
在辣炒年糕的名店「吃
休錢走」點碗海鮮辣炒
年糕鍋。又甜又辣的湯
頭會讓人上癮。
吃休錢走 → P.50

15:00 在明洞大買美妝
要買美妝，就要去明洞！
到處轉轉，尋找喜歡的商
品吧。
平價美妝 → P.114

16:00 用手拿著品嘗攤販小吃
明洞的小吃攤販賣許多可
以邊走邊吃的點心！和朋
友分享，制霸各種小吃
吧。
外帶攤販 → P.74

POINT
一到傍晚攤販就會出現了！
明洞主要街道的攤販大概在傍晚
4點就會陸續營業，建議抓準時
間去街上走走。

各地區 美食傾向分析

各地區有各自的美
食特色，決定好要
吃什麼後再前往該
地，也可以到當地
再決定菜色。

類別		明洞	東大門	鍾路
攤販	內用	傍晚攤販開始營業	◎	○
	外帶	○	通宵營業	○
連鎖店		◎		○
全球連鎖店		連鎖店激戰區		
個人店		○	○	◎
高級店			一隻雞專賣店	有很多老店鋪
韓屋翻修		連鎖咖啡廳也很多		
咖啡館		○	○	○

從燒肉、麻辣鍋到超～甜的甜食，首爾可謂美食天堂！
以下介紹在3天2夜有限的時間內，盡情享用絕妙美食的範例行程。
減肥是回國以後的事！先來品嘗滿足身心的11種美食吧。

第3天

16:30 一口氣買下時尚流行品
明洞的韓國時尚店家可以入手簡單
又吸睛的商品。
MIXXO → P.123

CUTE!!

18:00 在老闆娘開的名產店吃醬油蟹
晚餐就吃用醬油醃漬的醬油蟹。
老闆娘會仔細告訴你吃法！
鹹草醬蟹 → P.72

21:00 用馬格利&煎餅乾杯！
馬格利&煎餅是最王道的
組合。馬格利很順口，注
意別喝太多！
MOON JAR → P.59

23:00 去夜店GO！
難得來首爾，把時間用來
睡覺太可惜了，盡情跳舞
到天明吧！
ARENA → P.169

25:00 去24小時營業的店
吃泡菜鍋
旅行就是要犒賞自己，深
夜再去吃一頓泡菜鍋。
新村食堂 → MAP P.20 B-2

9:00 用先農湯撫慰你的胃
先農湯解宿醉非常有效，就算前
一天喝多了，早上也可以神清氣
爽。
別天地先農湯 → P.53

POINT
一大早營業的店
想吃早餐，就要選擇一大早營業
的店。很多賣先農湯、海苔飯捲
和粥的店都會一大早就開門。

10:00 買可愛的雜貨當伴手禮
新村的文具店可以買到以食物
為主題的文具。
PENPIA → P.137

12:00 辣炒雞排
午餐就吃用辣雞肉醬炒的雞排。
也別忘了最後的蛋炒飯。
春川家辣炒雞排 → P.46

15:00 在首爾車站採購泡菜和海苔
在大型超市樂天瑪特大量採購
特產。
樂天瑪特 → P.143

仁寺洞·三清洞	弘大·新村·梨大	林蔭道	狎鷗亭洞·清潭洞	梨泰院
	◎ 邊走邊吃美食的發祥地			
○	◎			
	○	○		
	○			
◎	○	○	名廚和混合韓式料理	○
○	學生街，CP值高		◎	各國料理很豐富
◎				
傳統茶和韓式定食	◎			

造訪首爾的5間殿堂

肉
的殿堂

就算排隊也要吃，厚實又多汁的五花肉。

有排隊等待品嘗的價值！

在首爾，唯有這裡才能吃到如此多汁的肉！

五花肉
삼겹살
9000W（1人份）

鐵板溫度一定要是220℃，才能品嘗到外皮酥脆內部多汁的口感。

受當地人歡迎的超人氣店。

加了滿滿起司和蔬菜的炒飯。

韓式蛋炒飯
볶음밥비빔밥
3000W

適合最後吃的一道菜！

要有等1小時的心理準備
肉典食堂3號店
육정식당 3 호점

自2013年開1號店以來，陸續在新設洞站周邊開到3號店，2017年也在江南開設4號店的五花肉超人氣店。花2週熟成的國產豬肉厚實又多汁，完全是極品。

🏠 東大門區千戶大路38（新設洞93-3）
☎ 02-2234-6373　⏰ 11:00～16:00、17:00～23:00　🈲 1月1日、農曆新年、中秋當天　🚇 1、2號線新設洞站9號出口步行2分鐘

有英文菜單

新設洞 ▶ MAP P.5 D-1

殿堂級美食的歷史

2016年7月　登上有線電視的人氣美食節目「周三美食匯」，成為客人絡繹不絕的店家。

2016年10月　登上NHK節目「韓語講座」，日本觀光客也蜂擁而至。

試著沾鹽、味噌、芥末吃吃看！

3號店經理金洓漢先生

韓國旅行要吃什麼？燒肉、韓式拌飯、火鍋……哪個都放不下，既然要吃，就想把所有不容錯過美食的都嘗過一遍。以下介紹5種經典韓國料理的「真心好吃店」！只要在這5家店解決3天2夜的飲食，一定可以大大滿足！

來一杯人參酒！會變得超級有精神！

高麗人參發酵釀的酒，免費供應。滋補養身的效果超群。

燉煮到彷彿融化般的雞肉！

湯 的殿堂

參雞湯
삼계탕
9000W

一大早花長時間燉煮的濃醇雞湯。只要點這道菜，店家會重新炊煮一次。

黏稠的濃厚湯頭營養滿分，讓你精力充沛。

酥脆的烤全雞是一定要吃的！

韓國No.1的絕品參雞湯

土俗村
토속촌

一開店馬上就有許多客人來訪的超人氣店家。用筷子夾起雞肉的瞬間立刻就會崩解，口感滋潤滑順。加入穀物粉末的奶狀白濁湯和其他店比起來更濃醇美味。

🏠 鍾路區紫霞門路5街5（體府洞85-1）
☎ 02-737-7444　🕙 10:00～22:00
㉠ 全年無休　🚇 3號線景福宮站2號出口步行7分鐘

有中文菜單
景福宮　▶MAP P.6 B-1

烤全雞
통닭
1萬4000W

烤出來的雞顏色美，口感酥脆，味道極佳。

店面裝潢成韓屋。有大包廂和榻榻米房等。

午餐時間，在開店前就大排長龍。

雞裡含有3種祕方食材喔！

殿堂級美食的祕訣

1983年開張，維持了2代的老店。因已故總統盧武鉉常來光顧而成為話題，也有很多政治人物和藝人會來訪。

傳統飲食店
TRADITIONAL KOREAN RESTAURANT

店前的招牌。有歷史的店家才會賦予這個稱號。

店員王桂花小姐

🥢 參雞湯是很養身的夏天經典菜色，總是大排長龍的土俗村在夏天人潮也會比較多。

29

麵 的殿堂

麵的硬度剛剛好！

我喜歡不加醋等調味料直接吃！

用100%牛肉做的
透明湯頭加冷麵，
一天可以賣出1000份。

用蕎麥和小麥做成的麵無需用剪刀，可以直接咬斷。

平壤冷麵
평양냉면
1萬2000W

不加湯的冷麵，紅色醬料中加入磨碎的水果泥。

平壤拌冷麵
평양비빔냉면
1萬2000W

拌冷麵很辣，但會吃上癮！

1樓是桌子，2樓為榻榻米座位。

堅持傳統好味道的老店
江西麵屋
강서면옥

經歷4代的人氣店。湯頭看起來透明又濃厚，祕密來自於湯汁沒有用骨頭熬煮，而只用了滿滿的肉。免費提供的小菜豐富好吃，也是受歡迎的祕訣。

🏠 江南區彥州路164街19（新沙洞645-30） ☎02-3445-0092
🕐 11:00〜22:00（L21:30） 🈺 農曆新年、中秋前一天與當天 🚇 23號線狎鷗亭站出口步行9分鐘

有中文菜單

狎鷗亭洞 ▶ MAP P.22 B-2

泡菜湯冷麵
김치말이냉면
1萬2000W

外國觀光客取向的菜色，由現任社長研發。

請不要加醋和芥末，就這樣品嘗我自豪的湯吧！

殿堂級美食的歷史

1949年	於平壤（北朝鮮）開幕。
1953年	遷移至京畿道。
1968年	遷移至西小門。
1970年代	朴正熙總統來訪，成為話題。
1984年	遷移至現在的狎鷗亭洞。
2005年	於狎鷗亭洞開2號店。
2010年	第3代社長提出泡菜冷麵的主意。

社長韓尚勳先生

肉超多，CP值高！

骨間的肉超好吃！

加了滿滿的肉和
馬鈴薯。
是幸福的調和。

← 韓式馬鈴薯排骨湯
원당감자탕
3萬2000W（2～3人份）

內含馬鈴薯、排骨和肉
等豐富食材。

鍋
的殿堂

飯
的殿堂

桌上放有撒滿蔥花的
醬油。依照個人喜好
加進韓式拌飯裡。

我最喜歡淋上特製
醬油！

鹹鮭魚子、飛魚卵、黑
魚子醬的顆粒口感3連
發！

↑ 魚卵石鍋拌飯
모듬알솥밥
1萬2000W

擺上滿滿魚卵，用石烤
的味道非常香。

越攪拌，
嚴選的海鮮配料
口感更香濃。

完全不用化學調味料
是我的堅持！

店長 趙炅裴先生

男女老少都愛的味道
元堂馬鈴薯豬骨湯
원당감자탕

花6小時燉煮的湯頭味道濃厚，從馬鈴薯等蔬菜、
豬肉香氣，以及牛骨中萃取出精華。最後的炒飯
（2000W）也是必吃的。

🏠 中區明洞8街35（忠武路1街25-33）
☎ 02-757-7612
🕐 24小時 ㉡ 全年無休
🚇 4號線明洞站6號出口步行3分鐘
中文OK｜有中文菜單
明洞 ▶ MAP P.10 C-3

也有上韓國美食節
目。

╱ 殿堂級美食的歷史

2002年	於首爾北倉洞開幕。
2003年	本店遷移至明洞。 開設明洞2號店。
2008年	因日本BS朝日電視台的介紹，日本 客人大增。

我是東海出身的，
很講究海鮮！

店長 李東喆先生

原創菜色豐富
小公粥家
소공죽집

從粥到海鮮鍋都有，可以在早上、中午、晚上等
各個時間享用不同菜色。使用大量新鮮豪華食
材，價格也很實惠。

🏠 中區西小門路139（中區西小門洞14-2）
☎ 02-752-6400
🕐 8:00～21:00（週六、日、國定假日～17:00）
㉡ 全年無休 🚇 2號線市廳站12號出口步行1分鐘
英文菜單
市廳 ▶ 市廳 MAP P.8 A-3

海膽粥也超濃厚～！

← （中）
성계알죽
1萬7000W

使用大量海膽，
味道濃厚順口。

╱ 殿堂級美食的祕訣

1980年OPEN

附近有許多旅館，觀光客很愛來這裡吃早餐。離
首爾市廳不遠，前總統李明博任首爾市長時也來
訪過。

EAT
○3

選擇最好的組合
大口吃五花肉

「五花肉」是豬三層肉放在鐵板上烤得酥脆，再用蔬菜包起來吃。是韓國燒肉的王道，也是去韓國旅行必吃的料理。外包的蔬菜與醬料搭配，可以產生許多種變化。找出屬於你自己的組合吧！

五花肉
생삼겹
1萬1000W（1人份）

肉厚實又鮮嫩多汁，讓你不禁屏息讚嘆。

有著驚豔厚度的豬肉超多汁，和獨家調配的醬料非常搭。

多汁燒肉吸引無數回頭客
胖胖豬韓式烤肉
통통돼지

在有許多燒肉店的學生街上是常常客滿的超人氣店。只要吃過一次厚切肉和4種醬料、店員得意的麻辣蔥沙拉組合，立刻就會上癮。免費的辣牛肉湯也大受好評。

🏠 西大門區延世路4街19（滄川洞13-33）
☎ 02-363-1263
🕐 週一〜日16:30〜凌晨4:00　休 全年無休
🚇 2號線新村站3號出口步行2分鐘

中文OK　　有中文菜單

新村　▶MAP P.18 A-3

看看這個厚度！

🍴 OTHER MENU

・豬頸肉1萬1000W
・豬調味碎肉
　1萬3000W
・牛肋排1萬5000W
・豬皮6000W
・飯1000W

HOW TO 「韓式燒肉的吃法」

肉很厚實，
豪爽地一口吃下去！

韓國五花肉是從一整片開始烤，再用蔬菜包住烤好切開的肉食用。

基本set
正統的組合是肉、涼拌蔥、包飯醬（辣味噌）包在萵苣裡吃。

 肉 ＋ 蔬菜 ＋ 醬

烤	切	包
豬肉很快就熟，只要外側變成褐色、烤脆後即可享用，基本上交給店員處理就好。	一般會放整片長形的肉下去烤，當顏色烤好，再用剪刀剪成一口吃的大小。	烤好的肉、包飯醬等醬料或佐料一起包進萵苣裡，一口吃下。

用什麼包、包什麼的組合都由你決定

五花肉不是只能用萵苣包！
盡情享受各種蔬菜和醬料的味道變化吧。

「用來包」的蔬菜

除了代表性的萵苣外，
還有各種可嚼勁、味道佳的蔬菜。

萵苣
用來包五花肉的經典蔬菜，沒有不自然的味道。

紫蘇
擁有獨特香氣。顏色淺的那面朝內食用。

芥菜
有點嗆辣，會轉變成刺激性的味道。

白菜
比日本白菜小，可以享受清脆的口感。

「一起包」的食物

和肉一起包的食物，從辛辣到清爽口感都有。

涼拌蔥
每家店不同，有不會辣和很辣的，大都帶點甜味。

醋蘿蔔
單獨吃或和肉一起吃都很棒。帶有酸味，口感清爽。

蒜頭
用來調味，和肉一起放在鐵板上烤會更香。

「添加味道」的醬料

沾在肉上或包覆的蔬菜上都OK。

包飯醬
混合味噌，不會太辣但味道很濃。

芝麻油
建議用來調味。沾在肉上後把蔬菜包起來！

黃豆粉
清淡的黃豆粉可以提出豬肉的味道和香氣。

鹽
用來帶出肉本來的味道，一點一點慢慢加。

包法變化也很多樣 改變蔬菜與醬料組合，找出你最喜歡的口味！

重視香味	紫蘇＋芝麻油＋鹽
激辣	芥菜＋涼拌蔥＋未熟辣椒＋烤泡菜
清爽	萵苣＋醋蘿蔔＋烤泡菜

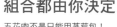

建議用五花肉上的油脂來烤泡菜，吸收肉油脂香的泡菜會變得非常多汁、香脆。

在首爾也可以享用濟州島黑豬
黑豚家
흑돈가

每天從濟州島運來熟肉，充分享受黑豬才有的甜味。火鍋蘸料的沙丁魚鹽辛毫無臭味，和肉十分搭配。

♠ 中區明洞7街21 Art Nouveau Centum大廈
BIF（乙支路2街199-40）　☎ 02-3789-
0080　⏱ 11:30～23:00　㊡ 全年無休　Ⓧ
2號線乙支路入口站5、6號出口步行3分鐘
中文OK　有中文菜單
明洞 ▶MAP P.10 C-1

🍴 OTHER MENU
・豬五花肉1萬7000W
・冷麵7000W
・泡菜鍋7000W

講究的濟州島豬肉
淋上海鮮醬汁，大口享用！

建議包法

火鍋蘸料
（沙丁魚鹽辛）

＋

洋蔥

＋

萵苣

↓

完成！

沙丁魚鹽辛火鍋蘸料沾在肉上，再用蔬菜包起來。

← 三層黑豬肉
흑돼지 삼겹살
1萬6000W（1人份）

特色是在肉上沾少量鹽後才烤。

用年糕包著吃，
新鮮口感不會膩。

建議包法

年糕

＋

黃豆粉

＋

豆芽菜

＋

辣醬

↓

完成！

香菇、泡菜和肉一起烤，肉脂香味就會擴散。

年糕和清脆蔬菜的口感很新穎。

只有這裡才吃得到的嶄新味道
糕三時代
떡쌈시대

靈感來自墨西哥薄餅的年糕包五花肉名店。年糕和厚切肉的酥脆口感相當新穎，也可以挑戰用辣醬等不一樣的醬料。

♠ 鍾路區郵征局路2街16 2F（貫鐵洞44-1）
☎ 02-737-3692　⏱ 11:30～24:00
㊡ 農曆新年、中秋當天　Ⓧ 1號線鐘閣站4號出口步行2分鐘
有中文菜單
鐘閣 ▶MAP P.8 B-2

🍴 OTHER MENU
・豬頸肉1萬1000W
・豬背肉1萬2000W
・泡菜鍋5000W

← 糕三泡菜三層肉
떡쌈김치삼겹살
1萬1000W（1人份）

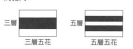

WHAT IS 「三層五花肉」

豬五花烤肉。瘦肉和肥肉呈現三層狀態，稱為「三層肉」。在韓國，講到「燒肉」大家就會想到三層五花肉，堪稱經典的燒烤豬肉。

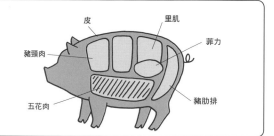

皮
里肌
菲力
豬頸肉
豬肋排
五花肉

三層
五層
三層五花
五層五花

價格實惠的學生愛店
肉倉庫
고기창고

兼具味、質、量，在當地學生中非常受歡迎的燒肉店。不使用冷凍肉，每天都會進新鮮肉，很講究食材。

🏠 西大門區延世路7街34-4（滄川洞52-78）
☎ 02-323-9090 🕙 10:30〜23:00 ㊡農曆新年、中秋連休 🚇 2號線新村站2號出口步行10分鐘

有中文菜單

新村 ▶ MAP P.18 A-2

🍴 OTHER MENU
・豬頸肉8000W
・豬肋排8000W

只要咬了一口厚實的肉，濃縮的肉汁就會滿溢出來。

用醃白蘿蔔包起來，爽口的味道立即散開。

建議包法

肉

+

醃白蘿蔔

完成！

爽口的白蘿蔔，讓你不知不覺吃好幾片。

👆 生五花肉
생삼겹살
1萬6000W（1人份）

建議包法

洋蔥

+

鳳梨

完成！

韓式、泰式融合！烤水果和肉一起包。

和鳳梨、蘋果等水果一起烤。

👆 五花肉
삼겹살
1萬2000W（200g）

異國混合燒肉
烤肉店1231
고깃집 1231

有韓國料理×泰式料理的特別菜色。除了水果燒肉，用米紙包肉的春捲式吃法也很受歡迎。

🏠 龍山區素月路20街6（龍山洞2街1-1231）☎ 02-755-1231 🕙 17:00〜23:00、週六、日〜24:00 ㊡全年無休 🚇 6號線綠莎坪站2號出口搭巴士10分鐘

有中文菜單

黎泰院 ▶ MAP P.4 C-2

🍴 OTHER MENU
・松阪豬1萬2000W
・泰式酸辣麵2000W

水果的酸味和肉香是絕妙組合。

🥬 燒肉絕不能少了萵苣。主要營養成分是維生素A和鈣等，和油一起吃會更有效果。

EAT
○4 🐷

醃漬、石板燒烤、水煮……

大開眼界的豬肉七變化

享用了最具指標的五花肉以後，就來挑戰其他種類！
除了各種口味，還有醃漬肉、石板燒烤、水煮等調理法，
盡情享受這多采多姿的豬肉七變化吧！

YUMMY-

醃漬

用各種不同口味的醬料醃漬豬
肉，再進行燒烤。可以享受味
道變化。

8種沾醬・美味吃不膩

八色組合
팔색한상
3萬W（2〜3人份）

八色五花肉是8種味道的豬肉組合。

口味變化豐富的燒肉
八色五花肉
발색삼겹살

外觀看起來很鮮艷的8種醬料除了
好吃以外，還兼顧健康。套餐搭
配大量蔬菜，可以享受好幾種口
感。

🏠 中區乙支路43街30美進大廈2F
（乙支路6街18-84）
☎ 02-2264-8388　🕐 24小時
🈺 全年無休　🚇 2、4、5號線東大門
歷史文化公園站14號出口步行2分鐘
中文OK　有中文菜單
東大門　▶MAP P.14 A-2

🍴 OTHER MENU
・牛角江珧蛤蛤烤干貝7000W
・玄米鍋巴湯5000W

享受8種口味

 又軟又多汁！

高麗人參
高麗人參的芳醇香氣
會在嘴中擴散，可刺
激食欲。

葡萄酒
沁入葡萄酒的肉變得
非常柔軟、多汁。

松葉
松葉有香草般的爽口
味道，吃起來很清
爽。

大蒜
經典的大蒜。用來醃
漬豬肉，味道濃厚。

 義式口味

 又辣又濃郁！

香草
嶄新的羅勒味，變成
像義式風格的口感，
和蔬菜很搭。

咖哩
若有似無的麻辣咖哩
味，直接吃或包在菜
裡都美味。

味噌
味噌醃漬的肉質變得
非常軟，形成和風口
味。

辣椒醬
扎實的辣椒醬，包在
蔬菜裡吃最美味。

石板燒烤

不是用鐵板或網子，而是用石頭來烤的五花肉。因這紅外線的效果，可以烤得非常飽滿。

用撲滿熱石頭代替鐵板來烤。

← 滿是石頭！

用純黑天然的石頭烤，肉就會變得飽滿又多汁

在石頭上烤的獨特風格

小豬存錢筒
돼지저금통

用天然石頭烤肉的燒肉店，在首爾也頗罕見。當地常客和觀光客都會前往，人潮又多又熱鬧。每天會進新鮮肉，由店長親自仔細處理。

🏠 麻浦區和諧廣場路146-1（西橋洞331-1）
☎ 02-323-6292　🕐 14:00～凌晨2:00　📅 週二　🚇 2號線弘大入口站8號出口步行3分鐘
`有中文菜單`
`弘大` ▶MAP P.17 E-1

🍴 OTHER MENU
・牛肋排1萬6000W
・冷麵5000W

👉 五花肉
삼겹살
1萬2000W（1人份）

肉在石頭上慢烤，肉汁會封在裡頭。

清淡又健康的水煮豬 最適合搭配帶有甜味的泡菜。

水煮

水煮豬肉稱為生菜包肉，由於多餘油脂都濾掉了，很健康，可以吃出豬本來的甜味。

簡單又不膩的口感

挪夫生菜包肉店
놀부보쌈

包著吃的豬肉都是在點餐之後當場水煮，既軟嫩又新鮮，和辣中帶甜的泡菜一起吃鐵定會上癮。

🏠 中區乙支路43街34 2F（乙支路6街18-103）　☎ 02-2264-1669　🕐 24小時
📅 全年無休　🚇 2、4、5號線東大門歷史文化公園站14號出口步行5分鐘
`中文OK`
`東大門` ▶MAP P.14 A-2

👉 挪夫生菜包肉（小）
놀부보쌈
2萬9000W（2人份）

用萵苣包起清淡豬肉和泡菜大口吃。

🍴 OTHER MENU
・冷製豬腳2萬5000W
・泡菜煎餅7000W

 除了甜辣的泡菜，生菜包肉搭配糖蝦鹽辛一起吃也很入味，令人上癮。　37

EAT
05

肉膾、烤肉、內臟……
各式各樣的韓牛

在韓國，「烤肉＝豬肉」的印象十分強烈。
大家也認為牛肉＝韓牛，是高級食材，擁有特別地位。
牛肉料理有生吃、燒烤、水煮等各種調理法，你想吃哪種方法做的韓牛呢？

韓牛的紋路比和牛少，口感清淡。

rare
生

\ HAPPY! /

←肉膾
육회
1萬2000W

可以和肉底下的碎梨、蛋黃攪拌著吃。

steam
蒸

←韓式燉排骨
갈비찜
1萬4000W

和蔬菜一起蒸煮的牛肉口感軟嫩。

在日本看不到的！
肉膾

瘦肉切成細長條，用芝麻油等涼拌的料理。是日本吃不到的絕品。

🍴 OTHER MENU

・生肝、牛肚1萬2000W
・肉膾丼6000W
・肉生魚片2萬4000W

肉膾滿滿，讓人驚豔的價格
生拌牛肉姊妹家
육회자매집

廣藏市場肉膾街的元老店，連韓國人也會排隊。每天從市場進新鮮小腿肉和五花肉，用菜刀處理。有嚼勁的肉膾深受大眾喜愛！

🏠 鍾路區鍾路200-4廣藏市場內（鍾路4街177）☎02-2274-8344／02-2272-3069
🕘 9:00～22:40 🚫 週一 🚇 1號線鍾路5街8號出口步行3分鐘

中文OK

鍾路 ▶MAP P.9 E-2

生肝和牛肚也很好吃！

慢火烹煮出來的軟嫩口感
韓式燉排骨

用醬油、砂糖等佐料將牛肉與蔬菜等一起烹煮而成的料理。

🍴 OTHER MENU

・名品豆腐湯定食8000W
・純豆腐定食8000W

品嘗講究的家庭料理
The Bub
더 밥

連同佐料在內，所有食物都是店家手工製作，賣相佳的家庭料理深受各年齡層喜愛。周圍有許多劇場，演員和喜劇演員都會光顧。

🏠 鍾路區大學路9街30（明倫洞4街142）☎02-764-9288
🕘 10:30～21:30（週一～16:00）🚫 週日 🚇 4號線惠化站3號出口步行3分鐘

大學路 ▶MAP P.15 D-1

牆壁上滿滿都是名人的簽名。

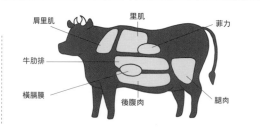

WHAT IS 「韓牛」

韓國在來種牛肉稱為「韓牛」，和日本和牛同樣為高級品，依重量分成A～D，依肉質分成+1～3這4種級別，最上等為A+1。名產地是江原道的橫城。

日韓牛肉比較！
【日本】日本人較喜歡脂肪上有「花紋」的霜降牛肉。
【韓國】韓國則喜歡瘦肉大過於肥肉。

肩里肌　里肌　菲力
牛肋排
橫膈膜
後腹肉　腿肉

fry
炒

咕嚕嚕

👆 調味牛肉
깨비불고기
1萬5000W（300g）

stew
煮

👆 內臟鍋
곱창전골
1萬9000W（2～3人份）

份量滿點，還可攝取很多蔬菜。

口感辛辣，最後會吃碗炒飯結束這一餐。

就算不吃辣也行
烤牛肉
把浸了醬油佐料的牛肉和蔬菜一起炒過、烹煮的料理。

一早就有滑嫩嫩肌膚等著你！
內臟鍋
牛肉內臟、各臟器和蔬菜一同烹煮的辛辣火鍋。

🍴 OTHER MENU
・蔥餅1萬2000W
・石鍋韓式拌飯
　6000W

🍴 OTHER MENU
・烤肉定食8000W
・飛魚炒飯3000W

便宜又好吃，讓你大滿足的烤牛肉
鬼怪調味牛肉
도깨비불고기

帶有甜味的口感。可以品嘗份量滿滿、CP值高的肉，是韓國人和觀光客都非常喜歡的烤肉專賣店。24小時營業這也讓人很開心！

🏠 中區乙支路43街38 1F（乙支路6街18-37）
☎ 02-2269-1538
🕐 24小時
🈺 全年無休
🚇 2、4、5號線東大門歷史文化公園站14號出口步行3分鐘
中文OK　有中文菜單
東大門 ▶MAP P.14 A-2

舒適的內臟專賣店
一號牛腸店
일번지곱창 대창

明亮開放的店內放著韓國流行歌，氣氛輕鬆，女性也能自在上門光顧。韓國產的內臟外硬內軟，可以享受那有彈力的口感。特製的韓方粉是祕密武器。

🏠 中區明洞9街33 3F（乙支路2街199-64）
☎ 02-773-3150
🕐 16:00～凌晨1:00，週六、日16:00～24:00
🈺 全年無休
🚇 2號線乙支路入口站5號出口步行1分鐘
有中文菜單
明洞 ▶MAP P.11 D-1

有牛！有豬！
造訪No.1燒肉店

烤豬肉、烤牛肉，要吃就吃No.1的店！
吃法、排隊人潮、店家數……以下介紹豬和牛的No.1燒肉店。
找出你最喜歡的店吧！

店家數
No.1！

炭火香讓你停不下筷子

必定回訪的好吃庶民派
新村食堂
새마을식당

遍布全韓國的知名連鎖店。除了用新村食堂特
製醬料醃漬的熱炭烤肉和一人份泡菜豬，還可
以享受生豬頸肉等平價美食。

🏠 鍾路區大學路11街3 1～2F（明倫洞4街90）
☎ 02-3672-7004　🕐 24小時　㊡ 農曆新年、中秋當
天　🚇 4號線惠化站3號出口步行3分鐘　>>> P.66
有中文菜單
大學路　▶MAP P.15 D-1

👆 熱炭烤豬肉
熱炭烤豬肉
열탄불고기
8000W（1人份）

只要包在萵苣裡，
辛辣烤豬肉的辣度
就會緩和。

七分泡菜豬
也是必吃的！

🍴 OTHER MENU
・豬頸肉加鹽8000W
・七分泡菜豬5000W
・溫麵3000W

賣完就沒了的勾魂牛小排
延南站著吃食堂
연남서식당

在鐵桶上烤肉並站著吃，創業超過60年的老
店。菜單上只有牛小排，只要肉賣完就會結束
營業。超人氣店家，一開門就有人排隊。

🏠 麻浦區白凡路2街32（老姑山洞109-69）
☎ 02-716-2520　🕐 12:00～18:00肉賣完就關門
㊡ 週一　🚇 2號線新村站7號出口步行5分鐘
中文OK
新村　▶MAP P.18 A-3

排隊
No.1！

襯出肉香的絕品醬汁
在舌尖舞動

圍在鐵桶旁站
著吃。

絕妙
好醬料！

沾著醬油、薑、大蒜、
蔥等混合醬料食用。

帶骨牛小排。飯的
部分可以帶走。

👆 帶骨牛小排
（1塊。也可從2塊開始點）
갈비
1萬5000W

品嘗特選韓牛
富一排骨
부일갈비

帶有紋路的薄切鹽烤肉最有名。沾著芝麻油和生蛋一起吃，好吃程度會倍增。除了鹽烤，只使用2～3歲公牛肉的風味牛排也很受歡迎，重點在於將肉片切成香氣在嘴中擴散的大小。

🏠 瑞草區瑞草中央路2街42（瑞草洞1427-6）　☎ 02-3482-3112
🕐 11:00～22:00　🚫 農曆新年、中秋連休
🚇 3號線南部客運站4號出口步行5分鐘

江南　▶ MAP P.5 D-3

沾著蛋和芝麻油一起吃！

🍴 OTHER MENU
・風味牛排
　3萬3000W
・牛排骨湯
　7000W

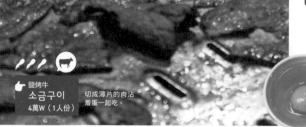

吃法 No.1！
簡單鹹味，用肉本身的味道決勝負

鹽烤牛
소금구이
4萬W（1人份）

切成薄片的肉沾著蛋一起吃。

蔬菜種類 No.1！
薄切肉與蔬菜的调和

和30種蔬菜一同享用
白鍾元元祖菜包飯
원조쌈밥집

名料理菜包飯定食中含有30種以上有機蔬菜和薄切五花肉，再加上韓國味噌及各種小菜，套餐奢華。

🏠 瑞草區江南大路8街3（良才洞327-20）
☎ 02-548-7589 / 02-549-3768
🕐 24小時　🚫 全年無休
🚇 9號線新論峴站3號出口步行5分鐘

有中文菜單

江南　▶ MAP P.5 F-1

套餐份量超多！

🍴 OTHER MENU
・蔬菜包飯定食
　9000W
・海鮮綜合味噌
　3000W

薄切豬三層五花肉
생삼겹
7000W（1人份）

多餘油脂會落入網子下，比較健康。

必學！關於泡菜的二三事

韓國餐桌上一定要有泡菜！

手藝是祕密武器 | 在白菜泡菜做好之前

每個家庭都有醃漬泡菜的傳統，而每年11月下旬～12月上旬，家族會聚集起來製作一年份的泡菜。各家庭的味道不一，媽媽的「手藝」就是祕密武器。

媽媽的手藝！

韓國餐桌上的固定成員

說到泡菜，堪稱是韓國餐桌上不可或缺的代表食物。泡菜是用白菜、白蘿蔔等蔬菜和大蒜、辣椒等調味料一同發酵而成，也就是所謂的韓國醃漬物。

泡菜的特色是易保存，在蔬菜產量不多的冬天是重要保存食品。原本只用鹽醃漬蔬菜，後來才開始加上山椒和大蒜。這就是泡菜的起源。

此外，泡菜不只含有許多乳酸菌和維生素，卡路里也低。因此，泡菜也擔任提高身體免疫力和維持健康的角色。

除了單吃以外，泡菜也會用於料理上。泡菜鍋和泡菜炒飯就使用許多酸味強烈的老泡菜。保存期長、用途豐富就是泡菜的魅力。

泡菜的材料就是這些！

白菜泡菜的基本材料如下。鹽辛大多會用糠蝦。

鹽辛　白蘿蔔　辣椒　韭菜　味噌　砂糖　白菜　鹽　大蒜

我也能說！
泡菜的故事

泡菜的世界是很深奧的。
也許一邊說說著泡菜的故事一邊吃泡菜，味道也會不一樣！？

根據醃漬時間不同，稱呼也會改變

泡菜醃漬越久越促進發酵，酸味也越強。酸味強烈的成熟泡菜大多用於火鍋等料理。

生泡菜　稍微醃過的泡菜，可以享受酥脆的口感。

鮮泡菜　成熟度中等的泡菜，一般餐廳提供的都是這種。

最一般的泡菜

老泡菜　最成熟、酸味最強的泡菜。

用於火鍋等

台灣白菜和韓國白菜有什麼不同？

跟台灣白菜相比，韓國白菜的水分較少。因此要用台灣白菜做泡菜，就要泡鹽水，讓水分確實流出。

韓國人家中有泡菜專門冷藏庫

基本上韓國餐桌每餐都有泡菜，因此存貨很重要。各個家庭都有泡菜專用冷藏庫，會自動設定成最適合泡菜的溫度。

泡菜是國民食物！

① 白菜泡到鹽水裡

變好吃吧！

白菜泡在鹽水裡一整晚，釋出水分。

② 製作藥念（調味料）

白菜以外的食材和調味料充分混合，做成可以塗在白菜上的「藥念」。

③ 在白菜上塗藥念

一片一片仔細塗！

仔細把藥念塗在白菜葉之間。

最後還要塗外側！

④ 讓泡菜發酵

在常溫保存一天，之後放到冷藏庫。只要發酵，酸味就會變強。

\完成！/

🧭 ○○泡菜就要加進這道料理！

除了白菜泡菜以外，還有各式各樣的泡菜以及和某種料理組成的「經典」搭配。

白菜泡菜		燒肉 | 泡菜鍋
	✕	

最經典的白菜泡菜適合各種料理，不過跟燒肉和火鍋還是最搭。
♨♨♨

蘿蔔泡菜 | 小蘿蔔泡菜		冷麵
	✕	

不會辣的白蘿蔔水泡菜「蘿蔔泡菜」和帶點酸味、苦味的「小蘿蔔泡菜」常當作冷麵的食材。
♨♨♨

泡蘿蔔塊		湯類
	✕	

用白蘿蔔所做、帶點些許酸味的泡蘿蔔塊和先農湯等白湯一起食用是最經典的組合。
♨♨♨

\朝聖！/

這家店的奇異泡菜

每家店都有獨特的泡菜，這裡介紹吃得到最講究泡菜的2間店家。

銀朱亭的泡菜鍋用泡菜

這樣直接吃會超酸！

泡菜鍋名店銀朱亭使用酸味非常強烈的成熟泡菜（老泡菜），和滿滿的豬肉味道超級搭。

銀朱亭
→ P.50

挪夫生菜包肉店的甜辣泡菜

豬肉味都出來了！

甜泡菜的特色就是可以突顯水煮豬熟肉的味道。是和水果一起醃漬而成。

挪夫生菜包肉店店
→ P.37

EAT 07

雞肉炒得辣辣的
愛上辣炒雞排

雞肉放在大鐵板上炒成辛辣的「辣炒雞排」。聞著刺激食欲的香氣，一邊近距離觀賞調理過程也是一種樂趣。來看看辣炒雞排的食用順序吧！

🚩 從頭到尾盡情享受辣炒雞排

以下介紹「從點辣炒雞排到完食」的一連串流程。

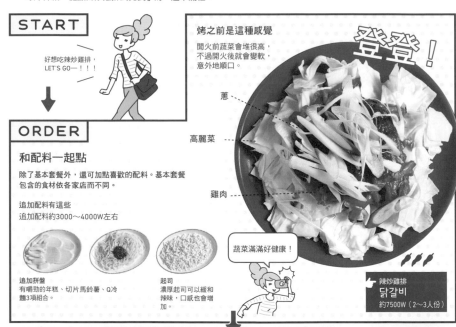

START

好想吃辣炒雞排，
LET'S GO—！！！

ORDER

和配料一起點

除了基本套餐外，還可加點喜歡的配料。基本套餐包含的食材依各家店而不同。

追加配料有這些
追加配料約3000～4000W左右

追加拼盤
有嚼勁的年糕、切片馬鈴薯、Q冷麵3項組合。

起司
濃厚起司可以緩和辣味，口感也會增加。

烤之前是這種感覺

開火前蔬菜會堆很高，不過開火後就會變軟，意外地順口。

登登！

蔥
高麗菜
雞肉

蔬菜滿滿好健康！

← 辣炒雞排
닭갈비
約7500W（2～3人份）

MAKING

快看！這個木勺用法！

烹調就交給店員。為了不讓醬汁噴出來，四周會圍起來。這新鮮的作法就是娛樂所在！

嗯～～
好香♡

製作辣炒雞排
不可或缺的工具
預防器汁噴出來的鐵壁和攪拌的木勺

木勺

防護壁

在鐵壁裡面做，有股慎重感…！

在製作途中放入麵！
炒好前一刻放入Q嫩冷麵，和食材
一起攪拌。

LET'S EAT!

咕嚕咕嚕

留一點點是重點
韓式吃法是用筷子直接從冒著熱呼呼的鐵板將
食物送進嘴裡。濕濕的雞肉，好奢侈！

之後還要做炒飯，保留點料在裡面。

ARRANGE

最後一定要的！炒飯
最後就來吃炒飯吧！
用鐵板裡剩下的
醬汁來做。

香噴噴的
味道！

這就是炒飯set

泡菜　　　　　　　飯
　　　　　　　　海苔

蔥

炒飯（1人份）
밥볶음사리
約2000W

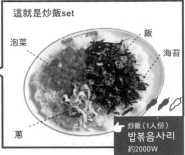

GOAL

wow!!

也可以依照喜
好加入起司！

起司風味和啤酒
是最棒的組合！

一定要吃到最後的炒飯！
推開辣炒雞排名店的大門

辣炒雞排的主要產地是春川。以下介紹不用出遠門，就可以享受道地口味的名店。先享
用辣炒雞排，最後再吃炒飯！直接進攻鐵板大口吃吧！

依喜好添加材料！
吃得飽飽，CP值高

最後的炒飯
就像這種感覺！

無骨辣炒雞排
뼈없는닭갈비
7500W（1人份）

最後加入起司，
趁炒得點糊糊的時候
吃。

中午時段客滿。店內充滿活力。

什錦飯
비빔공기밥
1500W（1人份）

快炒出來的炒
飯粒粒分明，
相當美味。

粉絲囊括學生與上班族
春川家辣炒雞排
춘천집닭갈비 막국수

便宜又好吃，在熙熙攘攘的新村很受
歡迎。滿滿的起司和肉、蔬菜拌在一
起，形成濃厚的口感。看著店員在眼
前烤也很有趣。

✿ 西大門區延世路5街1（滄川洞57-8）
☎ 02-325-2361　⏰ 10:00～凌晨6:00（LO
凌晨5:00）　㊡ 全年無休
⊗ 2號線新村站2號出口步行5分鐘

有中文菜單

新村　▶MAP P.18 A-3

🍴 OTHER MENU

· 起司辣炒雞排8500W
· 章魚辣炒雞排8500W
· 調味水煮章魚8500W

使用國產雞肉的
證明。

唯有使用雞肉專門業
者「Harim」雞肉的店
才能獲頒證明書。

하림
하림닭고기 취급업소

취급점명：

我們很講究
雞肉喔！

店員
李成烈先生

EAT
09

麻辣與不辣的都有

遍嘗4種雞料理！

韓國還有很多雞肉料理，例如油炸酥脆的雞排、辣醬油燉雞等。滿滿的必吃菜色，用健康的雞肉大大滿足你的胃！

炸雞
치킨

和啤酒是絕配。從普通炸雞到沾了甜辣醬的藥念炸雞都有，種類多樣。

酥脆外皮和多汁肉質最搭。

👉 脆皮炸雞
크리스피 치킨
1萬7000W

獨特調理法是關鍵

滿滿的大蒜刺激食欲。

👉 大蒜烤雞
마늘 전기구이
1萬6000W

KKANBU CHICKEN
깐부치킨

全韓國開了150家店以上的連鎖炸雞品牌。從炸物到烤雞都有，種類豐富，學生和上班族等各年齡層客人都會光顧。

🏠 江南區江南大路152街35（新沙洞514-5）
☎ 02-544-1222
🕐 15:00～凌晨1:00（週五～日16:00～凌晨2:00） 🈺 全年無休 🚇 3號線新沙站8號出口步行3分鐘
林蔭道 ▶MAP P.19 E-3

燉雞
찜닭

雞肉、馬鈴薯、冬粉等食材和大量辣椒一起用甜辣醬燉煮而成，辣味很強。

👉 烈鳳燉雞
열봉찜닭
1萬9000W（小）

辣度可調整。「普通」的也很辣。

店內有SE7EN等當紅藝人的簽名。

讓你上癮的甜味與辣味

烈鳳燉雞
열봉찜닭

整隻雞完整放入，雞的肉質又軟又順口，辣度可以選擇普通到激辣這3種。這家店是藝人SE7EN的母親所經營，因而出名。

🏠 江南區島山大路15街8 2F（新沙洞540-22）
☎ 02-3445-1012 🕐 11:00～23:00（LO22:00）
🈺 全年無休 🚇 3號線新沙站8號出口步行6分鐘
林蔭道 ▶MAP P.19 F-3

長時間燉煮的雞肉可以用筷子輕易夾碎。

👉 參雞湯
삼계탕
1萬5000W

參雞湯
삼계탕

雞肉中含有糯米、棗子、高麗人參等藥膳，是用雞湯燉煮而成的料理。大家喜歡當成夏天的補身食品。

🏠 土俗村 → P.29

蔥、馬鈴薯與雞肉的搭配，簡單絕妙。

👉 一隻雞
닭한마리
2萬W（2～3人份）

一隻雞
닭한마리

雞肉和蔥、馬鈴薯等一同水煮的口感，沾辣醬吃。

🏠 陳玉華老奶奶元祖一隻雞 → P.49

🍴 韓國的雞肉料理烹調時大多沒有去骨，這也是風味滿滿的祕訣所在。

EAT

燒肉

鍋物・湯品

飯

麵

小吃

茶・甜點

其他

EAT
10

尋找No.1的店

前往一隻雞的競爭美食大街

整隻雞和蔥、馬鈴薯一起煮的鍋物——「一隻雞」。
位於東大門的「一隻雞街」，是一隻雞店林立的區域。好好比較這條街的各家店！
找到真正好吃的一隻雞吧。

CLOSE UP!
一隻雞街

位於東大門，所有店家消費在2萬W（一隻
=2～3人份）上下，從10:00營業到24:00左
右。（MAP P.14 A-2）

明洞一隻雞，巨城店
명동닭한마리 거성점

很多常客會來的店。加大蒜的湯最
賣，也有賣一人份的「半隻雞」。

價格：2萬W
清潔度 ★★☆
觀光客人數 ★☆☆

陳元祖補身一隻雞
진원조보신닭한마리

很講究使用的雞肉，只用出
生35天的年輕雞肉。2007年
獲得韓方湯的特別許可。

價格：2W
清潔度 ★☆☆
觀光客人數 ★☆☆

No.2

孔陵一隻雞
공릉 닭한마리

雞腳和蔬菜一同燉煮的湯味道
爽口，默默受到很多首爾人歡
迎。

價格：2萬W
清潔度 ★★☆
觀光客人數 ★☆☆

No.1

陳玉華老奶奶
元祖一隻雞

呼朋引伴！
壓倒性勝利！

價格：2萬W
清潔度 ★☆☆
觀光客人數 ★★★

很多人是因為陳
玉華太擠才來這
裡。

步行8分鐘
鍾路5街站

明洞一隻雞，本店
명동닭한마리 본점

一隻雞街上有3間店鋪的明洞一隻雞
本店。也有最後不是吃經典的烏龍
麵，而是吃炒飯的隱藏菜單。

價格：2萬W
清潔度 ★★☆
觀光客人數 ★★★

元祖傳聞中的一隻雞
원조 소문난 닭한마리

特色是韓方醬汁湯，將黃芪、
紅蔘、當歸等食材燉煮18小時
製成。

價格：2萬W
清潔度 ★☆☆
觀光客人數 ★★☆

WHAT IS
「大街」

韓國有些地方會集中開設賣同樣
料理的店，也就是「大街」。各
店為了求生存會互相切磋較勁，
也因此每家店的口味水準都很
高。

No.1

白天夜晚都客滿
讓你佩服這王者的味道

一隻雞
닭한마리
2萬W（2～3人份）

最後的烏龍麵
必吃！

追加烏龍麵
국수사리
2000W（1人份）

最後吃碗湯汁滿滿
的烏龍麵最棒了。

常常客滿的超人氣店
陳玉華老奶奶元祖一隻雞
진옥화할매원조닭한마리

假日也整天客滿，晚上得等1小時以上的超
有名店。不使用冷凍保存而是新鮮的雞，口
感完全不同。

🏠 鍾路區鍾路40街18（鍾路5街265-22）
☎ 02-2275-9666
🕐 10:30～凌晨1:00（LO23:30）
🈺 農曆新年、中秋前天與當天
🚇 4號線東大門站9號出口步行5分鐘
中文OK　有中文菜單
東大門　▶MAP P.14 A-2

HOW TO EAT

一隻雞的吃法

大多數店家都會交給店員來料理。做好醬汁
等著吃吧！

1 配合人數點餐

基本上一隻雞是2～3人吃，也可以追加年
糕、蔥、馬鈴薯等。

2 料理就交給店員

注意店員用剪刀剪
開硬骨的技巧。

3 煮的時候製作醬料

製作醬料。黃金比例為辣椒醬1：醬油1：
醋1：芥末1。

辣椒醬

辣椒、大蒜等
攪拌成醬料。

醬油

和雞很搭的
薄醬油。

醋

使口感變
清爽。

醬料完成！

增加風味。

芥末

4 沾著吃！

雞煮好，先品嘗原本的
湯，再將雞肉和馬鈴薯沾
著醬料吃吃看！

明洞一隻雞，創始店
명동닭한마리 시조점

2011年改裝，變成寬闊美麗的店
鋪。也可以加點高麗人參（價錢
另計）。

價格：2萬W
清潔度 ★★★
觀光客人數 ★★☆

議政府店
의정부집

在古早味店內品嘗到的一隻雞，
是使用最講究的國產雞。

價格：2萬W
清潔度 ★☆☆
觀光客人數 ★☆☆

🚶 步行1分鐘
東大門平和市場

🚶 步行10分鐘
doota! → P.126

吃了一整隻雞，
大滿足！！

只要一家店紅了，馬上就會有別間店趁熱推出同樣菜單，在附近開店，於是大街就這麼誕生了。

辣椒是韓國之寶
麻辣火鍋in首爾

A
辣炒年糕鍋

放入Q嫩辣炒年糕的火鍋。可以加入海鮮、起司等喜歡的配料。

用Q彈的辣炒年糕飽餐一頓。

CP值高

起司辣炒年糕鍋／海鮮辣炒年糕鍋
치즈떡볶이／해물떡볶이
9000W（2人份）

G
鱈魚鍋

放入鱈魚切片、小沙丁魚和芹菜等。鱈魚的味道濃縮起來，辣度也剛好，口感清爽。

用鱈魚的海鮮享受爽口風味。

鱈魚鍋（中）
대구탕
3萬5000W（2～3人份）

酸辣泡菜口感清爽。

C
泡菜鍋

許多客人會點這道火鍋。使用熟成泡菜，加入大量豬肉。

泡菜鍋（附五花肉）
김치찌개
2萬W（2人份）

香味滿溢的帶骨豬肉和馬鈴薯。

B
部隊鍋

在軍隊吃的火鍋，故以此命名。加入火腿、玉米、拉麵等是最經典吃法。

混雜的口感會讓你上癮。

部隊鍋
부대찌개
9000W（2人份）

豐富配料讓你大滿足
吃休錢走辣炒年糕鍋
먹쉬돈나

2015年遷移、擴大開幕的老店。

🏠 鍾路區栗谷路3街74-7（花洞137-4）
☎ 02-723-8089　🕐 11:00～20:40
（LO20:30）　休 全年無休　🚇 3號線安國站1號出口步行10分鐘

有中文菜單

三清洞 ▶MAP P.12 A-3

口耳相傳造成話題的隱藏食堂
銀朱亭
은주정

位於巷弄裡的人氣店，每天排隊人潮不斷。

🏠 中區昌慶宮路8街32（舟橋洞43-23）
☎ 02-2265-4669　🕐 10:00～22:00
休 週日　🚇 2、5線乙支路4街站4號出口步行3分鐘

鍾路 ▶MAP P.9 E-2

男女老少都愛的味道
元堂脊骨土豆湯
원당감자탕

有許多分店的大型連鎖店。花6小時熬湯，貨真價實。也有賣單人份的「醒酒湯」，和名產韓式馬鈴薯排骨湯風味相同，也很適合單獨來訪。

>>> P.31

韓國料理中的鍋料理種類非常豐富，
而能刺激你食慾的麻辣火鍋更是必嘗菜色！
要重視海鮮？肉？還是CP值？
就用圖表來找出今晚的鍋料理吧！

WHAT IS

「鍋」

鍋的稱呼法有非常多種，例如「찌개」、「전골」、「탕」等等，嚴格來講這些定義都不一樣，不過只要知道全部都是鍋料理就行了。

H
海鮮鍋

加入章魚、花枝、貽貝等10種以上材料，可以盡情享受海鮮，不會太辣。

海鮮鍋（中）
해물탕
3萬5000W（2～3人份）

滿滿海鮮，光看也開心。

豆腐鍋
순두부찌개
1萬W（1人份）

喜歡這軟綿綿的碎豆腐。

F
豆腐鍋

碎豆腐加入麻辣火鍋湯內。把蛋打散，辣味就會變濃厚，口感更佳。

柔軟Q彈的口感好像吃多少都行。

韓式馬鈴薯排骨湯（中）
원당감자탕
3萬2000W（2～3人份）

D
韓式馬鈴薯排骨湯

加滿帶骨豬肉和馬鈴薯的火鍋，吃完會用炒飯作結尾。

精緻奢侈 W

E
內臟鍋

裡頭放有內臟、金針菇和西葫蘆等。湯汁很少，屬於「전골」類火鍋。

內臟鍋
곱창전골
7500W（2～3人份）

E

輕鬆舒適的內臟專賣店
一號牛腸店
일번지곱창 대창

內臟專賣店。除了內臟鍋以外，也可以吃到內臟烤肉，在廣大整潔的店內優閒享用美食。午餐定食為6000～8000W，價格親民。

>>> P.39

F

緊緊抓住商業人士的胃
甘村
감촌

大使館員和外交官也會造訪的名店。

🏠 鍾路區鍾路19 Le Meilleur 鍾路城2F（鍾路1街24） ☎ 02-733-7035 ⊕ 9:00～21:30 ㊡ 週日 ㊂ 1號線鍾閣站1號出口步行3分鐘
鍾閣 ▶MAP P.8 A-2

G H

用親民價格享受新鮮海產
東海海鮮湯
동해물탕

份量滿點的海鮮鍋加入滿滿的海產和蔬菜。

🏠 鍾路區昌信2街12（昌信洞651-65）☎ 02-744-8448 ⊕ 11:00～24:00 ㊡ 全年無休 ㊂ 1號線東大門站1號出口步行3分鐘
東大門 ▶MAP P.14 B-1

EAT
12

吃盡滿口的熱情滋味
享用大大滿足的麵食&湯頭

想吃得清淡，建議享用麵類或湯品。兩者都有各自的專賣店，湯頭及麵條的做法極為講究。
有不少不辣的菜單，不吃辣的人也可以享用。

 麵 代表菜色是手打烏龍麵「刀削麵」和清爽的冷麵，麵的做法與湯頭都是各店的堅持。

品嘗絕品刀削麵
明洞餃子
명동교자

知名韓式手打烏龍麵、刀削麵店，1976年創立的老店，順口的麵條和用整隻雞、薑、蔥等長時間燉煮的濃厚湯頭充分交融。用餐時間需排隊，想吃要趁早。

湯
雞湯
↓
長時間燉煮

麵
自家製麵，1天在店內製作2次

🏠 中區明洞10街29（明洞2街25-2）
☎ 02-776-5348　🕐 10:30～22:00
（LO21:30）（週六、日10:00～）　🈺 農曆新年、中秋當天　🚇 4號線明洞站8號出口步行3分鐘　中文OK　有中文菜單
明洞 ▶MAP P.11 D-2

其他刀削麵店
🏠 鍾路老奶奶刀削麵 → P.58

刀削麵

和加進去的韓式餃子一起吃

內含烏龍麵和韓式餃子，分量飽滿。

刀削麵
칼국수
8000W

冷麵

有嚼勁
吸起來爽快！

菜包肉冷麵
육쌈물냉면
6000W

鬆滑麵條光滑麵條與帶有些許酸味的湯頭吃起來清爽。

和肉一起吃的麵
菜包肉冷麵
육쌈냉면

利用蜂蜜和韓方的祕傳醬料醃漬後用炭火烤的排骨，與冷麵組合非常受歡迎。有嚼勁的麵條、韓牛風味的醇厚爽口湯頭和排骨極為相襯。

湯
韓牛湯
+
手工蘿蔔泡菜

麵
蕎麥粉
+
小麥粉

🏠 麻浦區臥牛山路23街35（西橋洞345-27）　☎ 02-333-6392　🕐 11:30～22:30　🈺 全年無休　🚇 2號線弘大入口站9號出口步行5分鐘
中文OK
弘大 ▶MAP P.17 D-1

其他冷麵店　🏠 江西麵屋 → P.30

HOW TO

「冷麵的吃法」

用剪刀剪斷後食用是最主流的吃法，加了調味料會更好吃。

①
選擇是否加湯

沒有加湯的「拌冷麵」辣度較強，不辣的才是有加湯的「水冷麵」。

②
品嘗「肉湯」

有許多喝到飽的店，牛肉湯都是自助取用。

③
用剪刀把麵剪斷！

麵條大多非常有嚼勁。用剪刀剪成容易吃的長度。

④
用佐料改變味道

先試著這麼吃吃看，再用醋等佐料調整成自己喜歡的味道。

湯

對韓國人來說，湯是經典早餐，有許多湯品的專賣店。
湯的燉煮時間長，可以感受到各店對自家湯品的驕傲。

參雞湯

輕易夾碎的雞
就是燉煮的證明

→ 土種參雞湯
토종삼계탕
1萬3000W

爽口的秘密在於水果

百年土種參雞湯
백년토종삼계탕

在嚴選出來的小雞腹中塞入營養豐富的食材，經過長時間燉煮，滿是雞香味的湯頭帶有清淡口感，肉質用筷子就可輕易夾碎，非常柔軟。

食材
雞內含有高麗人參、棗子和糯米

湯
湯頭添加了水果

⌂ 麻浦區楊花路118（西橋洞354-12）
☎ 02-325-3399　🕐 9:30～23:30　㊡ 全年無休　🚇 2號線弘大入口9號出口步行5分鐘
有中文菜單
弘大 ▶ MAP P.16 C-2

爽口的湯頭最適合當早餐。

不曉得吃什麼早餐就選這裡

武橋洞明太魚湯
무교동 북어국집

菜單只有乾鱈魚湯一種，乾鱈魚、豆腐和蛋的調和非常絕妙，溫順的味道最適合想讓胃休息時享用，加上配菜醃磷蝦口感會更濃郁。

スープ
牛骨 ＋ 糯米粉 ↓ 12小時燉煮 ＋ 乾鱈魚、味噌 ＋ 芝麻油

⌂ 中區乙支路1街38（茶洞173）
☎ 02-777-3891
🕐 7:00～20:00（週六、日～16:00）
㊡ 農曆新年、中秋當天
🚇 1號線市廳站5號出口步行5分鐘
市廳 ▶ MAP P.8 B-2

口感溫順，湯頭味道扎實。

明太魚湯（乾鱈魚湯）

明太魚湯專賣店的
用心讓人眼睛一亮

→ 乾鱈魚湯
북어해장국
7000W

先農湯

稠狀的濃厚湯頭

→ 先農湯
설농탕
7000W

24小時營業的隱藏名店

別天地先農湯
별천지설농탕

賣點是可以從店門口右側看到用大鍋長時間燉煮的濃稠湯頭。味道醇厚卻不膩，滿滿的素麵與肉，分量扎實。

湯
韓牛骨 ＋ 各部位的肉 ↓ 18小時燉煮

⌂ 麻浦區世界盃北路6（麻浦區東橋洞161-8）　☎ 02-338-9966　🕐 24小時
㊡ 全年無休　🚇 2號線弘大入口站1號出口步行3分鐘
弘大 ▶ MAP P.16 C-1

其他先農湯
⌂ 神仙先農湯 → P.63

湯頭光滑清淡，裡頭放入滿滿蔥花。

EAT

燒肉

鍋物・湯品

飯

麵

小吃

茶・甜點

其他

🍴 韓文칼국수「刀削麵」中的칼是菜刀，국수則是麵條之意，起源於過去用菜刀切麵的習慣。

五色五味，亮麗美味

攪和道地的韓式拌飯

비빔밥（韓式拌飯）中的「비빔＝攪拌」，「밥＝飯」，意指混合各種食材一起吃的飯，
裡頭有很深的含義。以下就來探索好吃又有益身體的韓式拌飯祕密吧！

韓式拌飯 5 要點

了解這5要點，也許可以吃到比
平常還美味的韓式拌飯！？

point
1

滿滿的
健康食材

韓式拌飯的食材有各式各樣的蔬菜
和堅果等。

芹菜	嗆鼻的香味可以讓韓式拌飯的味道更香辣。維他命C豐富。
茼蒿	可以促進腸胃蠕動，味道獨特。
松子	味道香，像花生般可以增加口感，促進血液循環。
銀杏	蔬菜和飯一起吃，得以享受口感變化的樂趣。能夠促進脂肪分解。

point
2

越攪拌越美味

韓式拌飯的吃法是將
食物確實攪拌，讓食
材和辣椒醬混合拌勻
再吃，要從底部整個
往上翻攪。

握好餐具！

point
3

飯也很講究！

韓式拌飯使用的飯可不是單純白米，而
是用肉汁炊煮而成。白飯本身就有味
道，和其他食材很搭。

point

4

五色五味好鮮豔！

木／青
辣

水／黑
苦

火／紅
甜

概念來自陰陽五行說。5色越平衡就代表越好，所以韓式拌飯的色彩才會如此鮮豔。

金／白
鹹

土／黃
酸

這也是五色五味！

海苔飯捲
海苔捲。包覆的食材非常多彩，製作時也會注意到五色五味→P.64。

神仙爐
宮廷料理，現今也出現在韓式定食菜單中→P.57。

韓式定食
跟日本懷石料理一樣，會端出許多盛在小碟子上的料理，全都配合五色五味→P.56。

👆全州石鍋拌飯
전주곱돌비빔밥
1萬W

沾著獨特辣椒醬食用。

point

5

配菜種類也很多！

全州中央會館的配菜竟然高達35種！其他店也會使用蔬菜、堅果、肉等平均7種以上的食材，可以享受多樣口感。

平均
7種以上！

OTHER MENU
・石鍋肉膾拌飯
2萬W
・海鮮煎餅
1萬6000W

承襲道地全州口味
全州中央會館
전주중앙회관

以創業56年自豪的石鍋拌飯發祥店。使用帶有遠紅外線效果的獨創石鍋拌飯專用鍋，添加高達25種以上的蔬菜、堅果等食材，口味超群。

🏠 中區明洞8街21（忠武路1街24-11）☎ 02-776-3525 🕘 9:30~22:30（LP22:00）🈳 全年無休 🚇 4號線明洞站6號出口步行5分鐘

有中文菜單
明洞 ▶MAP P.10 C-3

🏠
也有石鍋以外的韓式拌飯

一般對於韓式拌飯的印象就是石鍋，不過在韓國說到拌飯，除了石鍋以外，韓式拌飯還有很多豐富種類。

👈韓牛肉膾韓式拌飯
한우 육회 비빔밥
1萬2000W

加入滿滿韓牛和蔬菜，口感極佳的拌飯。

絕品混合式韓國料理是賣點
Jangkkoma
장꼬마

位於走上經理團街的位置。許多藝人光顧，內裝和餐具等也很可愛，是SNS上的熱門景點。

🏠 龍山區素月路40街53（梨泰院洞260-54）☎ 070-4153-6517 🕘 12:00~15:00、17:30~22:00 🈳 週一 🚇 6號線綠沙坪站3號出口步行15分鐘

梨泰院 ▶MAP P.8 B-1

👈山菜韓式拌飯
산채비빔밥
8000W

數種山菜盛在飯上攪拌。

山菜料理就交給它
山菜家
산채집

位於幽靜的南山地區。專門做山菜料理，可以享用季節山菜。
>>> P.70

EAT
14

在穿越時空的餐廳
享用精緻奢華的韓式定食

韓國傳統料理以full course方式上菜就是「韓式定食」。在傳統空間享用，格調就更不一樣。不妨慢慢品嘗韓國才有的味道，度過特別的時光。

用視覺享受並排上菜的

韓國味覺

特定食
특정식
4萬4000W（1人份）

環顧店內一圈！

特定食是晚餐course。午餐是宮定食（3萬5000W）、上定食（4萬2200W）。

OTHER MENU

・別定食（午餐）
3萬3000W
・特山內里定食
6萬6000W

在有歷史的建築內享用
北村里 韓定食
복촌리 한정식

獲得首爾市觀光公社認證的30年歷史韓定食名店。用course方式呈現，在韓式定食中非常少見。使用當地食材，重視有益身體的風味，新鮮菜色盡收眼底。

🏠 鍾路區仁寺洞6街13（寬勳洞1） ☎ 02-747-9700 🕐 11:30～14:00、17:30～22:00（L20:00）（週六、日11:00） 🈺 農曆新年、中秋連休 🚇 3號線安國站6號出口步行1分鐘
三清洞 ▶MAP P.12 C-3

都是個別空間！

WHAT IS 「韓式定食」

從宮廷料理到傳統美食都有，範圍廣泛
韓式定食的定義很廣泛。無論是重現歷代君王吃的宮廷料理還是古早的鄉村料理定食都稱為韓式定食，菜色繁多。

1. 寬闊大廳，天花板使用寫著1961年的木頭。 2、6. 講究室內設計的細節，可以感受到木頭的溫暖，到處都是拍照景點。 3. 韓屋搭配吊燈的高貴氛圍。 4、5. 全部都是個別空間，宛如料理亭般。

「韓式定食」菜單CLOSE UP!

韓式定食的特點就是菜色很多。以下介紹北村里的部分菜單。

豆子粥

一開始端上的料理，是豆子磨碎做成的粥，滑順口感對胃也不會太刺激。

生魚片

比目魚生魚片，沾醬油和芥末一起吃。口感清爽，可以當前菜享用。

油炸大眼鯛

大眼鯛整隻油炸，可以享受又香又脆的口感。

神仙爐

傳統鍋料理「神仙爐」。正中間的筒狀部分會點火，為料理加熱。

蔬菜捲

在小麥做成的薄餅皮中包入7種蔬菜的獨創菜色。

煎餅

和日本煎餅相比，蛋的分量比粉還要多，口感如雞蛋湯一般清淡。

炒章魚

辣醬炒章魚。用炭火烤，香噴噴的風味會刺激食欲。

黃花魚乾

烤黃花魚乾，為高級魚類。肉質豐滿，口感帶有柔和的鹹味。

醋拌海蜇

口感如中菜的醋拌海蜇。爽口，能讓你重新調整味覺。

炸魟魚

炸魟魚料理。清淡的魟魚和油香非常搭，幾乎不辣。

燉鯖魚

和日本的燉煮鯖魚不同，韓國鯖魚帶了點辣味，口感新鮮。

韓式燉排骨

燉排骨。肉質軟嫩，入口即化，甜辣醬也會讓你上癮。

松葉排骨

在松葉上放置燙石頭，於石頭上烤排骨。當場烤、當場吃最有趣。

味噌鍋

簡單的味噌風味令人回味無窮。不辣，像日本的味增湯，味道柔和。

紫蘇湯

加入紫蘇粉末的湯。湯頭較稠，口感柔順，也可以依個人口味加鹽。

🏠 這裡也有韓式定食

 OTHER MENU

・海鮮煎餅2萬W
・豬肉泡菜2萬2000W
・炒豬肉2萬5000W
・烤肉1萬8000W

滿滿都是講究的家常菜

土牆巷弄

토담골

價格親民的韓國家常菜，是半套韓式定食先驅店。大量使用無農藥蔬菜，以100%韓國產大豆自製的味噌也大受好評。

🏠 江南區三成路766 B1F（清潭洞49-1）
☎ 02-548-5114～5　◎ 11:00～22:00
休 全年無休　◎ 7號線清潭站9號出口步行10分鐘
清潭洞　▶MAP P.23 E-2

土牆巷弄定食
토담골정식
3萬W

有烤魚和火鍋等，簡單精緻的美味。

個人用餐空間一派寧靜。　彌漫傳統居民家氣氛的內裝。

🍚 份量滿點的韓式定食。吃不完沒關係，但對特定菜色不動筷子則違反禮儀。

從點心、正餐到小菜
試著一整天都吃粉、粉、粉度過

START!

A.M 9:00　在購物途中
大口咬下**豆沙包**

大多會外帶！

熱 呼呼

好暖和～

帶有爽口甜味的豆沙包。外皮也像像饅頭那般美味。

豆沙包
찜빵
1000W
Ⓐ

P.M 3:00　在小吃攤吃
辣炒年糕
當小菜

甜不辣沾佐料，好吃好吃！

辣炒年糕
떡볶이
2500W
Ⓒ

甜不辣沾辛辣的辣炒年糕醬是韓國主流吃法。

P.M 12:00　享用**韓式餃子 & 刀削麵**
的飽滿午餐

LUNCH

餃子
만두
8000W
Ⓑ

刀削麵
갈국수
8000W
Ⓑ

溫熱的口感

把厚實的餃子加在刀削麵中一起吃也很美味。

早上和中午最忙！

為了紀念寫下的留言。

牆壁上有許多客人留下的便條紙。

Ⓐ
剛做好的熱呼呼韓式餃子
家美谷傳統手工包子
가메골옛날손왕만두

1959年創立的手工韓式餃子專賣店，同為經典菜單的蒸饅頭外皮帶點甜味，口感Q彈。可以外帶，最適合邊走邊吃。

🏠 中區南大門市場4街42（南倉洞60-2）
☎ 02-755-2569　🕐 8:00～20:00（內用LO19:10）
🈺 週日、1月1日、農曆新年、中秋連休　🚇 4號線會賢站5號出口步行1分鐘
南大門 ▶MAP P.15 E-3

Ⓑ
排隊不間斷的巷弄名店
鍾路老奶奶刀削麵
종로할머니손칼국수

1天平均賣超過500碗，祕訣在於烹煮3小時以上的魚乾湯頭。手工餃子也大受好評，是當地人的愛店。

🏠 鍾路區敦化門路11街 14-2（敦義洞49-1）　☎ 02-744-9548
🕐 11:00～20:30
🈺 週日　🚇 5號線鍾路3街站6號出口步行3分鐘
鍾路 ▶MAP P.8 C-2

Ⓒ
想吃正統辣炒年糕
國代辣炒年糕
국대떡볶이

以小學為概念裝潢的店內充滿懷舊氣氛。小麥粉麵團做的辣炒年糕口感Q彈，一般會和天婦羅一起點。

🏠 鍾路區栗谷路3街75（昭格洞149-6）
☎ 02-725-5021　🕐 11:00～22:00
🈺 全年無休　🚇 3號線安國站1號出口步行10分鐘
有中文菜單
明洞 ▶MAP P.12 A-3

在韓國，麵食類菜色種類豐富到你可以一整天都吃這類食物。辣炒年糕、烏龍麵、拉麵等等，除了肉以外還有很多有魅力的料理。要不要一整天都浸在粉裡面啊！？

WHAT IS
「粉類食物」

使用小麥製成的「粉類食物」，在韓國稱為「粉食」。在主餐和點心中有很多大家熟悉的菜色。

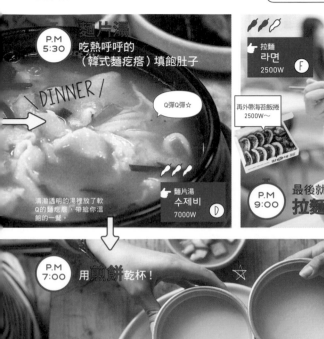

P.M 5:30

麵片湯

吃熱呼呼的
（韓式麵疙瘩）填飽肚子

\DINNER/

Q彈Q彈☆

清澈透明的湯裡放了軟Q的麵疙瘩，帶給你溫飽的一餐。

麵片湯
수제비
7000W D

GOAL!

拉麵
라면
2500W F

唏哩呼嚕

再外帶海苔飯捲2500W～

也可以用粉食過一天！

P.M 9:00

最後就吃
拉麵

韓國拉麵是用乾泡麵做的，辛辣口感讓你一口接一口。

P.M 7:00

用煎餅乾杯！

乾杯！！

熟成泡菜煎餅
돈 묵은지전
1萬5000W E

泡菜和馬格利是最經典的組合，帶有酸味的泡菜煎餅與甜甜的馬格利非常搭。

D

熱呼呼的麵疙瘩名店
三清洞麵疙瘩
삼청동수제비

開店以來一直採用相同食譜做的麵片湯和餛飩一樣口感滑順，用沙丁魚、玄蛤熬的清爽湯頭也是賣點。

🏠 鍾路區三清路101-1（三清洞102）
☎ 02-735-2965 🕐 11:00～LO20:30
🈺 農曆新年、中秋連休 🚇 3號線安國站1號出口步行25分鐘
[有英文菜單]
[三清洞] ▶MAP P.12 A-1

E

猶如咖啡廳的馬格利酒吧
MOON JAR
달빛술담

時尚空間，可以品嘗到如雞尾酒般種類豐富的馬格利和高檔特色創作料理。

🏠 江南區狎鷗亭路46街38（新沙洞644-19） ☎ 02-541-6118 🕐 11:30～凌晨1:00（LO23:30）、15:30～17:30（只有飲料） 🈺 農曆新年、中秋連休 🚇 盆唐線狎鷗亭羅德奧站6號出口步行9分鐘
[狎鷗亭洞] ▶MAP P.22 B-2

F

經濟實惠又安心的品質
金家
김가네

食材豐富，從海苔捲、麵粉做的辣炒年糕到控制辣度且份量滿點的辣牛肉湯，無一不講究，菜色多樣，價格也很親民。

🏠 江南區狎鷗亭路2街53（新沙洞516）
☎ 02-511-4832
🕐 8:00～21:00 🈺 週日
🚇 3號線新沙站8號出口步行5分鐘
[有中文菜單]
[林蔭道] ▶MAP P.19 D-3

🍜 首爾的麵片湯專賣店中評價最好吃的是三清洞麵疙瘩。為了品嘗傳說中的味道，每天都有排隊人潮。

韓國酒要配這道料理

從飲品來選擇 韓國料理

啤酒
BEER

韓國啤酒大多很清淡，不會對飲食造成影響，什麼場合都能喝。

享受酒和料理的組合

韓國喝的酒一般以燒酒和啤酒為主。啤酒比較清淡，推薦給不太能喝酒的人。燒酒則是和日本酒一樣有透明感，酒精濃度將近20卻很好喝，味道就像日本酒那樣淡。

梅酒與酸味飲料等帶有甜味的酒在韓國不是很受歡迎，這點跟日本一樣。說到馬格利，最近大家流行和水果混在一起喝，就像雞尾酒那般，然而就在以前，這種酒是「老人家喝的東西」的印象還是很強烈。

韓國人很會喝酒。根據研究結果顯示，有些人的體質是完全無法分解酒精，但韓國人幾乎沒有人不能喝酒。

在法國，葡萄酒搭配料理的組合稱為「mariage」（=結婚），這也可以用在韓國酒身上。大家最常搭配喜歡的食物一起吃，有時也會配合多人的喜好，更有所謂和酒非常搭的料理。想要藉由和啤酒、燒酒最合襯的結婚，同時享用酒和美食！

韓國啤酒一覽

淡淡酸味

沒什麼味道

2大類型

Cass Fresh／4.5%
2大啤酒之一，有輕微苦味，和啤酒味道很相似，不過整體來說較淡，易入口。

Hite／4.5%
苦味很少，可以感受到些許酸味，很順口。藉由冰點過濾加工取出不純物質，排除雜味。

Dry finish／4.8%
使用特別的乾酵母，餘韻爽口，清淡又有滿足感。

Cass Light／4.0%
比Cass Fresh卡路里還要少33%。濃度很淡，喜歡高濃度啤酒的人可能會覺得不夠喝！？

OB／4.8%
使用100%麥芽，堪稱道地德國風味。有適度苦味，口感佳。

Max／4.5%
使用香味豐富的「卡斯卡特啤酒花」，同時帶有甜味和苦味。

「和這道料理搭配！」

啤酒的碳酸可以讓油炸物變清淡，也很適合辣物。

脆皮炸雞 크리스피치킨 1萬7000W

用碳酸讓炸雞不再這麼油！

◎炸雞
炸雞和啤酒的組合稱為「雞啤」，是最經典吃法。
橋村炸雞
弘大 ▶MAP P.17 D-2

涼拌海螺 골뱅이 2萬6000W

啤酒 → 螺 → 啤酒的無線循環！

◎涼拌海螺
用蔥、藥念（辣醬）涼拌大海螺的小菜，可以用啤酒中和辣度。
永東海螺
明洞 ▶MAP P.11 F-1

燒酒
SPIRITS

和日本不同的是，韓國燒酒大多是用米、麥、番薯等穀物蒸餾而成，各地會有當地特產的燒酒。

 燒酒漾／19.5度
忠清南道燒酒。含氧量多，不太會造成宿醉。

真燒酒／19.3度
慶尚北道燒酒。加入能減緩宿醉的天冬氨酸和木醣醇。

 山／21度
名為「山」的燒酒。使用江原道大關嶺的山麓水。

C1／20度
釜山燒酒。用離子水生成的水製成，餘韻清爽，帶有清涼感。

「和這道料理搭配！」 沒什麼味道的燒酒基本上和什麼都很搭，代表料理有以下三道。

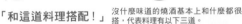

解肉質油膩。

→ **生五花肉**
생삼겹살
1萬6000W

想和釜山的「C1」一起吃！

→ **海鮮鍋（中）**
해물탕
3萬5000W

配著燒酒滑進喉嚨，超爽快！

→ **炒章魚**
낙지볶음
1萬8000W

◎**五花肉**
就跟日本人的「啤酒配餃子」一樣，這也是不知為何形成的經典組合。

肉倉庫
→ P.35

◎**海鮮系列**
和壽司配日本酒的原理類似。與因海產出名的釜山燒酒C1非常搭。

東海海鮮鍋
→ P.51

◎**超辣系列**
炒章魚等超辣食物只要放入口中再一口氣配著燒酒吞下肚，辣度就會緩和。

瑞麟章魚
→ P.71

韓國燒酒一覽

果實燒酒／16.9度
釜山燒酒，韓文「좋은데이」是釜山方言，意指「很棒」。

真露燒酒／18度
韓國人最愛分著喝的燒酒。用竹子活性碳過濾，排除不純物質。

韓國人喝最多的燒酒。

有些許甜味，好入口。

柚子燒酒／18度
2006年開賣，比較新的燒酒。搖晃瓶身後再喝，味道會變得更醇厚。

馬格利
MAKGEOLLI

以米為主原料製成的酒，米的甘甜味很強，特徵為白色混濁。有些許酸味，會發泡，內含乳酸菌。

也有結合水果的馬格利雞尾酒！

→ **挪夫生菜包肉**
놀부보쌈
2萬9000W

栗子馬格利
淡黃色，喝下瞬間栗子香味就會在口中散開來。

[「和這道料理搭配！」]

◎**生菜包肉**
只要和馬格利一起吃，豬肉的香甜味就會襯托出來。

挪夫生菜包肉店 → P.37

馬格利一覽

新米馬格利
使用新米的馬格利，比普通的甜味還要強。

覆盆子馬格利
呈山莓般的粉紅色。帶有果實風味，好入口，也很受女性歡迎。

玉米馬格利
呈淡黃色。可以感受到比想像中還要香的玉米風味。

EAT

燒肉

鍋物・湯品

飯

麵

小吃

茶・甜點

其他

8:00奔出旅館
用有益身體健康的早餐展開這一天

在首爾就要好好吃早餐。2大早餐是粥和湯，有很多食物都不辣，口感溫順。
攝取這些對身體好的成分，感覺就能展開充滿朝氣的一天！

溫熱順口
粥
죽 000

粥是一種早餐。韓國粥的口味較為濃厚，有飽足感。而且用了許多對有益身體的食材，可以依照期望的效果去選擇。

👆 鮑魚粥
전복죽
1萬W

放有切好的鮑魚。鮑魚海鮮汁風味濃厚，奢華口感味道佳。

🍲 功效！

◎滋補養身
◎緩解宿醉

👆 鮮蝦花椰菜粥
브로콜리 새우죽
1萬W

🍲 功效！

◎恢復疲勞
◎強健骨骼

蝦子和花椰菜的西式組合，享受度假般的風味。

鮮豔的黃色帶有淡淡南瓜甜味。

👆 南瓜粥
단호박죽
8000W

南瓜熬的粥，和白飯一起煮碎，帶點甜味。

🍲 功效！

◎緩解宿醉
◎減肥

👆 松子粥
녹두죽
1萬W

松子的口感有如花生，味道簡單樸實。白飯已煮碎。

🍲 功效！

◎緩解宿醉
◎促進消化

👆 紅豆粥
동지팥죽
8000W

把這碗粥當成紅豆湯來吃，沒想到卻一點也不甜。內有湯圓，受年長者喜愛。

🍲 功效！

◎改善便祕
◎消除水腫

👆 高麗人參雞肉粥
인삼닭죽
8000W

內含健康食材的代表——高麗人參，營養滿點。沒有奇怪的味道，很順口。

🍲 功效！

◎滋補養身
◎解毒

👆 松茸鮑魚粥
자연송이 전복죽
9500W

內含許多營養價值高的松茸，是男性喜歡吃的味道，嘗得到松茸的芳醇味。

🍲 功效！

◎改善膽固醇數值

裡頭放了細切牛肉與蔬菜。典型韓國味，受當地人喜愛。

👆 牛肉蔬菜粥
쇠고기야채죽
8000W

🍲 功效！

◎增強肌肉
◎促進食欲

加入滿滿松茸，最奢侈的一碗

有益身體的健康粥
味加本
미가본

非常注重使用新鮮的自然食材。很多人為了吃到有益身體、改善消化且種類豐富的粥，一大早就來光顧。13點以後去客人會少一些，可以慢慢享用。

🏠 中區明洞街56 2F（明洞2街2-23）☎ 02-752-0330 🕐 7:30～16:00、17:00～21:00 ❌ 農曆新年、中秋當天 🚇 4號線明洞站6號出口步行5分鐘

有中文菜單

明洞 ▶MAP P.11 D-2

其他
推薦的早餐

除了粥和湯以外，韓國還有很多「經典」早餐，首先是土司。韓國有土司專賣店，大家會在店裡外帶，在烤得酥脆的麵包中加入番茄、火腿、蛋等配料一起吃。番茄醬則有點甜。

此外，海苔飯捲也是經典早餐，這是用韓國海苔將飯、各種食材包起來的料理。

為了排解宿醉而喝的解酒湯，用漢字寫就是「解腸」湯。湯中放了牛血塊，乍看很衝擊，但解宿醉頗有效，是道有歷史的料理。

清爽
湯
국 000

湯也是韓國人解宿醉會吃的早餐。湯裡放有口味濃烈的大蒜，有增加食慾的效果，也很體現韓國人的飲食風格。

先農湯

長時間燉煮的牛骨高湯

 先農湯
설렁탕
7000W

用牛骨製成的白色混濁湯頭，裡頭還加了牛肉，和蘿蔔泡菜搭著吃最棒。

功效！
◎美肌
◎恢復精神和身體疲勞

一個人也能安心享用的連鎖店
神仙先農湯
신선설농탕

在用高溫燉煮的帶骨牛肉醇濃白色湯頭中加入大量蔥和牛肉，用藥念醃漬韓國產白菜製成的泡菜也大受好評。

🏠 江南區論峴路872（新沙洞610-2） ☎02-515-2234
🕐 24時 🗓 週日23:00～週一9:00、農曆新年、中秋當天 🚇 3號線狎鷗亭站2號出口步行3分鐘
狎鷗亭洞 ▶ MAP P.22 A-1

燉雞湯

這裡可以吃到！
明洞一隻雞
→ P.73

爽口雞湯
讓你喝到停不下來！

 燉雞湯
닭곰탕
7000W

雞肉汁非常入味的透明湯頭。口感清爽，就算沒什麼食慾也可以一口接一口喝。

功效！
◎增強肌肉
◎讓腸胃休息

內用外帶都OK
展開海苔飯捲的品評會

🍙 內含食材

- 起司
- 烤肉
- 蘿蔔
- 小黃瓜
- 蛋

份量獎

A

🖐🖐🖐

➤ 烤肉起司海苔飯捲
불고기치즈김밥기
3500W

毫不吝嗇放入烤肉（炒牛肉），吃一捲就很飽。蔬菜很脆，可以享受不同口感。

🍙 內含食材

- 牛蒡
- 火腿
- 起司
- 菠菜
- 胡蘿蔔
- 鹹菜
- 蟹肉棒
- 蛋

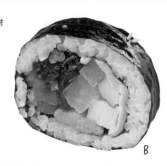

B

🖐🖐🖐

➤ 起司海苔飯捲
치즈 김밥
3000W

除了火腿、起司、鹹菜等基本食材外，還加了切達起司，味道更飽滿濃厚。

🍙 內含食材

- 牛蒡
- 胡蘿蔔
- 生芥末
- 小黃瓜
- 金槍魚
- 鹹菜
- 蛋
- 紫蘇葉

食材種類
豐富獎

C

🖐🖐🖐

➤ 生芥末金槍魚海苔飯捲
생와사비 참지마요김밥
4200W

不是用白米而是玄米，粒粒分明的口感非常棒。在金槍魚上塗芥末，提出鮮味。

🍙 內含食材

- 牛蒡
- 火腿
- 金槍魚
- 菠菜
- 胡蘿蔔
- 鹹菜
- 蛋
- 蟹肉棒
- 加工食品

B

🖐🖐

➤ 金槍魚海苔飯捲
참지 김밥
3000W

加入用美乃滋拌的金槍魚，是最王道的海苔飯捲。口感不油膩，非常適合有點小餓時當點心吃。很受小孩子歡迎。

🍙 內含食材

- 牛蒡
- 火腿
- 加工食品
- 菠菜
- 胡蘿蔔
- 鹹菜
- 蛋
- 蟹肉棒

CP值
最高獎

B

🖐🖐🖐

➤ 金家海苔飯捲
김가네 김밥
2500W

「金家」的獨創海苔飯捲。放入各種蔬菜和少量甜煎蛋，兩者的黃金比例讓風味更佳。

🍙 內含食材

- 胡蘿蔔
- 小黃瓜
- 奶油起司
- 鹹菜
- 蛋
- 牛蒡

C

🖐🖐🖐

➤ 阿拉斯加奶油起司海苔飯捲
알라스카 크림치즈김밥
3800W

玄米飯中放的食材都很基本，但因為加了奶油起司，一下子就變成西式風味。足夠的濃厚吃起來有飽足感。

韓式海苔飯捲。乍看之下和日本海苔飯捲很像，不過兩者最大的差別在於韓式的沒有用醋飯，而且是用韓式海苔包。以下就來大大解析可以快速解決早餐的各種海苔飯捲食材！

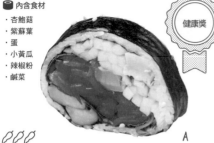

內含食材
・杏鮑菇
・紫蘇葉
・蛋
・小黃瓜
・辣椒粉
・鹹菜

👍 **辣椒粉海苔飯捲**
파프리카 김밥
4000W

塞滿紅辣椒粉和小黃瓜的新奇海苔捲。辣椒粉香氣十足，口感變成義大利風，還可以享受到杏鮑菇的美味。

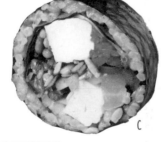

內含食材
・胡蘿蔔
・小黃瓜
・奶油起司
・蛋
・鹹菜
・胡桃＆杏仁乾

👍 **胡桃杏仁乾海苔飯捲**
아몬드호두멸치김밥
4200W

裡面放有辣炒胡桃與杏仁乾等。奶油起司的濃厚味道可以緩和辣度。

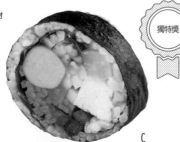

內含食材
・蛋
・德國香腸
・胡蘿蔔
・牛蒡
・鹹菜
・小黃瓜

👍 **德國香腸海苔飯捲**
독일소세지김밥
4200W

想吃肉的話，建議選擇加了德國香腸的海苔飯捲。香腸搭配蔬菜，給你大大滿足。

突顯食材口感的獨特海苔飯捲

A 李家飯捲
리김밥

塞入滿滿食材，連白飯都幾乎看不見。海苔飯捲總共有23種，都是店家手工製作。各食材的口感分明，只要對店家說「請幫我包」，店員就會當場包給你。

🏠 江南區狎鷗亭路30街12（新沙洞610）
☎ 02-548-5552　🕐 8:00～21:00（週六7:30～20:00）　🚫 週日　🚇 3號線狎鷗亭站2號出口步行2分鐘
狎鷗亭洞　▶MAP P.22 A-1

1F為外帶區，2F為吧檯座位，可以內用。

🍴 OTHER MENU　・黑輪湯3500W
　　　　　　　　・辣味拉麵3000W
　　　　　　　　・起司辣味拉麵3500W

可以安心享用的味道

B 金家
→ P.59

採用玄米飯的健康派海苔飯捲

C 機器人飯捲
로봇김밥

100%使用玄米，食材的鹹菜和芝麻油也講究無添加。大量使用蔬菜，為了讓每一捲的5大營養素均衡，店家會盡可能去計算，注重食品健康受到廣大年齡層喜愛。

🏠 麻浦區世界盃路3街14（合井洞473）
☎ 02-336-7743　🕐 10:30～22:00　🚫 全年無休　🚇 6號線合井站8號出口出來的delight square內
有中文菜單
弘大　▶MAP P.4 A-2

出站以後馬上就會看見，位置良好，內裝也很時尚。

🍴 OTHER MENU　・豆豉排骨健康海苔飯捲3800W
　　　　　　　　・雪人起司辣炒年糕5500W

金家會把整捲份量的飯捲塞在盒子裡。2500W～

速度就是生命！

也可以外帶！！

點完餐，店員就會當場做。可以近距離觀察，很有趣。

較晚的晚餐、宵夜都OK

18

造訪24小時營業的店

在首爾吃飯常常會發生的情境對話

抵達首爾的時間較晚，大家都怎麼解決用餐？以下介紹連鎖店的活用方法！

 Q 妳有在首爾吃飯而困擾過嗎？

 A 班機太晚抵達！晚上想吃飯，卻不知道該怎麼辦。

 Q 真的！還有像是做完桑拿、喝完酒後，肚子都有點餓啊～

 A 這時散發耀眼光芒的…就是24小時連鎖店！

 24시간영업

 Q 首爾有很多24小時營業的店呢！

 A 對啊，真的幫了大忙！夜裡也有很多客人呢。

 Q 說到24小時，也有不少連鎖店是24小時營業的喔。

 A 是啊！主要地區大都有連鎖店，口味也很穩定，可以安心前往。

 我一個人去光顧也受到不少幫助！畢竟在韓國一個人吃飯很沒面子。

就是說啊。我也曾經在晚上去上去裡買吃的，然後外帶回旅館呢。之前我就外帶橋村炸雞（P.67），到便利商店買啤酒，到旅館配電視優雅地享用呢（笑）。

在旅館就可以不必在意別人眼光慢慢吃啦。

連鎖炸雞店也很多，連鎖店真是首爾旅遊的最佳夥伴！

煩惱的話就尋找招 **6** 牌吧！網羅你想吃的東西！

CHAIN STORE 間神級連鎖店

招牌

燒肉

新村食堂

 熟炭烤肉
열탄불고기
8000W

首爾市內	51間
24小時營業	18間
深夜營業	18間

- ▶ MAP P.10 C-1
- ▶ MAP P.20 B-2
- ▶ MAP P.17 D-3
- ▶ MAP P.14 A-2
- ▶ MAP P.18 A-3

🍴 MENU
- 鹹豬頸肉1萬W
- 7分泡菜豬6000W
- 冷泡菜素麵5000W

韓國國內大型燒肉連鎖店之一。可以實惠價格吃到上等豬肉，受到男女老少喜愛。每個地區都有24小時營業店家，不只白天，連凌晨客人都絡繹不絕。除了燒肉，「7分泡菜豬」也是不可錯過的招牌菜單。
>>> P.40

招牌

海苔飯捲

金家

金家海苔飯捲
김家네 김밥
2500W

首爾市內	217間

- ▶ MAP P.11 D-1
- ▶ MAP P.18 C-3
- ▶ MAP P.15 D-1
- ▶ MAP P.17 E-2
- ▶ MAP P.22 C-1

🍴 MENU
- 各式海苔飯捲3000～4500W
- 麵食類3500～6000W
- 飯類5000～7900W

韓國速食先驅——金家。招牌菜單是海苔飯捲，但拉麵、辣炒年糕、餃子等粉食類料理也很受歡迎。1號店是大學路店，自1994年開業以來，店舖數就不斷擴增。海苔飯捲類也可以外帶。

＊非24小時營業，從下午2點以後開始營業的店家數。

晚餐吃得比較晚，煩惱不曉得要吃什麼的時候，可以選擇這些連鎖店。雖說是連鎖店，每家的菜單也不一樣，口味不會讓你失望。如果不知要吃什麼，就來搜尋這些連鎖店的招牌吧！

招牌

馬鈴薯排骨湯

元堂脊骨
土豆湯

馬鈴薯排骨湯（中）
원당감자탕
3萬5000W

首爾市內	52間

▶ MAP P.8 B-2
▶ MAP P.20 C-3
▶ MAP P.18 E-2
▶ MAP P.6 B-3
▶ MAP P.11 D-1

MENU

· 成熟泡菜與三層五花肉
 7000W
· 石鍋拌飯7000W

牛骨馬鈴薯鍋──馬鈴薯排骨湯的一大加盟連鎖店，提供穩定的口味。最後吃的炒飯是絕品。

招牌

炸雞

橋村炸雞

橋村原味、香辣原味拼盤
교촌반반오리지날
1萬6000W

首爾市內	175間

▶ MAP P.17 D-2
▶ MAP P.14 C-2
▶ MAP P.22 C-1
▶ MAP P.20 B-3
▶ MAP P.6 B-1

MENU

· 橋村香甜原味1萬6000W
· 橋村無骨雞1萬7000W
· 炸薯條6000W

1991年於慶尚北道開業的炸雞連鎖店品牌。就算炸雞是冷的，口感也很柔軟。很適合外帶。

招牌

先農湯

神仙先農湯

先農湯
설농탕
7000W

| 首爾市內 | 25間 |
| 24小時營業 | 22間 |

▶ MAP P.11 D-2
▶ MAP P.17 D-1
▶ MAP P.22 A-1
▶ MAP P.13 E-3
▶ MAP P.18 B-2

MENU

· 餃子先農湯8000W
· 蒸牛肉2萬5000W

提供長時間燉煮牛骨製成的先農湯連鎖店。24小時營業的店非常多，泡菜、蘿蔔泡菜也很受好評。

招牌

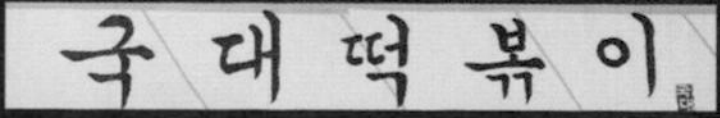

辣炒年糕

國代辣炒年糕

辣炒年糕
떡볶이
2500W

| 首爾市內 | 34間 |
| 24小時營業 | 2間 |

▶ MAP P.19 D-3
▶ MAP P.17 D-2
▶ MAP P.22 A-2
▶ MAP P.20 C-3
▶ MAP P.4 B-2

MENU

· 血腸3000W
· 黑輪500W
· 熱狗1400W

辣炒年糕堪稱小朋友的零嘴，一直以來大家都對它都非常熟悉。可以在以小學為概念裝潢的店面品嚐，價格也驚人地便宜，許多人會以此代替輕食。

EAT

19

如今已成經典

牽絲的起司美食

起司 🧀 × 帶骨肋排

把起司捲起來吃

把長〜長的起司
拍起來上傳到
SNS上吧！

詹姆士
起司豬肋排
제임스치즈등갈비
2萬8000W

在令人垂涎的豬肋排上
捲起司享用。可以選擇
口味和辣度。

用手套拿著肉，再用
筷子捲上起司來吃。

要這樣吃！

起司程度

🧀 🧀 🧀 🧀

點燃起司風潮的店家，許多媒體
介紹過好幾次。

再多吃個炒飯！
加了飛魚卵的炒飯粒
粒分明，令人停不了
口。3000W。

捲起來的起司

詹姆士起司豬肋排
明洞店

제임스치즈등갈비 명동점

元老起司美食店。用餐時間人很多，
需注意。

🏠 中區明洞10街7-4（明洞2街3-1）
☎ 02-318-0192　🕐 11:00〜23:00　㊡ 全
年無休　🚇 4號線明洞站8號出口步行5
分鐘

有中文菜單

明洞 ▶MAP P.11 D-2

美味程度不必多說，用燃燒
器烤起司也很有趣。

起司程度

🧀 🧀 🧀

起司部分使用高級的莫札
瑞拉起司，口感清爽。

加了滿滿起司令人超級興奮！！

弘大超受歡迎的牛小腸店

教授烤腸

교수곱창

在弘大開了多家店的牛小腸店，台灣
不常見的起司牛小腸是人氣餐點。

🏠 麻浦區弘益路3街20（西橋洞357-1）
☎ 02-335-1173　🕐 11:00〜早上7:00
㊡ 全年無休　🚇 2號線弘大入口站9號出
口步行7分鐘

有中文菜單

弘大 ▶MAP P.17 D-2

起司 🧀 × Q彈牛小腸

用燃燒器烤，香噴噴的起司味道絕佳◎

牛小腸上有起司雨。

在用小火烤的辣味牛小腸
上加起司！是本店最推薦的
菜色。

起司牛小腸
치즈 곱창
1萬W

幾年前，起司風潮就在首爾點燃火苗。如今已成為搭配肉料理時不可或缺的食材，到處都有販售起司料理的店家。以下介紹其中6家登上各大媒體的人氣店！

起司美食也進展到邊走邊吃了！

起司 🧀 ✕ 整隻雞

脆硬鍋巴會讓你上癮的烤全雞是本店名菜。

👉 起司玉米烤全雞
치즈 콘닭
2萬W

廣受女性歡迎！
雞林院，東大門店
계림원 동대문점

在韓國國產雞肉中塞入糯米後燒烤整隻雞，是招牌菜色。也可以外帶。

🏠 鍾路區鍾路46街22（昌信洞444-9）
☎ 02-744-9229 🕐 16:00～24:00（有時候賣完就會結束營業） 🈺 全年無休 🚇 4號線東大門站7號出口步行1分鐘
東大門 ▶MAP P.14 B-2

起司程度
🧀🧀
起司中加入玉米的特別菜色，小朋友也很好入口。

👉 骰子牛排
큐브 스테이크
7500W

在大鐵盤上烤的奢侈牛排大受歡迎。

起司程度
🧀
起司是要追加的，沒有點就不會加，需注意！

經理團街的新店家
CHEESE PANGYA
치즈빵야

可以輕易品嚐到Raclette起司的外帶專門店。起司需要另外點。

🏠 梨泰院2洞565 ☎ 無 🕐 12:00～22:00 🈺 全年無休 🚇 6號線綠莎坪站2號出口步行6分鐘
梨泰院 ▶MAP P.18 A-1

起司 🧀 ✕ 燉雞

燉雞就是蒸煮的辣雞肉。會加入滿滿蔬菜，很健康。

👉 起司燉雞
치즈 찜닭
2萬6000W

美食節目也介紹
燉雞和豬蹄，桂洞店
찜앤족 계동점

燉雞隱藏名店，登上韓國知名美食節目。店內也很時尚，適合女性前往。

🏠 鍾路區桂洞街63（桂洞82-1） ☎ 02-745-4700 🕐 11:30～21:30（L20:30） 🈺 全年無休 🚇 3號線安國站2號出口步行6分鐘
三清洞 ▶MAP P.12 B-2

起司程度
🧀🧀
在燉煮地香噴噴的燉雞上加入滿滿起司，簡直絕品。追加起司要＋3500W。

起司程度
🧀🧀
黏糊糊的起司醬炸雞和年糕最搭！

👉 起司甜辣炸雞
치즈 닭강정
3500W

用甜辣藥念醬淋在一口大小的炸雞上。

弘大學生的經典零食
Hong Cup
홍컵

想吃點炸物零食時就會前來的韓式炸雞店。也有內用區，相當方便。

🏠 麻浦區弘益路3街35（西橋洞365-16）
☎ 010-9799-9158 🕐 14:00～24:00 🈺 全年無休 🚇 2號線弘大入口站9號出口步行7分鐘
弘大 ▶MAP P.17 D-2

EAT

20

今天想吃的就是這一碗

感受韓國的四季與季節料理

 春 度過漫常冬天，屬於春天滋味的山菜來臨。可以享用加有山菜的韓式拌飯和涼拌山菜等。

 夏 韓國和台灣一樣，夏天氣溫都很高。夏天一般都吃冷麵和豆漿麵，為了消除夏日疲勞，也會喝參雞湯。

👆 山菜韓式拌飯
산채비빔밥
8000W

👆 豆漿麵
콩국수
8000W

照片僅供參考

色彩繽紛的山菜盛在飯上，再加入辣椒醬充分攪拌。享受酥脆的口感。

用豆漿當湯頭的冷麵。在豆漿中加入有嚼勁的麵條，對消除夏日疲勞很有效。

🍴 在這裡可以吃到！

山菜家
산채집

🏠 中區小波路93（芸場洞8-16）
☎ 02-755-8775　🕐 11:00～22:00（LO21:00）
㊡ 農曆新年、中秋當天
🚇 4號線明洞站3號出口步行8分鐘

南山　▶ MAP P.6 C-3

🍴 在這裡可以吃到！

明洞餃子
명동교자

🏠 中區明洞10街29（明洞2街25-2）
☎ 02-776-5348　🕐 10:30～22:00（LO21:30）
㊡ 農曆新年、中秋當天　🚇 4號線明洞站8號出口步行3分鐘
中文OK　有中文菜單

明洞　▶ MAP P.11 D-2

3月3日　五花肉日
五花肉
삼겹살
五花肉的韓文삼겹살，삼代表3，所以是3月3日吃。有傳聞說豬肉脂肪會洗去身體內的黃砂，但沒有科學根據。
肉典食堂 >>> P.28

伏日（7～8月）
參雞湯
삼계탕
加入大量可以滋養身體的高麗人參和藥膳，是補充精力的料理。
百年土種參雞湯 >>> P.53
土俗村 >>> P.29

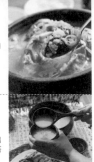

4月14日　黑色情人節
炸醬麵
자장면
4月14日前沒交到男女朋友的人會聚集起來，一起吃黑色炸醬麵。

下雨天
煎餅 × 馬格利
파전 × 막걸리
眾說紛紜。有一說就算下雨不方便出門也可以簡單製作煎餅，和馬格利搭配享用，才因此發祥起來。
MOON JAR >>> P.59

其他還有！

生日
要吃海帶湯

原本是生產後的母親要吃海帶湯，現在則演變成生日吃。

考試日
禁止吃海帶湯？！

韓國風俗認為柔順「滑溜」的海帶在考試前吃會不吉利。

70

韓國也有配合四季吃的季節料理。找出這些春夏秋冬的經典菜色，配合到訪首爾的時節，來趟最棒的美食巡禮！

 秋　章魚有恢復疲勞的效果。夏天結束，享用能夠消除積勞的辣味章魚。

 冬　用來製作醬油蟹的梭子蟹適合冬天吃，補充營養。在嚴冬大家也很喜歡吃麻辣鍋。

🍴 辣炒章魚
낙지볶음
1萬8000W

🍴 醬油蟹
간장게장
5萬5000W

長腳章魚最適合在秋天吃，養精蓄銳。用辣味炒出來的辣炒章魚會讓你辣到噴火！

🍴 在這裡可以吃到！

瑞麟章魚
서린낙지

🏠 鍾路區鍾路19 Lcmeilleur鍾路城1F（清進洞146）
☎ 02-735-0670　🕐 11:30～22:30
㊡ 農曆新年、中秋當天
Ⓧ 1號線鐘閣站2號出口步行5分鐘

[鐘閣]　▶ MAP P.8 A-2

在新鮮梭子蟹上淋醬油的料理，芳醇的海鮮香味和濃厚螃蟹味噌吃了齒頰留香。

🍴 在這裡可以吃到！

元祖馬山奶奶燉鮟鱇魚
원조마산할매아구찜

🏠 瑞草區江南大路99街10（鷺院洞20-8）
☎ 02-547-2774　🕐 24小時　🈵 全年無休
Ⓧ 3號線新沙站4號出口步行1分鐘

[有中文菜單]

[新沙]　▶ MAP P.20 B-2

9月9日　炸雞日
炸雞
치킨
較新的紀念日。為了提高因鳥類禽流感而降到谷底的雞肉銷量才制定。

KKANBU CHICKEN >>> P.47

中秋（農曆8月15日）
松餅
송편
在粳米做成的彈性餅皮中包入紅豆餡後蒸熟的甜食，中秋前一天家人會聚在一起製作品嘗。

冬至（12月22日左右）
紅豆粥
팥죽
相傳紅豆的紅色有驅邪效果，因此在冬至當天吃可以去除一整年的災厄。

味加本 >>> P.62

農曆新年（農曆1月1日）
年糕湯
떡국
類似日本的雜煮。帶有長壽意涵的長年糕切片，放入湯裡燉煮，味道和日本雜煮的口感也類似。

搬家日
要吃中華料理
搬家當天光是忙掃除和整理東西就沒有時間煮飯，因此演變成去吃中華料理這種到處都有店面且馬上就可以上菜的食物。

EAT
21

輕鬆聊天&神級般的手藝

跟老闆和老闆娘當好朋友

為了留學準備的日文！

粉紅色的圍裙很可愛吧？

【老闆】
金席恆先生
・1960年生
・喜歡的食物 味噌鍋

【社長】
金蘭孫女士
・1951年生
・喜歡的食物 味噌鍋

一邊輕鬆談話，
一邊烤韓牛的大叔！

解說油蟹的吃法！

生排骨
생갈비
3萬5000W

油蟹
게장 정식
3萬W

用笑容迎接客人的大叔，日文流暢到讓你覺得簡直就像日本人！？

請吃一！

穿著粉紅色圍裙的可愛老闆娘，和擺放整齊的油蟹一起登場啦！

歡迎光臨！總共幾位？

哇！日文好流利！

油蟹來了一！

我要烤這裡的肉囉～

老闆多會親自接待客人，仔細說明肉的資訊。

讓油蟹好吃的吃法是～

一邊說明如何美味地食用油蟹，一邊實際操作。

在白飯上沾滿味噌，

興奮

塗醬以後，先放一片，

肉一片片放上去烤，詳細說明吃法。日文流利到有高低起伏，簡直厲害！

然後充分攪拌，

好像媽媽一樣……！

接著請包在蔬菜裡面吃，

然後……

連白飯都幫忙攪拌的老闆娘就像真正的媽媽一樣溫柔溫暖。

感動想哭

再來用菜包。

這樣吃法就很清楚了！

品嘗又軟又多汁的牛肉

牛里花園
우리가든

🏠 中區退溪路127 B1F（忠武路2街65-6）
☎ 02-3785-0743～4
🕙 10:30～15:00、17:00～22:30
🈺 全年無休　🚇 4號線明洞站8號出口步行1分鐘

明洞　▶MAP P.11 D-3

從明洞站8號出口一出來就會看到，不必擔心迷路！

想在明洞吃油蟹

鹹草醬蟹
함초 간장게장

🏠 中區明洞8街27 陽光大廈B1F（忠武路2街11-1）
☎ 02-318-1624
🕙 11:00～23:00（L22:00）
🈺 全年無休
🚇 4號線明洞站9號出口步行2分鐘
有中文菜單

明洞　▶MAP P.11 E-2

位於地下室的廣闊店內有座位席和榻榻米席。

一定有很多人不曉得鍋料理和燒肉等食物到底要怎麼吃、在哪個時間點吃比較好。這種時候，如果去能通中文、可以好好說明料理的店就安心了！還能感受老闆與老闆娘的熱情。

在乾淨的店內充分享用一隻雞
明洞一隻雞
명동닭한마리

🏠 中區明洞10街19-13（明洞2街3-5）
☎ 02-735-4316
🕙 10:00～22:00
🈺 農曆新年、中秋當天
🚇 4號線明洞站8號出口步行4分鐘
有中文菜單
明洞 ▶MAP P.11 D-2

位於明洞巷內的隱密場所。店內寬敞舒適。

慢慢享受時間流逝的韓屋
庭院茶館
뜰안

🏠 鍾路區水標路28街17-35（益善洞166-76）☎ 02-745-7420 🕙 11:00～22:00
🈺 週一 🚇 5號線鍾路3街站4號出口步行2分鐘
鍾路 ▶MAP P.8 C-2

傳統的門很引人注目。可以脫掉鞋子，慢慢享受。

🍴 通中文的店都集中在觀光客很多的明洞。就算語言不通，也有很多店附中文菜單。

首爾一整年都如祭典般熱鬧？！

攻略！邊走邊吃的小吃攤

外帶篇

編輯部徒步調查的

小吃攤攻略MAP

16點以後攤販大多會開在同樣的地方，就以店為線索來尋找吧。

做的過程也很有趣！

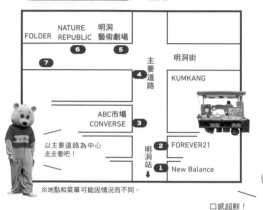

NATURE REPUBLIC
FOLDER
明洞藝術劇場
6　5
7
主要道路
明洞街
4　KUMKANG
ABC市場
CONVERSE
3
以主要道路為中心走走看吧！
2　FOREVER21
明洞站
1　New Balance

※地點和菜單可能因情況而不同。

口感超鮮！

3 旋轉洋芋片 🌶🌶🌶

標記　主要道路
CONVERSE前

炸馬鈴薯。上面沾了辣椒粉，吃起來像洋芋片。

旋轉洋芋片
회오리감자
3000W

剛做好，熱呼呼的！

1 雞蛋麵包 🌶🌶🌶

標記
主要道路
New Belence前

熱呼呼

排放在鐵板上！

2 糖餅 🌶🌶🌶

標記
主要道路
FOREVER21前

雞蛋麵包
계란빵
3000W

帶點些許甜味的餅皮內有一整顆雞蛋。這股酸甜味會讓你上癮。

糖餅
호떡
1500W

邊走邊吃的經典零食糖餅。有起司等各種口味。

WHERE IS 「小吃攤」

明洞以外也有！
外帶攤販集中區。

江南地區

梨大地區

位於女子大學門前町的梨大。從白天開始，大學前的主要道路就會出現許多攤販。
▶ MAP P.18 C-3

商業街江南地區。一到晚上就充滿年輕人、下班後的上班族等，非常熱鬧。
▶ MAP P.20 B-3

仁寺洞地區

從仁寺洞往安國的斜坡上攤販林立，經典美食一應俱全。
▶ MAP P.13 F-3

想邊走邊吃，就朝著明洞攤販GO！從經典的糖餅到奇特的最新零食應有盡有。以下畫出可以享用所有人氣美食的地圖！

4 香腸&年糕排骨串

標記 **主要道路**
KUMKANG對面

香腸&年糕排骨串
소세지 떡갈비
3000W

用肉將多種口味的維也納香腸和年糕包起來，有點辣，光吃一串就有飽足感。

HOW TO 「在攤販點餐」

① 點餐
各店的菜單就只有幾種而已，用手指「이것주세요」（請給我一份）就OK了。

② 付錢
可以直接付錢，或是把錢放到盒子裡。

多準備一點
1000W鈔票

③ 當場吃
垃圾就丟進掛在攤位旁的塑膠袋裡吧。

---

5 石榴汁

標記 **明洞街**
明洞藝術劇場前

石榴汁
석류 즈스
4000W

當場榨石榴，當場做。味道酸甜清爽。

用塑膠小包裝袋喝。

---

6 章魚串

標記 **明洞街**
NATURE REPUBLIC前

章魚串
문꼬지
3000W

在烤章魚上加調味料、柴魚片和美乃滋。看起來就像「無皮章魚燒」那樣。

我也好想吃啊。

---

7 彩虹棉花糖

標記 **明洞街FOLDER對面**

彩虹棉花糖
레인보우 솜사탕
4000W

色彩鮮豔有層次的棉花糖成了邊走邊吃美食的新面孔。

在明洞，到處都可看見美妝店的人偶在招攬顧客。對方會很爽快地接受免費拍照。

📍 明洞街道上並沒有設置垃圾桶。各攤販都有垃圾桶或垃圾袋，就丟在那裡吧！

跟首爾人一起擠在攤販旁

內用篇

攻略！魅力無窮的小吃攤

廣藏市場

集結各種美味料理的
DEEP景點

🏠 鍾路區昌慶宮路88（禮智洞2-1）
☎ 02-2269-8855
🕘 9:00～22:00
🚫 週日、暑休（8月上旬）、農曆新年、中秋
連休　🚇 1號線鍾路5街站8號出口步行1分鐘
鍾路　▶MAP P.9 E-2

首先前往主要道路

市場內部MAP

從鍾路5街站8號出口
朝乙支路4街走吧。

南1門

乙支路
4街方向 ➡

❼ 刀削麵
地區

生魚片、
韓式拌飯
地區

❸ 血腸
❹ 辣炒年糕
❺ 黑輪
❻ 海苔飯捲
地區

❶
綠豆煎
地區

❷ 紅豆粥

肉膾
地區

鍾路5街站
8號出口

北2門

---

1 綠豆煎 ♪♪♪

用綠豆做成的煎餅。油炸物，外皮
酥脆，內餡鬆軟，沾醬油一起吃。

＼ 鬆軟口感 ／

很好吃的，
來吃看看！

綠豆煎
빈대떡
4000W

---

2 紅豆粥 ♪♪♪ ⇒ ## 3 血腸 ♪♪♪

紅豆本身味道就很濃厚的粥。和台灣
的紅豆湯不同，不帶甜味。裡頭也有
加湯圓。

韓國版臘腸。裡頭放了牛血塊和
冬粉，外觀看起來很衝擊，但吃
起來讓人回味無窮。

還有各式各樣的
食材！

菜色是
依照地區
區分的喔！

紅豆粥
팥죽
2000W

血腸
순대
7000W

攤販附近也有食材賣場。

還有這樣的攤販！

帳篷式小吃攤

集中地區

鍾路（MAP P.8 C-2）
江南站前（MAP P.20 C-3）等

又稱為布帳馬車。可以在塑膠
製的帳篷內享用辣炒年糕等美
食，當地人常去的場所。

＼ 塑膠防風，
冬天也不會很冷！ ／

攤販也有內用形式。位於東大門地區的廣藏市場有各式各樣的料理，可謂攤販寶庫。在許多當地人也會造訪的市場中，跟著首爾人一起找出會讓你興奮的口味吧！

HOW TO

「在攤販點餐」

① 入座　找到喜歡的小吃攤，進去坐在位子上就OK了。

這個多少錢？
이것 얼마에요?
（伊勾歐魯馬A呦）

② 點餐　菜單都會寫在攤販上，可以用手指。

③ 享用！　用不著久坐。趕快吃吧！

④ 結帳　結帳用現金。

請幫我打包
포장해 주세요
（波甲ㄅㄟ揪ㄙㄟ呦）

也可以外帶
吃不完的話可以帶走，也可一開始就買回家吃。

---

④ **辣炒年糕** 🌶🌶
用甜辣醬烹煮細長年糕的料理。辣味會逐漸擴散，也可以當下酒菜。

多給你優惠啦一！

辣炒年糕
떡볶이
3000W

⑤ **黑輪** 🌶🌶🌶
和日本黑輪不同，這是將魚漿放入湯中燉煮而成。清澈透明的湯味道爽口。

黑輪
오뎅
3000W

⑥ **海苔飯捲** 🌶🌶🌶
韓國風飯捲。重點在於用帶有芝麻油味的韓國海苔來包，形狀細長，可以大口大口吃。

飯捲山！

海苔飯捲
김밥
3000W

⑦ **刀削麵** 🌶🌶🌶
手打烏龍麵，當場切細水煮，如同日本的關西風。口感濃厚的湯頭能溫暖身心。

刀削麵
국수
4000W

大白天就喝燒酒！！
大口大口　大口大口

一家和樂融融！
大口大口　大口大口

即使同個名字，
還是有點不一樣

來比較
日韓菜色吧

明明很像，卻又有哪裡不一樣！

燒肉　　삼겹살（五花肉）

吃法、價格區間、講究部分都不相同

　　鄰近的日本和韓國有許多同名料理，但是口感、吃法、在飲食文化中的定位都大大不同。試著比較看看，會發現很有趣。

　　日本和韓國都有「燒肉」，但當你問兩國人「說到燒肉會想到什麼呢」，雙方的回答鐵定不一樣。日本人講到燒肉就會想到牛肉，而燒肉和白飯一起吃是最大的享受，更不能漏掉啤酒。

　　另一方面，若問韓國人「說到燒肉會想到什麼呢」，他們會認為豬肉才是主流，而且是包在蔬菜裡吃，不是配著白飯吃。順帶一提，五花肉（三層豬肉燒肉）和燒酒很搭，一般來說他們大多會配燒酒吃，而非啤酒。

　　就像這樣，即使日本和韓國有許多同名料理，文化背景和認知也不同。除了燒肉以外，拉麵、天婦羅、黑輪、海苔捲等食物也是一樣。一邊思考著兩國的差異一邊享用，也許會有新發現。就抱著尋找差異的心態，來嘗試找找看吧！

就是這裡不同！

① 烤法
日本大多會用烤網，韓國則是放在傾斜的鐵盤上烤，過濾多餘油脂。日本的肉會事先切好，韓國則是在鐵盤上剪。

② 肉
日本燒肉主要是牛肉，特別是牛骨最受歡迎。韓國燒肉則以豬肉為主，在韓國，牛肉是高級食材。

拉麵

라면

日本有許多拉麵專賣店，無論是麵條跟湯頭都非常講究。韓國的拉麵則是泡麵，乾麵大多會當成火鍋料等來吃。

就是這裡不同！

① 每家店的口味不一樣
日本的每家店都講究麵條和湯頭，口味千變萬化。韓國則是以泡麵為主，哪間店的味道都差不多。

② 麵
日本拉麵會使用生麵條，韓國的泡麵基本上就是乾麵。大家一般的認知就是去日系拉麵店即可吃到生麵（豚骨很受歡迎）。

③ 湯
豚骨、雞骨、醬油等湯頭是拉麵的生命。相較於日本很重視湯頭製作，韓國的拉麵湯多是調理包，用便宜價格就能吃到。

來尋找美食的差異吧

講到日本燒肉就會想到牛肉，韓國則是以豬肉為主流。日韓的烤法和吃法也大大不同，整體來說是韓國比較健康！？

③ 配著吃的食物

日本會在肉上沾濃厚醬汁，配著白飯一起吃。韓國則是用大量蔬菜包著肉，吃法較為健康。

④ 配著喝的飲料

在日本，講到燒肉就會想到啤酒。雖然韓國人吃燒肉也會配啤酒，不過喝燒酒的情況比較多。

天婦羅

튀김

日本的天婦羅是在料理亭才能吃到的精緻高級料理，而在韓國，這是小孩子的零嘴、大人的下酒菜，是攤販也會賣的B級美食。

就是這裡不同！

① 價格區間

日本的天婦羅是高價食品，韓國則是當零食、下酒菜，非常平價。

② 品嘗的地方

在日本，櫃台式和風餐廳的天婦羅是一個一個炸好放在客人面前，韓國基本上是攤販大量做好放著，堆得跟山一樣。

③ 醬料

日本大多會用滑順的麵醬以及可襯出食材味道的鹽，韓國則會沾辣炒年糕的辣醬一起吃。

其他還有很多！
日韓菜色的不同

只要一比較，就會發現還有其他有趣的料理。除了味道以外，也試著來比較吃法、價格區間、國民定位吧！

黑輪　오뎅

韓國也有叫做「黑輪」的食品，不過在外觀、口味上都跟日本的大不相同。

烹煮白蘿蔔、蛋、蒟蒻等各種食材，多在冬天吃。

加了魚漿的湯。還會放入綠辣椒，口感辛辣。

海苔飯捲　김밥

日本人都知道它是壽司的同伴，韓國人則常常當成早餐和點心吃。

壽司的同伴，用海苔覆醋飯和材料，平常很少吃。

日常美食。不用醋飯，採用韓式海苔。

烏龍麵　칼국수

日本有各式各樣的種類，韓國則是以清澈湯頭的烏龍麵為主。

水煮烏龍麵後放入湯裡，有咖哩烏龍麵和清湯麵等豐富種類。

用菜刀切小麥粉麵皮。在湯中放入生麵後水煮，呈現出濃稠感。

茶　차

煎茶葉來喝的日本茶與讓果實等泡在熱水中啜飲的韓國茶，味道大不相同。

大多是像日本茶和烘焙茶等不帶甜味的茶，常會配著飯喝。

果實醃漬成蜜餞再放到熱水中浸泡，甜味很強，下午茶時間喝。

24 在享用前拍照！
讓人按讚的IT甜點

📷 彩虹甜點　　　○○○

蛋白霜餅乾
1個1000W

♡ 💬 酥脆口感♡

磅蛋糕5000W

怪物拿鐵
7500W

編輯部最推薦

CREAM FIELDS
크림필즈

除了內裝可愛和美味甜點，飲料的杯套和商店卡的設計也很可愛。

🏠 西大門區延禧美味路33 2F（延禧洞132-51、2F）　☎070-8885-9370
🕐 10:00～23:00（週日13:00～21:00）
🚫 農曆新年、中秋連休
🚇 2號線弘大入口站3號出口步行20分鐘

弘大 ▶MAP P.4 A-2

📷 澡堂風咖啡館　　　○○○

馬卡龍馬斯卡彭
奶酪冰盒蛋糕
8000W

♡ 💬 莓果和起司很搭

澡堂風內裝有股絕妙的時尚感！

甜點會在店內製作

位於梨泰院的咖啡館密集區

on ne sait jamais
옹느세자메

位於梨泰院漢南洞一帶的澡堂風咖啡館。晴天會變成透光區，開放感超群。

🏠 龍山區梨泰院路54街51（漢南洞684-101）　☎02-794-3446
🕐 11:00～22:00
🚫 農曆新年、中秋當天　🚇 6號線漢江鎮站3號出口步行8分鐘

梨泰院 ▶MAP P.18 C-1

📷 裝飾冰　　　○○○

裝飾冰
1萬300W

♡ 💬 遊客蜂擁而至的人氣店！

設計豐富，讓人好難選。

這裡是拍照熱點！

超受觀光客歡迎的冰店

Bistopping
비스토핑

SNS上貼文率No.1的名店。冰品3500W～，裝飾甜筒1800W～（普通甜筒免費）。

🏠 瑞草區新盤浦路47街68（鷺院洞29-10）　☎070-7792-0409
🕐 11:00～22:00　🚫 農曆新年、中秋前天～隔天　🚇 3號線新沙站4號出口步行5分鐘

新沙 ▶MAP P.20 B-2

韓國的咖啡廳和甜食進化神速，現已超越日本。在許多店家嚴選出可以拍出滿滿「照騙」的甜點！想用SNS滿足自己，選這些甜點準沒錯！！

WHAT IS 「IT甜點」
在Instagram等SNS上造成話題的甜點。人氣店每天都有觀光客前往。

⊙ 繽紛閃電泡芙　○○○

也有販賣塔！

從左開始為櫻桃、巧克力、柚子口味
各7500W

像展示珠寶般的櫥窗。

♡ ⊙ 講究無添加素材的閃電泡芙

想在經理團街小憩
ECLAIR BY GARUHARU
에클레르바이가루하루

位於梨泰院經理團街。講究的閃電泡芙每個口味都很自然，不會有害身體。

🔺 龍山區青皮樹路13街42（梨泰院洞247-9）　☎02-337-8090
🕐 12:30〜20:30※售完即結束營業　🈳週一、二、農曆新年、中秋連休不定休
Ⓧ 6號線綠莎坪站2號出口步行13分鐘
[梨泰院] ▶MAP P.17 D-2

⊙ 閃電般的霜淇淋　○○○

純白的店內超驚豔。

烏雲冰
6100W

店名的LOGO很可愛！

♡ ⊙ 在口中炸開來的裝飾配料也很有趣！

林蔭道的新店家
REMICONE新沙洞本店
레미콘 신사동본점

位於甜點激戰區林蔭道的冰淇淋店。有許多新奇冰品，東大門也有分店。

🔺 江南區狎鷗亭路14街24（新沙洞547-12）　☎02-6207-1029
🕐 11:00〜22:00　🈳全年無休　Ⓧ 3號線新沙洞8號出口步行15分鐘
[林蔭道] ▶MAP P.9 E-1

⊙ 暖呼呼義式冰淇淋　○○○

冰淇淋形狀的燈♡

義式冰淇淋
3900W

內裝也很時尚。

♡ ⊙ 杯子的滑稽表情超可愛♡

絕品義式冰淇淋專賣店
Gelateria Dango
당도

位於話題咖啡館豐富的望遠。義式冰淇淋也可以外帶（1萬4500W〜）。

🔺 麻浦區圓隱路106（望遠洞414-16）
☎070-8690-1088　🕐 12:40〜21:00
🈳週一　Ⓧ 6號線望遠站2號出口步行10分鐘
[望遠] ▶MAP P.4 A-2

🌸 韓國飲食店的飲水大多用玉米茶代替。不含咖啡因，鐵質豐富！

時光緩緩流逝
在傳統茶咖啡館優閒度過

在木頭相互作響的空間
享受自己專屬的時光

👍 熱柚子茶
유자차
7000W

用蜂蜜醃漬的柚子茶溫暖香甜，是讓人沉靜下來的味道。也可以點冰茶，會和點心拼盤一起上。

陽光照射的悠然韓屋

木響
목향

氣氛清閒的傳統茶咖啡廳。除了各式各樣的傳統茶，年糕和韓菓子等韓式點心也很豐富。茶會在也兼畫廊的1樓泡製，之後送到2樓的座位。好想忘卻時間，一直待在這裡。

🏠 鍾路區仁寺洞街42-8（寬勳洞32）
☎ 02-2233-9239　🕐 10:00～22:30（元旦～23：00）※農曆新年、中秋當天14:00～22:00　🈺 全年無休
🚇 3號線安國站6號出口步行5分鐘

有中文菜單

仁寺洞　▶MAP P.13 E-2

🍴 OTHER MENU

· 紅豆粥8000W
· 蓬餅5000W
· 玄米蓮花餅5000W
· 傳統紅豆刨冰7000W
· 咖啡紅豆刨冰9000W

SWEETS CHECK!

👍 韓菓子拼盤
모듬한과
1萬W

有酥脆油菓、餅乾和如甜甜圈內餡般的藥菓。

酸甜的五味子茶有冰的和熱的。特色是會將茶裝在超大容器裡，接觸嘴唇的杯緣很寬。

👍 熱五味子茶
오미자차
7000W

2層樓韓屋。1樓為畫廊＆商店。

店內櫃檯附近的高麗人參瓶。光看就覺得很健康！？

想優閒度過「像韓國人般的時光」，就到傳統茶咖啡廳。
果實等醃漬成蜜餞後用熱水或水溶解的傳統茶，淡淡甘甜味會渲染整個身體。
置身傳統「韓屋」可以讓你忘卻時間，徹底放鬆。

到傳統家屋＋具有民族特色的不可思議空間旅行

1席有光照的座位。陽光會灑進來，非常舒適。

 OTHER MENU

- 棗子茶7500W
- 覆盆子茶7000W
- 玫瑰茶7000W
- 蘋果鬆餅6000W
- 木斯里6500W

冰花梨茶
모과차
6500W

酸甜花梨茶中的維生素C會吸收進體內。冰茶喝起來很清爽。

SWEETS CHECK!

以旅行為主題的傳統茶咖啡廳
cafe緣
카페 연

喜歡旅行的夫婦以在世界各地品嘗過的甜點為參考，製作出獨特的口味和傳統茶。不只是觀光客，也有許多當地人光顧。雞尾酒飲品也很豐富，可以享受到晚上。

🏠 鍾路區三清路84-3（三清洞63-20）
☎ 02-734-3009
🕐 12:00～22:30（LO22:00）
🈳 全年無休
🚇 3號線安國站1號出口步行15分鐘
三清洞 ▶MAP P.12 A-2

香蕉鬆餅
타이식바나나팬케이크
5000W

來自泰式甜點的靈感。吃起來很爽口。

舒適享用正宗傳統茶
五嘉茶
오가다

全韓國都有店的傳統茶連鎖咖啡廳。添加韓方的招牌五嘉茶可以促進新陳代謝、溫暖身體、有益美容等，客人可依照個人喜好去選擇，非常貼心。

🏠 鍾路區三清路102（三清洞62-14）
☎ 02-722-0684
🕐 9:00～22:30（LO22:00）
🈳 全年無休
🚇 3號線安國站1號出口步行15分鐘
有中文菜單
三清洞 ▶MAP P.12 C-3

 OTHER MENU

- 生薑和蜜柑皮茶4000W
- 蘋果胡蘿蔔汁4500W
- 黃豆粉思慕昔4800W

5種美妙的茶，美味又香純

保留韓屋原貌。外頭有日照座位，可一邊欣賞三清洞街景，一邊優閒品茶。

SWEETS CHECK!

糯米糕
찹쌀떡
1500W

在糯米中加入紅豆餡，像大福般的點心。有魁蒿等各種口味。

五味子茶
오미자차
6000W

帶有清爽酸味的冰茶，可以提振精神。附贈堅果點心。

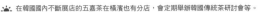
在韓國國內不斷展店的五嘉茶在橫濱也有分店，會定期舉辦韓國傳統茶研討會等。

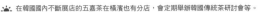

度過充實的甜點時光

決定No.1的刨冰

在韓國，無論夏天或冬天，刨冰都是經典甜品！
從最基本的紅豆到異想天開的新奇口味，各類刨冰No.1大集合！

B

👆 小紅豆刨冰
소적두팥빙수
7000W（小）

加了滿滿紅豆的刨冰。
味道爽口，根本停不下
來！

用鍋子煮的紅豆
可是很講究的！

紅豆都是店家
自己製作。

紅豆 No.1

細心製作的紅豆，
絕品甜味讓你上癮。

C

這就是所謂的
雪花冰！

👆 哈密瓜冰
멜론빙수
1萬3700W

完整使用一整顆哈密瓜的奢
侈刨冰。上頭加了優格冰，
哈密瓜配著附贈的紅豆一起
吃也很美味。

👆 韓式年糕雪冰
인절미설빙
7000W

粒粒分明的煉乳冰上鋪
滿黃豆粉，令人大開眼
界。這可是健康又飽滿
的一大碗。

視覺 No.1

入口即化 No.1

A

硬脆的堅果
口感好棒！

D

👉 五穀紅豆冰
오곡팥빙수
6500W

滿滿的堅果和糯米糕（大
福），份量滿點的刨冰。
可以享受口感的變化。

健康 No.1

韓國食材 No.1

👆 紅柿子刨冰
홍시빙수
8000W

韓文「홍시」意指成熟柿
子。又軟又甜的柿子和
紅豆非常搭。

A

柔軟又帶有濃厚甘甜味的柿子
絕對必吃！

別光顧著拍照，
讓冰融化啦！

WHAT IS 「刨冰」

韓文的冰水就是指刨冰。在韓國，咖啡館的菜單上可是整年都會看得到這甜點。由於份量多，基本上都是好幾個人分著吃。品嘗時，所有配料充分攪拌再吃才是韓國吃法。

芒果起司蛋糕雪花冰
망고치즈설빙
9500W

香甜芒果和起司蛋糕的特別組合，口感濃厚又新鮮。

食材組合 No.1

夏季限定，
絕不能錯過！

C

漢拿山刨冰
제주한라봉빙수
8900W

使用漢拿山的柑橘。上頭淋了果醬，口感酸甜清爽，不知不覺就吃完了。

D

濟州島產的柑橘，香甜爽口！

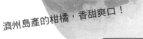

維生素 No.1

怎麼挖都是
草莓、草莓、草莓！！

草莓刨冰
생딸기빙수
1萬7000W

在清脆的刨冰中加入大量草莓！裡頭還放了草莓醬，喜歡草莓者絕對愛死這款風味。

草莓豐盛度
No.1

E

高高聳立的魄力甜點

A Lga coffee
엘가커피

就算是2人分也會覺得很飽，可以用便宜價格享受份量滿點＆色彩繽紛的甜食。

- 麻浦區臥牛山路21街20-5 2F（西橋洞358-122）
- ☎ 070-7756-3313
- ⊕ 12:00～24:00　㉠ 全年無休
- ⊗ 2號線弘大入口站9號出口步行6分鐘

弘大　▶MAP P.17 D-2

講究的紅豆在舌尖舞動

B 小赤豆
소적두

使用2種花8小時熬煮的韓國紅豆，製作成湯圓。不會太甜，和軟綿綿的刨冰超搭。

- 鐘路區北村路5街58（昭格洞121）
- ☎ 02-735-5587
- ⊕ 11:00～22:00（L21:30）
- ㉠ 全年無休
- ⊗ 3號線安國站1號出口步行10分鐘

有中文菜單

三清洞　▶MAP P.12 A-2

讓人驚豔的綿綿冰

C 雪冰
설빙

使用有益健康的食材，刨冰如雪花般入口即化，大人小孩都愛。

- 中區明洞10街20 2F（明洞2街32-17）
- ☎ 02-774-7994
- ⊕ 10:00～23:30（L23:00）
- ㉠ 全年無休
- ⊗ 4號線明洞站8號出口步行4分鐘

明洞　▶MAP P.11 D-2

和傳統茶一起食用的刨冰

D 五嘉茶 → P.83

水果系列刨冰始祖

E I'm C
아이엠씨

外觀上顛覆了刨冰的概念，很快就成為人氣名店。不只好看，連霜淇淋也是自家製作。

- 江南區狎鷗亭路461 Nature Poem B106（清潭洞118-17）
- ☎ 02-511-5512
- ⊕ 9:00～23:00（週五、六～24:00）
- ㉠ 農曆新年、中秋當天
- ⊗ 盆唐線狎鷗亭羅德奧站2號出口步行10分鐘

清潭洞　▶MAP P.23 E-2

韓文「팥빙수」，팥=紅豆，빙수=刨冰，指的就是紅豆刨冰。

BEAUTY

首爾「美容」事件簿

韓國很重視也講究美，像是搓澡和美體等。了解美容大小事，讓妳變更美麗吧！

事件 1

明明只想去搓澡的，
卻有許多謎樣桑拿。
這些要另外花錢嗎！？

明明去搓澡，結果竟然還有桑拿和大澡堂。只想擦澡的，卻被叫去做桑拿，這是在坑我嗎？

解決！　「蒸氣房」就是美容設施！

汗蒸幕設施和蒸氣房可以進行搓澡。所謂的蒸氣房，就是可以享受搓澡、桑拿和泡澡的複合式設施，付入場費就能無限使用桑拿（汗蒸幕）和大澡堂。搓澡是另外選擇的，一般來說需要付費。

在哪裡做？要帶什麼？　韓國Beauty檢查清單

除了蒸氣房以外，韓國還有各種美容設施。來看看預算和必需品吧！

種類	可以做的事	預算	攜帶物品	生理期？
汗蒸幕設施 → P.92	搓澡、桑拿、泡澡、按摩等	約8萬W～	洗髮乳、潤髮乳、卸妝品、基礎保養品等	✕　基本上生理期間是NG的。請取消預約店家
蒸氣 → P.94	搓澡、桑拿、泡澡、用餐、指甲彩繪等	約2萬W～	洗髮乳、潤髮乳、卸妝品、基礎保養品、替換內衣褲等	△ 根據設施　有些設施OK，只是桑拿等是不行的
韓方美容 → P.100	美容、購買韓方等	約10萬W～	補妝品	△ 根據部位　如果只是臉部美容就沒問題，其他部位要事先商量
高級美容 → P.108	美容、購買美妝品等	約10萬W～	補妝品	△ 需商量　臉部美容OK，身體美容需事前商量
足部按摩 → P.106	足部按摩、足湯等	約3萬W～	無特別需要	○　有些快速按摩不需更衣就能進行
美容醫療	牙齒美白、去除粉刺、美白雷射等	約25萬W～（漲幅較大）	補妝品	△ 需商量　需事前商量

事件 2

在日本也可以搓澡吧？

講到韓國就會想到搓澡，不過日本的溫泉設施也可以搓澡，真有必要特地去韓國做嗎？

解決！ 雖然日本也有，但韓國比較划算！

確實，日本也有搓澡設施，只是沒像韓國這麼多。在韓國，搓澡很普通，價格也很便宜。技術和價格會根據種類而不同，因此要看日本和韓國誰的CP值比較高，就用下表來確認吧！

比較看看，聰明善用！ 日韓Beauty性價比大對決

在日本和韓國，即使是同樣的美容項目，價格和技術大多也有很大落差。比較看看何者較為划算吧！

種類	● 日本	:韓: 韓国
搓澡	ＰＬＡＣＥ：溫泉設施等 (少) 技術 ：○ 費用：約5000日圓 技術仔細，但能進行的地點很少	ＰＬＡＣＥ：汗蒸幕、蒸氣房等 (多) 技術：○ 費用：1萬5000W（約1500日圓）～ 一般蒸氣房的方案，技術有點粗糙
蒸氣房	ＰＬＡＣＥ：溫泉設施等 (少) 費用：入場費約2500日圓 澡堂種類豐富，費用高	ＰＬＡＣＥ：各地 (多) 費用：入場費1萬5000W（約1500日圓） 桑拿和汗蒸幕非常充實，大澡堂較少
按摩	ＰＬＡＣＥ：各地 (多) 技術 ：◎～○ 費用：約6000日圓／60分鐘 費用行情是10分鐘1000日圓計價。大多為女性按摩師，可以放心	ＰＬＡＣＥ：各地 (多) 技術：○ 費用：4萬W／60分鐘（約4000日圓）～ 有不少足部按摩是由男性按摩師服務
美容醫療 牙齒美白	ＰＬＡＣＥ：審美牙科等 (多) 技術：◎ 費用：1顆1次約3000日圓 價格幅度很大，20顆6萬日圓算很高價	ＰＬＡＣＥ：牙醫等 (多) 技術：◎ 費用：1顆1次1萬5000W（約1500日圓）～ 牙醫技術很好，不用擔心技術面問題

BEAUTY
01

✦✧ 3天2夜

目標！美容行程範例

第1天

18:00 前往蒸氣房GO！
在旅館放好行李後，換個衣服，帶上卸妝品，前往蒸氣房吧。
SPAREX東大門店
→ P.95

20:00 透過各式各樣的桑拿排毒
蒸氣房內有各式各樣的桑拿。大量排汗，調適身心。

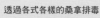

22:00 肚子餓的話，就去食堂飽餐一頓
蒸氣房內的食堂經典菜單——海帶湯可以讓你飽腹。

POINT
蒸氣房人多的時間
蒸氣房在22:00～24:00人最多。浴場的換洗間也很多人，推薦先去桑拿錯開時間。

25:00 搭計程車回旅館。晚安！

POINT
去程搭電車，回程搭計程車
回程如果沒電車搭，就搭計程車。離繁華街道有段距離的蒸氣房可以在櫃檯請人幫忙叫計程車。

第2天

8:00 早起喝碗先農湯
早上就喝對肚子比較溫和的先農湯。滿滿膠原蛋白。
神仙先農湯
→ MAP P.11 D-1

9:30 起個大早美容GO！

POINT 人氣美容院要一大早去
人氣美容院很容易就爆滿，一大早比較預約得到！

在高級美容院放空……
就當作給自己的獎賞，去美妝品牌直營美容院！仔細的按摩讓你不知不覺打起盹來……
SPA G → P.108

10:00

12:00 按摩後再購買美妝品
在美妝品牌的直營美容院購買美妝品。如果覺得有效，就買吧！

不同地區 🔍

Beauty傾向分析

想在首爾變漂亮，就來check一下地區吧！確定哪裡可以進行想做的美容療程，當作設計行程的參考。

汗蒸幕設施

明洞

觀光客取向的設施非常完備
明洞有很多可以搓澡的汗蒸幕設施。也有不少店家會中文，可安心使用。有些會提供旅館接送服務，預約時請先確認一下。

蒸氣房

各地

需從市中心走一小段
複合式設施蒸氣房集結了桑拿、澡堂、按摩等美容項目，由於設施龐大，必須從市中心走好一段時間。在排行程時，也請考慮移動時間。

韓方美容

明洞 **狎鷗亭洞**

位於中心地區
使用韓方的韓國道地美容院與韓方醫院。有許多從內在變美的療程，江北明洞、江南狎鷗亭洞都有不少店家。明洞比較多店家可以通中文，而狎鷗亭洞則是受到韓國美女喜愛。

在韓國，不論男女都很注重美。美容是日常生活中非常切身的事。
以下介紹可讓你仿效的3天2夜盡情變美模範行程！
回國後光鮮亮麗地判若兩人！？

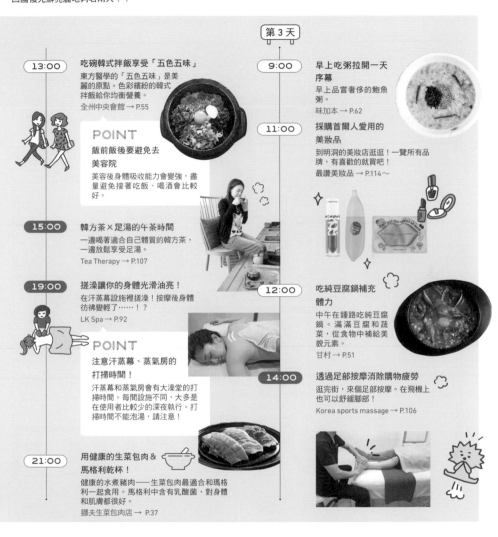

第 3 天

13:00 吃碗韓式拌飯享受「五色五味」
東方醫學的「五色五味」是美麗的原點。色彩繽紛的韓式拌飯給你均衡營養。
全州中央會館 → P.55

POINT
飯前飯後要避免去美容院
美容後身體吸收能力會變強，盡量避免接著吃飯、喝酒會比較好。

15:00 韓方茶×足湯的午茶時間
一邊喝著適合自己體質的韓方茶，一邊放鬆享受足湯。
Tea Therapy → P.107

19:00 搓澡讓你的身體光滑油亮！
在汗蒸幕設施裡搓澡！按摩後身體彷彿變輕了……！？
LK Spa → P.92

POINT
注意汗蒸幕、蒸氣房的打掃時間！
汗蒸幕和蒸氣房會有大澡堂的打掃時間。每間設施不同，大多是在使用者比較少的深夜執行。打掃時間不能泡湯，請注意！

21:00 用健康的生菜包肉 & 馬格利乾杯！
健康的水煮豬肉——生菜包肉最適合和瑪格利一起食用。馬格利中含有乳酸菌，對身體和肌膚都很好。
挪夫生菜包肉店 → P.37

9:00 早上吃粥拉開一天序幕
早上品嘗奢侈的鮑魚粥。
味加本 → P.62

11:00 採購首爾人愛用的美妝品
到明洞的美妝店逛逛！一覽所有品牌，有喜歡的就買吧！
最讚美妝品 → P.114～

12:00 吃純豆腐鍋補充體力
中午在鍾路吃純豆腐鍋。滿滿豆腐和蔬菜，從食物中補給美貌元素。
甘村 → P.51

14:00 透過足部按摩消除購物疲勞
逛完街，來個足部按摩。在飛機上也可以舒緩腳部。
Korea sports massage → P.106

足部按摩 (快速按摩)	高級美容院	美容醫療
明洞　東大門	明洞　狎鷗亭洞	江南
消除逛街疲勞的妙方	**高級美容院大多位於狎鷗亭洞**	**集中在漢江以南地區**
逛街逛累時，最好的解方就是足部按摩。主要地區裡有許多店家，尤其是明洞和東大門。東大門也有24小時營業店家，是深夜逛街疲累的救世主。	美妝品牌直營的美容院都有一流技術，因此價格頗高，大多分布在觀光客多的明洞和貴婦街狎鷗亭洞地區。店家很受歡迎，別忘記事先預約。	韓國的牙齒美白、紋眉、微整形等美容醫療非常盛行。美容醫療診所多分布在漢江南側和江南地區，也有通中文的診所，可以放心。

蛻變成美好女人
透過搓澡代謝老廢物質

既然都來到韓國,就體驗看看「搓澡」吧!第一次搓澡推薦大家去「汗蒸幕設施」,可體驗汗蒸幕(韓式桑拿)和搓澡的整套服務。店員也有人會講中文,大可放心。

休息空間
從汗蒸幕出來後就在這裡稍作休息。可以自由使用墊子。

B1F

B2F

麥石汗蒸幕

女用浴池

男用浴池

在搓澡前盡情享受
有各種不同溫度的澡堂和高麗人參澡堂等藥湯。為了讓皮膚變,來泡個澡吧。

澡堂

按摩間

黃土汗蒸幕

汗蒸幕
韓式桑拿。呈現圓弧狀,裡頭充滿熱氣。

搓澡ZONE
浴池內的角落有個搓澡空間,會躺在塑膠製的床上進行。

搓澡

火汗蒸幕

淋浴

有個人房和情侶房♥

置物櫃

火汗蒸幕內部

麻袋收置處

櫃台

諮詢室

接待室

艾蒸

商店

商店
可以購買飲品。整套療程結束後支付。

麻袋
鋪在汗蒸幕的地版上或蓋在頭上,每個設施做法不同。

可以在這裡搓澡!

入口

初學者也能安心的服務
LK spa
엘케이 스파

細膩的服務與中文接待,讓初學者也能安心享受的外國人專用spa。設施寬廣,打掃仔細,感覺非常舒服。

🏠 中區乙支路148中央DECO PALAZA B1~B2F(乙支路3街259-1)
☎ 02-2277-0060　⏰ 9:30~23:00(最後受理21:00)
🈺 全年無休
🚇 4號線明洞站6號出口步行7分鐘
[中文OK]　[有中文菜單]
[鏈路] ▶MAP P.9 D-2

🕐 90~100分鐘
基本course　　8萬W

(course內容)
搓澡、油推按摩、臉部面膜、淋浴、牛奶按摩

✦ OTHER MENU
・上半身保養(40分鐘)9萬W
・臉部經脈按摩(35分鐘)6萬W

1

選擇course
支付費用，領取館內用衣和毛巾。對方會告知搓澡的時間，在那之前可以自由享受。

2

放置物櫃，更衣
行李放到置物櫃後更衣。內衣都要脫掉，馬上就會開始搓澡，請先卸妝。

3

必須補充水分！

在汗蒸幕排汗
進入韓國傳統桑拿——汗蒸幕。由於會大量排汗，必須補充水分。請分次進去，不要勉強。

4

進入澡堂，浸泡身體
館內用衣脫掉，進到澡堂裡。浸泡熱水可以讓皮膚變軟，準備搓澡。

5

「好舒服」
시원해요
（西窩ㄋㄟ呦）

「好痛」
아파요
（阿帕呦）

搓澡START！
跟著指示移動到搓澡間，躺在塑膠製的床上。也有無隔間的設施。

6

去除全身角質
用搓澡專用的尼龍鬃刷和純熟的技術搓遍全身。會痛請確實告知。

7

用黃瓜面膜給肌膚補水
搓澡的最後一步就是確實洗頭和敷黃瓜面膜。磨碎的黃瓜敷在臉上，放鬆肌膚。

8

接下來就自由消磨時間
搓澡結束後就自由了！可以去桑拿、泡澡，隨你喜歡，沒有時間限制。

WHAT IS

「汗蒸幕設施」
可以進行搓澡等服務的設施，大多會有搓澡和桑拿等組合的基本費用。

🕐 1.5小時～2.5小時

Good
很多地方都能用中文溝通，用中文解說療程，讓人安心。

Bad
澡堂和桑拿的種類比日本溫泉設施還多。由於都有安排整套course，費用大多不便宜。

👤 幾乎都是女性專用

🏠 OTHER SHOP

✦ MENU
・基本course
8萬2000W
・艾蒸2萬W
・拔罐2萬W

兼具優良設施與技術的正統派

明洞瑞草火汗蒸幕
명동서초불한증막

除了澡堂和搓澡以外都是男女共用，可以和情侶、家人一同享受。若使用汗蒸幕，還會有合作店家「阿味笑」的免費供餐服務。

🏠 中區明洞4街25 Polaris大廈（明洞2街53-1） ☎02-755-4649
🕐 9:00~凌晨2:00（最後受理23:00）
㊡ 全年無休 🚇 4號線明洞站6號出口步行5分鐘
中文OK
明洞 ▶MAP P.10 C-2

✦ MENU
・基本course 8萬W
・石膏面膜5萬W
・腸道按摩3萬W

居家般的空間

明洞首爾汗蒸幕
명동서울한증막

2012年開幕的女性專用spa。設施很舒適，置物櫃、汗蒸幕、美容房等必要設施也相當齊全乾淨。

🏠 中區三一大路4街9 Raions大廈104號（忠武路2街50-6）
☎02-2269-2222 🕐10:00~22:00
㊡ 全年無休 🚇4號線明洞站10號出口步行3分鐘
中文OK
明洞 ▶MAP P.11 F-2

✦ MENU
・基本course 8萬W
・臉部保養3萬W
・艾蒸2萬W

用泥面膜讓肌膚滑嫩嫩

明洞MUD汗蒸幕
명동머드한증막

除了搓澡和按摩外，還可以體驗泥面膜。澡堂、桑拿、按摩等設施都是女性專用，可以毫無顧忌地享受。

🏠 中區明洞8街22（忠武路1街22-6）
☎02-752-1919 🕐9:00~凌晨1:00（最後受理23:00） ㊡全年無休
🚇4號線明洞站6號出口步行5分鐘
中文OK
明洞 ▶MAP P.10 C-3

BEAUTY
○3 搓澡＋α享用不盡

享受200%的蒸氣房

複合入浴設施「蒸氣房」也可以進行搓澡。還有桑拿、按摩、食堂等各種附帶設施，
說不定可以過上一整天！？

進店

館內用衣為free size，裡頭不會穿內衣。

↑ 男性專用區

蒸氣房就是這樣一個地方！

女性專用區

去蒸氣房GO!!

舒眠室

艾蒸

吸蒸區

商店

WC

大浴場

受理＆付費
先支付費用，領取館內用衣和毛巾。對方會告知搓澡時間，在那之前可以自由享受。

鞋子放進置物櫃
館內禁止穿鞋。用在櫃台領到的鑰匙找出相對應的鞋櫃，寄放鞋子。鑰匙和更衣間是共用的。

在更衣室換上館內用衣
在男女分開的更衣室置物櫃內放置行李，換上櫃檯領取的衣服。卸妝品和洗髮精等一起帶去浴池吧。

搓澡

澡堂（3種）

櫃台

這裡可以搓澡！
浴場內可以搓澡。會依號碼叫號，請在最近的澡堂等待吧。

WHAT IS

🕐 2～5小時

Good
澡堂和桑拿種類多，附帶設施也很豐富。

Bad
當地客人多，有時會因為禮儀不同而受到驚嚇。中文大多不能通。

「蒸氣房」

像洗浴中心的設施。除了桑拿和浴場以外，還可以按摩、在食堂吃飯、指甲彩繪等。

設施多為男女皆可使用。浴場與搓澡是男女分開，但可以一起享受汗蒸幕。

寬闊的澡堂可以讓你消除購物疲勞
澡堂有3種，溫度各不同。有加入韓方成分的泡澡水香氣會讓你感到療癒，也可以把腳伸長放鬆。

還可以住宿！

男女個別區域有放置床的舒眠室。毛毯可以租用，一次2000W。

滾來滾去、到處聊天也OK

在休息區可以躺著滾來滾去、看電視、聊天。也有人會借書架上的漫畫來看，氣氛隨性自在。

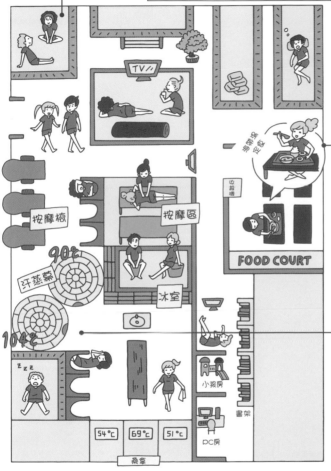

流汗後肚子餓了，也可以吃東西！

在食堂可以享用輕食。有冰、點心、飲料和定食等，滿足你的胃。

海帶湯定食
7000W

必備菜單甜米露GET

糯米、麥芽蒸餾過發酵的飲料。2500W

盡情流汗

有2種不同溫度的汗蒸幕和3種桑拿。汗蒸幕附近有飲水機，進去前和出來後可以補充水分。

地點絕佳且設施完備

SPARE×東大門店
스파렉스 동대문점

館內布置成韓國傳統家屋。位於時裝大樓「Good Morning City」樓下，很容易順道經過。有黃土和炭桑拿、男女個別舒眠室等設施，非常完備。

🏠 中區獎忠壇路247 B3～B4F（乙支路6街18-21）
☎ 02-2118-4400　🕐 24小時　㉻ 全年無休
9000W（5:00～20:00）、1萬4000W（20:00～凌晨5:00）
㉻ 連接2號線東大門歷史文化公園站地下室
中文OK
東大門 ▶MAP P.14 A-2

入場費
5:00～20:00 7000W
20:00～凌晨5:00 1萬W

✦ OPTION MENU
・搓澡2萬W
・艾蒸1萬2000W
・按摩（60分鐘）3萬W

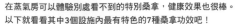

BEAUTY
○4

鹽、土、木、炭……
透過特別的桑拿打造美麗

在蒸氣房可以體驗別處看不到的特別桑拿，健康效果也很棒。
以下就看看其中3個設施內最有特色的7種桑拿功效吧！

淨化身體

鹽 桑拿

促進微血管運作，提升新陳代謝。血流變順暢，活絡消化器官。

【功效】

新陳代謝UP

淨化血液

活絡腸胃

約40℃
室溫低，但地板非常燙，一定要穿襪子。

牆壁和地板都是鹽！

DRAGON HILL SPA
水晶光鹽房

牆壁和地板都是鹽做的，整個室內都可以捕捉到鹽分。

四周都是礦物質

黃土 桑拿

藉由遠紅外線讓身體從內部開始暖和起來，有恢復疲勞和減肥效果。

【功效】

減肥

恢復疲勞

紓解壓力

SPARE×

黃土木炭汗蒸幕

約100℃
進去沒多久就會噴汗。

汗都噴出來了！

地板上鋪著墊子，不用擔心燙傷。

傳統的穹頂狀。為了不讓熱氣跑掉，入口非常小。

WHAT IS 「桑拿的規矩」

做汗蒸幕和桑拿時最切忌「勉強」。如果用錯方法，身體可能會受到傷害，請遵守以下規範安全使用。

規矩①

前後必須補充水分

由於會大量出汗，進去前和出來後都要補充水分。大多設施會有免費飲水機。

規矩②

不宜在高溫的桑拿內待過久

若桑拿內的溫度非常高，待在裡面太久是不行的。舒服地出汗以後就要出來。

規矩③

患病者在旅行前要先諮詢醫生

患有心臟疾病、高血壓、高尿酸值者可能會禁止做桑拿。旅行前請先詢問過主治醫師。

規矩④

喝酒後馬上進去是NG的

喝了酒馬上進去，會因為代謝上升導致易醉和脫水。請在喝完酒至少2小時以後再做。

被神祕空間療癒

天然石
桑拿

透過遠紅外線效果溫暖身體。裡面還含有離子，可讓身體保持鹼性。

【功效】

安定精神

美肌

天然軟玉氣體驗室

40～50℃
溫度不會太高，可以優閒享受。

在金字塔內充電！

整個人置於神祕空間裡，有穩定情緒的效果。

讓高溫的身體降溫

冰
桑拿

透過低溫桑拿讓身體降溫。毛孔會收縮，有美肌效果。

【功效】

肌膚緊縮

新陳代謝

冰房

9.5℃
相當低溫，毛孔會緊縮。

在冰房前的房間內也可以適度冷卻身體，非常舒服。

炙熱的身體都冷靜下來了～

整面牆都鋪滿冰，可以實際感受到毛孔緊縮。

被香氣療癒

檜木
桑拿

芳香的檜木有很強的舒緩效果。殺菌作用也很強，更有美肌功能。

【功效】

放鬆

恢復疲勞

檜木房

浸淫在檜木的香氣裡，有森林浴的效果。

常溫
室溫不會太高，可以放鬆心情進入。

檜木
森林浴房

森林浴房使用樹齡700年的檜木。可以恢復慢性疲勞。

常溫
可以長時間待在裡頭放鬆。

RELAX～♪

被香氣治癒了～

 蒸氣房一定要吃的就是水煮蛋。在商店有賣，2個1000W左右。

傳統的汗蒸幕

松
桑拿

使用傳統松木的汗蒸幕。可以促進新陳代謝，調整生理期不順等女性煩惱。

【功效】

新陳代謝
婦女病

80～120℃
有80～90℃和100～120℃2種

COME ON~!!

The Spa in Garden 5

傳統松木火汗蒸幕

不是用電，而是透過焚燒松木來保持溫度。會毫無保留地排出「好的汗」，確實感受到排毒效果。

調理吃太多的身體！

汗蒸幕的經典形式，呈現圓窩狀。

盡情噴汗

炭
桑拿

炭中的離子可以產生排毒效果。再加上用遠紅外線來溫暖身體，也能解決發冷情況。

【功效】

解決發冷
新陳代謝

DRAGON HILL SPA

橡木炭窯

有超高溫、高溫、中溫、低溫4種窯。試著從低溫慢慢移動到高溫吧。

60～90℃以上
別在超高溫窯裡待太久，3～4分鐘後就出來吧。

HOT!!

桑拿的牆壁是黃土做的，熱傳導率高。

採用傳統加熱法，溫度沒有一定。在高溫房得穿襪子！

打心底
暖和起來！

手工桑拿是土牆，中溫的話可以待一陣子。

森林韓方樂園

野外炭窯

一如其名，炭窯位於屋外。可以就近觀察在汗蒸幕外燒炭的樣子，很有臨場感。

許多人會聚集在炭火周圍溫暖腰部等。

分成低溫、中溫和高溫，從各自的入口進入。

待上一天也不會膩的大型spa

DRAGON HILL SPA
드래곤힐스파

地下1樓到7樓，範圍非常廣。除了最基本的桑拿和澡堂，美容院和戶外泳池也非常完善。還有高爾夫練習場和電影院等遊樂設施，大人小孩都能享受。

🏠 龍山區漢江大路21街40（漢江路3街40-713）
☎ 02-792-0001/010-4223-0002
🕐 24小時　🏖 全年無休　💰 5:00～20:00 1萬2000W/20:00～5:00 1萬5000W（週六日、國定假日最後一天1萬4000W）
🚇 4號線新龍山站3號出口步行5分鐘、1號線龍山站1號出口步行3分鐘
`中文OK`　`有中文菜單`
`龍山` ▶MAP P.4 B-2

徹底的衛生管理就是賣點

The Spa in Garden 5
더 스파 인 가든파이브

位於樂天世界附近商場的10樓，6600 m2的大型spa。休息空間很大，可以從走廊俯瞰中庭，營造出滿滿高級感。

🏠 松坡區中慇路10 Garden5 TOOL 10F（文井洞628）
☎ 02-404-2700
🕐 24小時　🏖 全年無休
💰 5:00～21:00 1萬W/21:00～5:00 1萬2000W（週六5:00～週日5:00 1萬2000W）
🚇 8號線長旨站4號出口步行10分鐘
`松坡區` ▶MAP P.5 F 3

當地人氣非常高的spa

森林韓方樂園
24小時傳統桑拿
숲속한방랜드 숯가마 24 시 사우나

許多當地人造訪，在地味濃厚的蒸氣房。形態傳統，使用薪柴來加熱。也因為這樣才可以在商店購買麻糬和馬鈴薯，帶到外頭烤。

🏠 西大門區奉元寺街75-7（奉元洞51）
☎ 02-365-2700
🕐 24小時　🏖 全年無休
💰 5:00～20:00 1萬1000W/20:00～5:00 1萬2000W
🚇 2號線新村站3號出口搭計程車10分鐘
`新村` ▶MAP P.4 B-1

✦ OPTION MENU
- 搓澡2萬5000W（女性費用）
- 泰式按摩（60分鐘）6萬W～
- 足部按摩（60分鐘）6萬W～

✦ OPTION MENU
- 全身按摩（40分鐘）2萬9000W
- 肌膚保養（40分鐘）2萬W
- BOOK Cafe（120分鐘）5000W

✦ OPTION MENU
- 女性基本course（80分鐘）8萬W
- 運動按摩（60分鐘）5萬5000W
- 艾蒸（50分鐘）1萬3000W

桑拿Check

鹽	黃土	汗蒸幕	天然石	檜木
1	1	2	2	2

桑拿Check

鹽	冰	汗蒸幕	檜木	澡堂
1	1	2	2	2

桑拿Check

炭	冰	澡堂
1	1	2

FLOOR GUIDE

7F	空中花園、花園影城
6F	女性專用舒眠室、男性專用舒眠室、檜木露天溫泉（男性專用）、男性專用桑拿、泰式按摩（費用另計）
5F	男性專用空間：置物間、桑拿、搓澡等
4F	健身房（會員制，費用另計）
3F	女性專用空間：置物間、黃土火汗蒸幕、除寒毛、按摩等
2F	女性專用空間：浴場、露天溫泉、皇室韓方艾蒸、桑拿、搓澡等
1F	入口、治療區、Royal Orchid Spa（費用另計）、戶外溫泉泳池、指甲沙龍（費用另計）、卡拉OK（費用另計）、食堂（費用另計）、零食區（費用另計）等
B1F	電影院、網咖（費用另計）

FLOOR GUIDE

10F	松木火汗蒸幕 洞窟房 異味性皮膚治療房 光鹽房 氧氣房 冰房 黃土炭房 食堂、商店、PC室、BOOK Cafe 小孩房、浴場

FLOOR GUIDE

4F	空中餐廳、水車、高爾夫球場
3F	男性浴場、商店、男性舒眠室
2F	女性專用舒眠室、健身房、卡拉OK、PC房、遊戲中心、商店
1F	野外炭窯、韓食堂、PC房、運動按摩間、指甲彩繪、兒童遊樂場、蒸氣房、冰房、按摩椅、零食區
B1F	足部按摩、除寒毛、商店、座浴等

享受不同的澡堂

蒸氣房的澡堂有艾蒿澡堂和高麗人參澡堂等不常見的新奇種類。

BEATY
05

從醫院到美容院
用韓方跟每天的煩惱說掰掰

韓國獨自研究、開發出來的醫療——「韓方」，可以美肌、減肥，還能美容保養。體驗從內在變美的感覺吧！

和身體失調說掰掰！
韓方醫院

接受韓方專門醫師的診療，用最精確的美容保養解決妳的煩惱吧！

【美容流程】

在預約時間到店
可事前上網預約。在預約時間到店，告訴櫃檯預約者的名字。

↓

諮詢
向工作人員諮詢，填寫病歷，決定最終的療程。

> 有中文翻譯，可以安心

↓

韓方醫師診療
韓方醫師和其他專門醫師進行雙重診療，告訴對方妳的身體煩惱吧。

> 之後會宅配到家裡

↓

獨創韓方品牌
若醫師有開處方箋，韓方藥和飲用說明書之後會郵寄到家。

身體虛寒　容易累

⏱ 210分鐘
東方五行美人
60萬W

結合東西方醫學的綜合診療
廣東韓方醫院
광동한방병원

首度在韓國開發結合韓國傳統醫學和西方醫學的綜合診療療程。減肥、皮膚保養等技術確實，頗受好評。

🏠 江南區奉恩寺路612（三成洞161）
☎ 02-2222-4992　🕘 9:00~18:00（週六~15點）　🚫 週日　Ⓜ 2號線三成站7號出口步行10分鐘

中文 OK

江南 ▶MAP P.21 E-2

OTHER MENU
· 排毒療程（90分鐘）16萬W
· 后Story（270分鐘）70萬W

OTHER MENU
· 美容針灸（30分鐘）12萬W
· 馬格利美容療程（45分鐘）12萬7000W

用天然韓方拯救妳的煩惱
李恩美自然韓醫院
이은미내추럴한의원

針對女性疾病和減肥等女性煩惱的療程充實，美容針灸等治療有即時性的效果。

🏠 中區明洞10街58（忠武路2街65-5）
☎ 02-3446-1240　🕘 週一＆三11:00~20:00、週二＆五~21:00、週四14:00~20:00、週六10:00~16:00　🚫 週日、國定假日
Ⓜ 4號線明洞站8號出口步行3分鐘

中文 OK

明洞 ▶MAP P.11 D-3

院長李恩美醫生。藝人也會來訪。

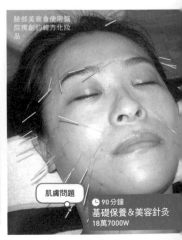

臉部美容會使用該院獨創的韓方化妝品。

肌膚問題

⏱ 90分鐘
基礎保養&美容針灸
18萬7000W

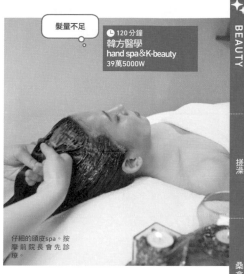

髮量不足

🕐 120分鐘
韓方醫學
hand spa&K-beauty
39萬5000W

跟沒有精神的頭髮說掰掰！

韓方頭皮保養

醫師診療後會用韓方保養頭皮，讓妳重拾
光滑亮麗的秀髮。

使用
韓方美妝品

用韓方保養頭皮＆毛髮
李文元韓醫院
이문원 한의원

醫院有販售李醫生親自開發的韓方藥
和頭髮保養品。此外，根據個人症狀
仔細治療也大受好評。

✦ OTHER MENU
・健康毛髮（潤髮）
　（150分鐘）39萬5000W
・LMW美髮療程
　（120分鐘）49萬5000W

🏠 江南區鶴洞97街41梨柳大廈3F（清
潭洞69-5）📞070-7492-5254
🕐 週一＆二10.00~19.00、週三＆五~
21:00、週六9:00~17:30 🈲週四、日
🚇 7號線清潭站12號出口步行5分鐘
中文OK
清潭洞 ▶MAP P.23 F-2

仔細的頭皮spa。按
摩前院長會先診
療。

和自卑感說掰掰！

韓方美容

使用含有韓方成分的化妝品按摩，香味有療
癒效果。

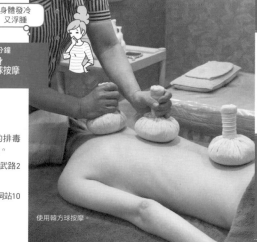
身體發冷
又浮腫

🕐 80分鐘
上半身
韓方球按摩
11萬W

透過藥草效果來排毒
明洞韓方美容院
명동한방에스테

使用藥草精華和粉末，有很好的排毒
效果，各年齡層女性都會去拜訪。

✦ OTHER MENU
・臉部韓方按摩
　（70分鐘）8萬W
・全身韓方芳療
　（150分鐘）30萬W

🏠 中區明洞8街61金星大廈2F（忠武路2
街12-4）📞02-779-5666
🕐 9:00~22:00（最後受理21:30）
🈲農曆新年、中秋節 🚇 4號線明洞站10
號出口步行2分鐘
明洞 ▶MAP P.11 F-2

使用韓方球按摩。

想解決
肌膚煩惱

好在意毛孔

🕐 150分鐘
全身排毒療程
55萬W

依煩惱的各部位敷
上不同面膜

✦ OTHER MENU
・小臉療程（60分鐘）6萬W
・抗老化美人療程
　（90分鐘）35萬W

透過藥酒和技術讓你神清氣爽
李平善傳統韓方藥酒皮膚研究所
이평선 참미인

使用自然素材藥酒的全手工按摩。可以去除皮膚問題，
調整成緊緻立體的小臉。

🏠 江南區奉恩寺路104街新韓villa102號
📞02-779-8440 🕐 10:00~19:00 🈲週日
🚇 2號線宣靖陵站7號出口步行10分鐘
江南 ▶MAP P.21 D-2

從內部改善體質

韓方建議

1 韓方是什麼？

➡ 一種東方醫學

與針對疾病治療的西方醫學不同，韓方是協助改善體質以治療疾病的東方醫學。

2 中醫和韓方的差異是？

➡ 韓方是配合韓國人的體質加以研究改良

也有一說，韓方是來自於中國的「中醫」，再改良成適合韓國人的獨立醫學，稱為韓方醫學。

3 什麼東西用得到韓方？

➡ 韓方出現在日常生活的各種場合

韓方不僅是藥。韓國人也會喝茶攝取韓方，或是加進化妝品裡塗抹在肌膚上等。

喝

韓方茶
用蜂蜜或砂糖醃漬韓方後，再用熱水或水泡。
5000～7000W。

吃

韓方藥
醫院的處方，大多帶有強烈苦味和香味。1個月份約10萬W左右。

不只是針對特定部位，而是去改變「體質」

「韓方」意指配合韓國人體質和疾病來實施的傳統醫學，和中國自古以來流傳的「中醫」並不相同，從1986年開始稱為「韓方醫學」、「韓醫學」。

醫學分為「東方醫學」和「西方醫學」。西方醫學（現代主流醫學）是針對出現症狀的部位用藥，而另一方面，包含韓方的東方醫學是以「讓患者自行治療」的思考為出發點，是強化整個身體、協助改善體質的治療。

不僅是醫院，韓國人的日常生活也常出現「韓方」的概念，對韓國人而言，韓方在生活中不可或缺。除了藥物以外，茶和化妝品等日常用品多多少少也都使用韓方。

特別是對女性來說，韓方是非常可靠的夥伴。韓方能夠調理月經不順和生理痛，大家也會使用加有韓方的衛生棉或是利用艾蒸來溫熱子宮，在日常生活隨處可見。

要不要試著在旅行中體驗可以讓妳變美變健康的韓方呢？

貼在肌膚上

這裡有韓方！！

化妝品
含有韓方成分的面膜，韓方香氣有很好的治療效果。1片2000W左右。

衛生棉
含有韓方成分的衛生棉可以緩和疼痛，還有除臭效果。4000W～8000W。

蒸

艾蒿溫熱墊
貼在內衣褲上，輕鬆進行艾蒸。5000W左右。

了解功效！

韓方完全手冊

韓方有各式各樣的種類，每種效果也不相同，以下介紹幾種最常使用的韓方。

甘草
감초

緩和作用　鎮痛作用

豆類多年草本植物的根曬乾。根中含有的甘草酸有強烈甜味。

人參
인삼

新陳代謝　提升免疫

剝皮後曬乾者稱為「白參」，直接蒸過曬乾者則是「紅參」，用於滋補強身。

野慈姑
택사

利水作用　止渴作用

野慈姑類的根曬乾製成，可以平衡體內水分，有緩和身體發冷與浮腫的效果。

油菊
감국

放鬆　鎮定作用

小菊花曬乾製成，榨出來的汁液有消炎效果，香味也能讓人放鬆。

金銀花
금은화

緩和緊張　鎮定發炎

金銀花花蕾曬乾製成。有鎮定發炎的效果，對感冒、喉嚨發炎、肌膚乾燥也有效。

牡丹皮
목단피

消炎作用　鎮痛作用

牡丹根曬乾製成，有鎮痛和鎮定效果，對生理痛等女性身體調理也有效。

白茯苓
백복령

利尿作用　鎮痛作用

提高利尿作用與降低血糖值，也有提升鎮痛效果和免疫力的功用。

檳榔
빈랑

興奮作用　消炎作用

從椰棗科植物檳榔果實中取出來的種子。可以緩和內臟燥熱，鎮定發炎，並有使中樞神經興奮的功用。

山茱萸
산수유

滋補強身　補血作用

使用取出山椒種子後的果實，可滋補強身與抵抗過敏。

山藥
산약

滋補強身　止渴作用

取下日本薯蕷的皮後曬乾而成。可以消除疲勞與倦怠感，緩解腸胃不適，也能有效治療食慾不振。

枳實
지실

改善血液循環　促進消化

甘菊科植物的果實尚未成熟前曬乾製成。改善氣血不順，促進消化並改善血液循環，對發寒症也有效。

梔子
치자

消炎作用　鎮定作用

梔子的果實，又名山黃梔，有消炎作用和利尿作用等，也能安定精神。

06 嘗試刺激的骨氣

為了錐子小臉只好忍耐

WHAT IS 「骨氣」

骨氣是源自韓國的美容健康療法。借由移動骨頭而非肌肉來修正臉部歪斜，以美肌和小臉為目標。由於直接動到骨頭，還可促進新陳代謝。

這裡有效！

鬆弛
藉由拉提、放鬆骨頭和肌肉，讓妳煥然一新。

皺紋
促進皮下血液循環，重建肌膚彈性，讓皺紋不再明顯。

黑眼圈
改善血流堆積，使黑眼圈變淺。

法令紋
刺激衰弱的嘴角肌肉，讓肌肉整個拉提起來。

顏面不對襯
因骨骼歪斜造成顏面不對襯問題，也可以透過骨氣來解決。

暗沉
血液循環不良會導致暗沉。透過刺激改善血液循環。

頭痛
頭痛原因在於頭蓋骨歪斜，可以藉由骨氣改善歪斜狀況。

眼睛疲勞
頭蓋骨歪斜會壓迫視神經，導致眼睛疲勞。讓該處肌肉放鬆，進行改善。

變化一目了然

只要做過一次，外觀就能看出變化。要定期做來維持。

BEFORE　AFTER

基本上都用手！

骨氣不會透過道具，而是用手進行，請求熟練的技術。

就交給這雙手吧！

1

2 跟傳聞一樣痛……

MENU	特殊筋絡＋PDT治療
TIME	90分鐘
PRICE	12萬W

開始按摩！
卸妝完，敷過一片面膜後，就可以透過「又痛又舒服」的骨氣按摩來消浮腫。整個過程都是用手。

🕐 70分鐘
青銅4D顏面輪廓整形經絡
30萬W

※療程為10次起。

使用金屬刮痧

【施作流程】
先諮詢
通中文的工作人員會說明療程，請告知個人需求後再下決定。

3

連肩胸之間都做得很確實！
使用油推，仔細從肩胸之間按摩到手臂。疏通淋巴腺，更能消除水腫。

位於大樓6樓，在林蔭道購物時可以順便前往。

用金屬刮痧疏通淋巴腺

Go Minjeong Esthétique
고민정 에스테틱

用青銅刮痧，按摩淋巴腺，藉以舒緩臉頰、排除老廢物質的緊緻臉部療程。按摩時會痛，許多藝人和客人都說很有效。

🏠 瑞草區渡口路10街29迪奧里奇大廈602號（蠶院洞31-1）
☎ 02-540-5525　🕐 週一三五10:00～22:00、週二＆四14:00～、週六～20:00　㊡ 週日
🚇 3號線新沙站4號出口步行7分鐘

新沙 ▶ MAP P.20 B-2

✦ OTHER MENU
・上半身經絡（60分鐘）17萬W

想體驗不一樣的按摩，就來挑戰看看骨氣！
整個過程都用手來執行，非常刺激……但是按摩完，
看著煥然一新的臉，說不定還會上癮呢！

最後做光療
透過紅、綠、藍三種顏色的不同效果
進行PDT治療，緩和肌膚。最後再敷
石膏面膜就完成了。

按摩完後的
石膏面膜

拍照當
紀念！

✦ OTHER MENU
・特殊美白＋PDT治療
（90分鐘）12萬W
・足部穴道按摩（60分鐘）5萬W

店家位於大樓4樓，店內整潔舒適。

想一次掌握美麗和健康
健美人美容院
건미인에스테

健美人意指「調整體內讓外表美
麗發光」。結合骨氣和經絡按摩
的筋骨經絡按摩可以讓妳得到又
痛又舒爽的快感。

🏠 中區明洞街47養元大廈4F（明洞
1街29-1）
☎ 02-318-2990
🕙 10:00～19:00　全年無休
🚇 4號線明洞站6號出口步行5分鐘
明洞　▶MAP P.11 D-2

從車站步行5分鐘就能到狎鷗亭店，
地點佳，藝人也會喬裝來訪。

十足的手技
藥手名家
약손명가

韓國有80間店，日本也有分店的
骨氣代表店。雖然痛，但能得到
確實效果，有很多日韓的名人都
會前往。骨盤骨氣按摩可以改善
各種身體不適。

🏠 江南區狎鷗亭路30街66藥手名家
大廈1～2F（新沙洞598-8）
☎ 02-518-6662
🕙 10:00～22:00、週六9:00～
18:00、週日11:00～22:00、國定假
日10:00～18:00　全年無休
🚇 3號線狎鷗亭站3號出口步行5分
鐘
狎鷗亭洞　▶MAP P.22 A-2

🕙 90～120分鐘
小臉拉提保養
12萬W

✦ OTHER MENU
・顏面不對襯（130分鐘）16萬W
・骨盤矯正（50分鐘）6萬W
・OX腳矯正（50分鐘）8萬W

體驗源自
韓國的美容

除了骨氣和韓方（P.100），還有很多源
自韓國的美容法。韓國對美有無窮的探求
之心，以下介紹韓國美容沙龍才會使用的
技法與工具。

Ⓐ 用馬格利來按摩

韓國獨特的酒馬格
利除了拿來喝以
外，也會用於美容
面膜上。含有豐富
乳酸菌和維生素的
馬格利有美肌效
果。

預算
13萬W

Ⓑ 艾蒸

加入艾草和韓方的
水煮沸，人坐在挖
洞的椅子上，用洞
中飄出來的蒸氣美
容。可有效解決生
理不順和緩和生理
痛等。

預算
3萬W

Ⓒ 盤療

就像「刮痧」，使
用治療盤來按摩臉
部。有稜有角的部
分和圓形部分會針
對不同部位、煩惱
來分開使用。

預算
8萬W～

Ⓐ 李恩美自然韓醫院
이은미내추럴한의원
明洞　→ P.100

Ⓑ ASUCA
아스카

🏠 中區乙支路43街30 4F（光熙洞2街
360）
☎ 02-797-6996　🕙 10:00～24:00
🈺 農曆新年、中秋當天
🚇 5號線東大門歷史文化公園站5號出口
步行2分鐘
東大門　▶MAP P.14 A-3

Ⓒ 李惠卿美容沙龍
이혜경에스테살롱

🏠 中區明洞街55太興大廈6F（明洞1街
7-1）　☎ 02-753-0790～1
🕙 10:00～22:00（最後受理20:00）
🈺 全年無休　🚇 2號線乙支路入口站5、
6號出口步行5分鐘
明洞　▶MAP P.11 D-2

走得很疲累時最～有效
來個足部按摩

各地區 走累時的救援店

逛街逛累時想立刻衝進足部按摩店。以下介紹各主要地區的推薦好店！

明洞

以針灸治療為主的按摩

korea sport massage
코리아스포츠마사지

由研究東方醫學和針灸治療的社長所經營，體驗可恢復身體療癒能力的按摩。

✦ MENU

- 足部按摩A
（50分鐘）4萬5000W
- 運動按摩A
（40分鐘）4萬5000W
- 角質管理（20分鐘）
1萬5000W

🏠 中區明洞8街35 3F（忠武路2街12-16）☎ 02-754-7775～6 ⊕ 10:00～22:30 ㈬ 農曆新年、中秋節 ◎ 4號線明洞站9號出口步行2分鐘
MAP P.11 E-3

仁寺洞

位在仁寺洞入口

貴足按摩
귀족마사지

因技術確實與實惠價格大受歡迎。也可以體驗溫泉魚療和加了芳療劑的足湯。

✦ MENU

- 足部按摩
（60分鐘）3萬W
- 運動全身按摩
（100分鐘）7萬W
- 除粉刺＆美白管理
（60分鐘）5萬W

🏠 鍾路區仁寺洞街17 gallery sang大廈（仁寺洞157）☎ 02-722-1688 ⊕ 10:30～24:00（最後受理23:00）㈬ 農曆新年、中秋（各1天）◎ 1號線鐘閣站3號出口步行3分鐘
MAP P.13 E-2

東大門

就算晚上逛街也不用擔心

QUICK推拿
퀵피부엔바디힐링센터

位於東大門美利來14樓。24小時營業，可以在逛街想休息時順道拜訪。按摩仔細，能有效消除疲勞。

✦ MENU

- 足部按摩（60分鐘）
4萬4000W
- 全身按摩（60分鐘）
4萬5000W
- 芳香淋巴按摩（足）
（60分鐘）7萬W

🏠 中區獎忠壇路263美利來14F（乙支路6街18-185）☎ 02-3393-1252 ⊕ 農曆新年、中秋前天與當天 ◎ 2號線東大門歷史文化公園站14號出口步行5分鐘
MAP P.14 B-2

新村

繁華街上令人安心的連鎖店

THE FOOT SHOP
더풋샵

在按摩前可以選擇泡足湯或溫泉魚療。採用中國傳統的足部穴道按摩方式。

✦ MENU

- 傳統足部按摩
（40分鐘）3萬W
- 運動背部集中按摩
（40分鐘）3萬W
- 皇帝按摩
（130分鐘）14萬W

🏠 西大門區新村路87-8 B1F（滄川洞30-10）☎ 02-334-8880 ⊕ 11:00～凌晨0:30 ㈬ 全年無休 ◎ 3號線新村站2號出口步行3分鐘
MAP P.18 A-3

梨泰院

在乾淨的店內放鬆

Mr. foot
미스터 풋

店內整潔，讓人靜下心來。足部按摩用的床上放有小型電視。

✦ MENU

- 足部按摩A（40分鐘）3萬3000W
- 芳療（60分鐘）
7萬7000W
- 全身按摩（60分鐘）
6萬6000W

🏠 龍山區大梨泰院路140-1 Victory Town ☎ 02-797-9888 ⊕ 12:00～凌晨2:00 ㈬ 全年無休 ◎ 6號線漢江鎮站3號出口步行10分鐘
MAP P.18 A-2

弘大

實惠價格是魅力所在

BL Therapy
비엘테라피

CP值高，廣受當地年輕人和遊客歡迎，美容項目也很豐富。

✦ MENU

- 足部按摩（40分鐘）
3萬W
- 全身按摩（40分鐘）
3萬W
- 背部芳療按摩（30分鐘）3萬W

🏠 麻浦區弘益路26 3F（東橋洞163-20）☎ 02-338-5759／5758 ⊕ 10:00～凌晨5:00 ㈬ 全年無休 ◎ 2號線弘大入口站9號出口步行4分鐘
MAP P.17 D-1

大學路

都是個人房，可以安心

BJ Therapy
비제이테라피

洋溢芬芳香氣的舒適按摩間。都是個人房，可以不用在意他人眼光慢慢享受。

✦ MENU

- 足部保養（40分鐘）
4萬5000W
- 運動全身保養（60分鐘）6萬6000W
- 芳療全身保養（60分鐘）8萬8000W

🏠 鍾路區昌慶宮路236（明倫4街187）☎ 02-512-2902 ⊕ 10:00～凌晨2:00 ㈬ 10:00～23:00 ◎ 4號線惠化站4號出口步行4分鐘
MAP P.15 D-1

林蔭道

不斷累積回頭客的技巧

Garosu Therapy
가로수 테라피

有許多使用芳療的美容項目，還有專為觀光客特製的唇膏贈品。

✦ MENU

- 足部按摩
（60分鐘）5萬W
- 全身運動按摩
（60分鐘）5萬5000W
- 豪華療程
（90分鐘）8萬W

🏠 江南區島山大路11街4正仁大廈2F（新沙洞537-13）☎ 02-546-3200 ⊕ 11:00～凌晨2:00（週日～20:00）㈬ 農曆新年、中秋（各2天）◎ 3號線新沙洞8號出口步行2分鐘
MAP P.19 E-3

如果逛街或觀光走累了，一定要試試足部按摩。
最大特色在於能用便宜的價格享受！
促進淋巴循環，感受按摩後步伐變輕快吧！

WHAT IS

「足部按摩」

一般的
足部按摩流程

❶ 受理＆決定項目
事前預約比較好，也可以有空再前往。先決定項目。

❷ 更衣
有些店不需更衣，大多需要換成輕便T恤或短褲。

❸ 泡足湯暖身
許多店會在按摩前泡足湯或進行溫泉魚療。先泡足湯暖身吧。

❹ 按摩
痛的時候請說「아파요」（阿帕呦）。許多店的力道都很強，覺得痛請別顧慮說出來。

足部按摩是指不使用油來進行的按摩，以腳掌、小腿為保養重點。許多店的價格都很便宜。

生理期也可以按摩嗎？
只是按摩腳沒問題。覺得不安的話就事先諮詢。

會由男生按摩嗎？
不少店家會由男生按摩。有什麼需求就在預約時告知。

腳底穴道GUIDE

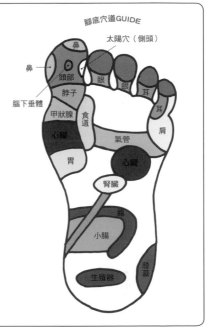

太陽穴（側頭）
鼻
鼻
頭部
脖子
腦下垂體
甲狀腺
食道
心臟
氣管
胃
心臟
腎臟
腸
小腸
生殖器
膝蓋
眼
眼
耳
耳
肩

在足湯咖啡廳消除疲勞

Tea Therapy
티 테라피

會中文的店員會根據個人身體狀況和體質去調配韓方茶。當然也可以點想喝的飲品和食物，美食菜單豐富。

🏠 江南區彥州路173街16 Ago大廈1F（新沙洞616-6）
☎ 02-518-7506
🕐 10:00～22:00（最後受理21:00）
㊡ 農曆新年、中秋連休
🚇 3號線狎鷗亭站2號出口步行7分鐘
中文OK ｜ 有中文菜單
狎鷗亭洞 ▶ MAP P.22 B-1

有足湯服務
店裡的檜木足湯是免費的。也可以花5000W購買混合藥劑，加到足湯裡。

喝了心情也溫暖起來～

可以喝滿滿2杯的量。

✦ MENU
・韓方茶5000W～
・茶療刨冰6000W
・特製茶3萬W

也可以買特製韓方茶！
只要透過E-mail事先預約，就會依照韓方醫生的指示調配個人專屬的混合茶。費用為3萬W。

填寫中文檢查清單，分析自己身體的現狀。

和店員商量，配合身體狀況選擇最適合的混合韓方茶。

品嘗後，可以帶30天份的外帶茶包回家。

搓澡
桑拿
韓方美容
骨氣
足部按摩
其他

稍微奢侈的放鬆

犒賞自己，沉醉於美容院的按摩中

偶爾也想奢侈一下！為了這樣的你，以下特別介紹4間首爾的超人氣美容沙龍！
就當作犒賞平時努力的自己，來體驗高級美容吧♪

不斷造就回頭客的美容沙龍

SPA DAY漢南店
스파데이한남점

用結合西方和東方技術的獨特按摩進
行美容與健康管理的超人氣店。熱石
療法與排毒美容品項也很豐富，除了
韓國人，也有許多海外客人，回頭客
源源不絕。

🏠 龍山區讀書堂路70現代Liberty House 4F
（漢南洞258）
☎ 02-793-0777、02-796-9224
🕙 11:00～21:00（週六、日10:30～
20:00）※最後受理會根據療程有所不同
休 農曆新年、中秋連休、週三
🚇 京義、中央線漢南站1號出口步行11分
鐘
漢南 ▶MAP P.20 A-1

✦ OTHER MENU

・全身排毒（120分鐘）27萬5000W
・C方案（全身＋腳＋熱石治療）
　（60分鐘）11萬W

🕐 120分鐘
A方案
20萬9000W

被芬芳的香氣
療癒了

❶店內呈現整潔又穩重的氛
圍。❷紓解身體僵硬的熱石
治療。❸進到耳裡的蠟燭熱
氣可以促進空氣震動，溫柔
刺激穴道。
※A方案可以選擇全身＋腳
＋頭皮按摩、耳朵治療、微
臉部治療其一。

犒賞重點

使用法國製的美妝品

使用法國皮膚科醫生開發的
「DARPHIN」基礎保養品。

明星也會光顧的超高級美容院

O HUI SPA
오휘스파

位於林蔭道寧靜的住宅街上，可以進
行使用高級化妝品、OUHI、后、
SU:M37的美容spa，廣受好評。還有
使用專門機器的身體保養療程等，品
項豐富。

🏠 鶴洞路21街52（江南區論峴洞27-2
2F）
☎ 02-3442-5252
🕙 10:00～22:00（最後受理20:00）
休 農曆新年、中秋連休
🚇 3號線新沙站1號出口步行9分鐘
江南 ▶MAP P.9 F-3

🕐 70分鐘
臉部保養
10萬W

❶❷天花板很高，空間開
放。❸透過技術良好的手工
按摩與熱石按摩，促進血液
與淋巴循環。

使用高級
美妝品
的奢華美容！

✦ OTHER MENU

・芳療熱石全身按摩（80分鐘）
　17萬W
・王后保養（180分鐘）50萬W

採完全預約制，可以享受高
品質的私人時光。

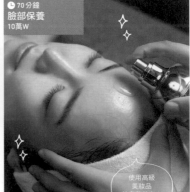

犒賞重點

首間獲得認可的美容spa！

2016年成為首間獲得「江南
區醫療觀光協力機關」認可的
美容沙龍。

WHAT IS 「韓國高級美容＆按摩」

韓國是知名的美容大國，首爾市內有很多可以輕鬆體驗美容和按摩的店家。另一方面，使用韓國知名化妝品的按摩spa與韓國明星御用的高級美容沙龍也吸引許多外國觀光客。

讓全身蒙受人參的恩澤

Spa G 明洞店
스파지 명동점

韓國代表性高麗人參品牌正官庄直營spa。大量使用能活化細胞的紅參，被紅參香氣包圍，身心也放鬆了！

⌂ 中區明洞9街16 Hotel Skypark Central 店B1F（明洞1街10-1）
☎ 02-755-8031
🕒 9:30～23:00（最後受理21:00）
🈺 全年無休
🚇 2號線乙支路入口站5號出口步行1分鐘
明洞 ▶MAP P.11 D-1

❶讓肌膚軟化的泡泡浴。
❷個人房，可盡情享受。
❸徹底進行頭皮清潔，用營養滿滿的護髮讓你的髮質UP。

⏱ 60分鐘
頭皮spa＆頭皮按摩
11萬W

好期待完成後的潤澤感。

磨碎的紅參與蜂蜜等天然成分是按摩時使用的搓澡材料。

OTHER MENU
・臉部（60分鐘）11萬W
・feet spa＋背部按摩＋紅參臉部修復（120分鐘）
18萬7000W

犒賞重點

高級美妝品「彤人祕」

以高級人參中最營養、價格最高的「6年根」做為原料的高級美妝品。

不必透過手術來瘦臉、美腳

webeauty清潭本店
위뷰티 청담본점

針對肌膚「鬆弛」和身體「歪斜」來調整筋骨與肌肉的「筋骨治療」專門美容沙龍。用手腳仔細按摩，紓緩身體每個角落！

⌂ 島山大路539金元大廈5F（江南區清潭洞125-12）
☎ 02-3446-3399
🕒 10:00～19:00（最後受理），週六、日、國定假日～18:00（最後受理）
🈺 不定休（每月1次）　🚇 7號線清潭站13號出口步行10分鐘
江南 ▶MAP P.23 F-2

❶❷以療癒為主題的店內彌漫舒服的香氣。❸拉提大家在意的臉部厚實與鬆弛部分，進行小臉保養。

⏱ 40～60分鐘
臉部縮小~臉長（面積）縮小
20萬6300W

目標是小臉！

OTHER MENU
・頸部駝背（40～60分鐘）
19萬3500W
・骨盤縮小（40～60分鐘）
27萬W

用腳按摩的「腳骨筋按摩」，可以解決肌肉緊縮與關節歪斜。

犒賞重點

手技超強！

有著「手技整形」的別名，可以體驗廣受矚目的美容技術「骨筋治療」。

🌟 美妝品牌直營的spa在哪都很受歡迎。如果想在自己喜歡的時間去按摩，請事先預約。

SHOPPING

🛒 HOW TO SHOPPING

首爾「購物」事件簿

韓國有美妝、洋服、傳統小物等許多充滿魅力的商品。聰明地購買，將戰利品帶回家！

我買特產啦一！

事件 1

該買什麼特產好……？
我只想得到韓國海苔

想打破「韓國特產就是韓國海苔」的既定觀念！話雖如此，還是不知道買什麼好。有什麼推薦的嗎？

解決！ 從平價美妝到雜貨，種類豐富！

特產＝韓國海苔的想法實在太落伍了！其他還有不少傳統小物和美妝等讓人開心的特產。高明者會以脫離俗套為目標，參考下面的表格，找出令人驚奇的伴手禮和紀念品吧！

脫離俗套！ 推薦特產種類

經典		種類	高明者的選項	
韓國海苔 → P.138	預算：3000W〜 PLACE：超市、地下街等	食品	泡麵、零食 → P.140、142	預算：700W〜 PLACE：便利商店、超市等
傳統雜貨 → P.132	預算：5000W〜 PLACE：仁寺洞	雜貨小物	韓風商品 → P.136	預算：2500W〜 PLACE：文具店、雜貨店等
面膜 → P.114〜	預算：1000W〜 PLACE：明洞等	美妝	有趣面膜 → P.114〜	預算：1500W〜 PLACE：明洞等

在樂天免稅店買齊所有特產！

位於明洞的樂天免稅店有2層樓，免稅品項豐富。可以買到美妝、精品、韓國海苔和泡菜等所有韓國特產。最受矚目的就是Visa優惠特典。只要用Visa卡支付，即可獲得標價的5〜15%折扣。照平常那樣支付就行了！就用信用卡購買更優惠的特產吧！

在樂天免稅店用Visa卡支付會有優惠

美妝也是！

韓國海苔也是！

 只要用Visa卡支付 ➡ 5〜15% 優惠！

· 適用店家有樂天免稅店本店、世界店、COEX店、釜山店、濟州店、仁川國際機場店、金海國際機場店、金浦國際機場店。
· 各品牌優惠折扣不同，請事先確認。
· 詳細資訊請搜尋「Visa優惠 韓國」！※本優惠期間至2018年3月31日

112

事件 2

在店裡試穿衣服就被罵慘了

在店裡為了確認尺寸，就試穿了一下衣服，結果店員很生氣地對我說：「不准穿。」這樣不行嗎！？

解決！ 有些店沒有試衣間，也不能試穿

尤其是東大門的批發店等大多不能試穿，也沒有試衣間。先問問可否試穿吧！

입어 봐도 되요?
伊波 巴豆 ㄊㄟ 呦
（可以試穿嗎？）

了解韓國衣著尺寸

	上衣、洋裝	free size會最貼身	上衣等會以free size為主，大多為細長版型
	下身	注意褲子長度	由於是給身高高、腳又長的韓國人穿的，褲子會有點長
	鞋子	表記方法為3個數字	鞋子尺寸會用3個數字表示，如23.5cm會寫成「235」

不行哦!!
안돼요!!
（昂ㄉㄟ 呦）

有沒有剛好的尺寸呢！？

事件 3

買東西買到半夜！
……咦？要怎麼回去？

在東大門享受購物到深夜，結果沒車了！傷腦筋！

解決！ 深夜請搭計程車移動，讓風險降到最低

深夜交通請善用計程車（P.213）。費用比日本還便宜，不必顧慮太多，只是有被敲竹槓的風險，需特別注意。要將風險降到最低，務必記得以下要點！

 搭乘計程車的鐵則

空

咦…

🚕 **搭乘橘色計程車**

橘色的國際計程車司機是大公司員工。換言之，就算不敲竹槓，他們也有固定薪水，較不危險。

橘色是指標！

🚕 **不要搭乘停在路邊的計程車**

盡量避免搭乘停在路邊等客人，並用中文跟你搭話的計程車。攔在路上開的車吧。

嚴選10品牌
以最佳美妝為目標

擔心韓國美妝是否適合你的肌膚？以下介紹讓你拋開不安，值得信賴的
品牌暢銷品和長銷品！來試試看效果吧！

MISSHA

BB霜率先造成話題，是廣獲20～30歲女性支持的品牌。
現在世界各國皆有販售，形象代言人是孫藝珍。

For Adult　　平價　　高性能

shop info
首爾市內：170間店以上
明洞：MAP P.10 C-2
日本：池袋等25間店

銷售突破
300萬瓶

第1名 精華液
MISSHA創研極緻修護活肌水
4萬2000W
使用90%的紫麥與胚芽發酵酵母，提高保濕
度、透明感與潤澤感。

第2名 精華液
創研嫩肌修護露
4萬2000W
乳酸菌發酵成分會滲透進角質
層，防止外部損傷。

第3名 粉餅
網狀氣墊粉霜
1萬5800W
輕輕一拍即可提高附著力，均衡
上妝在皮膚上。覆蓋力強，不易
掉妝。

1天賣
1600瓶以上

開賣9個月
累積銷售
100萬個以上

NO.2
藉由乳酸菌發酵成分
從內側保護肌膚

NO.1
改變透明感，
美麗實感更強烈

NO.3
無需技巧
就能美美上妝

逗趣小物

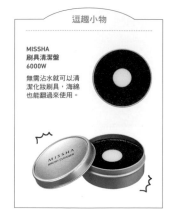

MISSHA
刷具清潔盤
6000W

無需沾水就可以清
潔化妝刷具，海綿
也能翻過來使用。

日本未上市

變身成K-POP
偶像的髮色！

MISSHA
7日染髮劑
3000W

只需花少許時間即可簡單上色的護
髮染髮劑。全7色。

🏠 推薦店家

還點很厲害！
通中文
&觀光客
限定優惠

韓國美妝品代表
MISSHA 明洞1號店
미샤 명동 1 호점

有各種優惠券，可於韓國訪問委員會的
官網 www.vkc.or.kr/tc 下載。

🏠 中區明洞街11（明洞1街74-1）
☎ 02-775-6957　🕐 9:30～22:30
㊡ 全年無休
🚇 4號線明洞站6號出口步行7分鐘

中文OK　　明洞　　▶MAP P.10 C-2

HOW MUCH

日本和韓國
同樣商品有這些優惠

在日本也有販售這些品牌的商品，
但在韓國買大多比較便宜。

黑糖光采精華面膜
（SKINFOOD）

 日本 **1600**日圓

 韓國 約**740**日圓（7700W）

蘆薈舒緩＆保濕凝膠
（Nature Republic）

 日本 **880**日圓

  韓國 約**430**日圓（4400W）

ETUDE HOUSE

For Young ・ 平價 ・ 高性能

內裝以白色和粉紅為基底，為女性風格強烈的店鋪。袋子很可愛，還有
功效良好的實力派美妝。便宜價格也是受歡迎的祕訣所在。形象代言人
是f(x)的鄭秀晶。

shop info
首爾市內：非公開
明洞：MAP P.11 D-2
日本：新宿等16間店

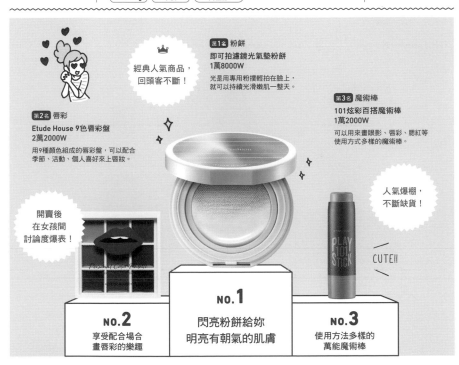

經典人氣商品，
回頭客不斷！

第1名 粉餅
即可拍濾鏡光氣墊粉餅
1萬8000W

光是用專用粉撲輕拍在臉上，
就可以持續光滑嫩肌一整天。

第2名 唇彩
Etude House 9色唇彩盤
2萬2000W

用9種顏色組成的唇彩盤，可以配合
季節、活動、個人喜好來上唇妝。

第3名 魔術棒
101炫彩百搭魔術棒
1萬2000W

可以用來畫眼影、唇彩、腮紅等
使用方式多樣的魔術棒。

開賣後
在女孩間
討論度爆表！

人氣爆棚，
不斷缺貨！

CUTE!!

NO.2
享受配合場合
畫唇彩的樂趣

NO.1
閃亮粉餅給妳
明亮有朝氣的肌膚

NO.3
使用方法多樣的
萬能魔術棒

逗趣小物

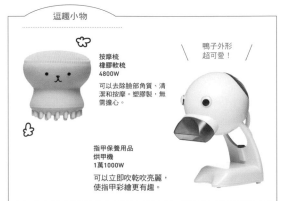

按摩梳
橡膠軟梳
4800W

可以去除臉部角質、清
潔和按摩。塑膠製，無
需擔心。

鴨子外形
超可愛！

指甲保養用品
烘甲機
1萬1000W

可以立即吹乾吹亮麗，
使指甲彩繪更有趣。

🏠 推薦店家

這點很厲害！
有奢華內裝
＆
諮詢服務

sweet & lovely的實力派

ETUDE HOUSE新論峴店
에뛰드하우스 신논현점

可以諮詢，解決不同部位的化妝煩惱。
還有觸控式目錄。

🏠 瑞草區江南大路453瑞草大廈1F（瑞草洞
1303-38） ☎ 02-532-5784 🕐 9:30～23:00
㊡ 全年無休 🚇 9號線新論峴站6號出口步行
1分鐘

江南 ▶ MAP P.20 B-3

SKINFOOD
since 1957

由蔬果等食物製作出對身體有益的美妝品,是解決女性肌膚煩惱的好夥伴。從以米、酪梨、魚子醬為原料做成的商品,到使用荔枝、番茄精華等新美妝相繼登場。可愛天然的包裝也是受歡迎的祕訣。形象代言人是女演員申恩秀。

(For Young)(For Adult)(平價)(天然)

shop info
首爾市內:約150間店以上
明洞:MAP P.10 C-2
日本:新宿等21間店

因壓倒性的人氣成為超級暢銷品!

第1名 精華液
黑糖光采肌底精華
2萬1000W
精華液中加入大量含有豐富礦物質的黑糖萃取物,使肌膚滋潤又光滑。適合乾燥肌。

第3名 化妝水
深海葡萄彈力泡泡精華
3萬2000W
由含有豐富礦物質的深海葡萄精華和鬱陵島海洋深層水所製成。

第2名 彩妝盒
甜心愛戀唇頰鮮果盒
9000W
可以用來畫唇彩和腮紅的多功能彩妝盒。

絕對會缺貨的人氣商品

因雜誌介紹而受到矚目的彩妝盒

NO.2
有3種使用方法的萬能商品

NO.1
使用看看,立即感受到肌膚的差異

NO.3
給疲勞的肌膚補水

逗趣小物

SKINFOOD
卸妝棉花棒
4000W
透明棒狀部分的卸妝液含有茄子萃取物,可以修飾崩壞的眼妝,廣受喜愛。

只要翻面,卸妝液就會流出來!

魔術貼髮夾
1100W
由於是魔術貼,可以不留痕跡地夾住瀏海,化妝時方便使用的小物。

可以輕鬆使用!

日本未上市

石榴膠原蛋白唇膜
2500W
使用石榴精華和膠原蛋白的唇膜,打造緊緻有彈力的美唇。

推薦店家

這點很厲害!

可通日文,還有贈品

在日本也廣受歡迎的美妝品

SKIN FOOD林蔭道概念店
스킨푸드 컨셉스토어 가로수길점

1樓為商店,2樓和頂樓則是咖啡廳,販賣此地才買得到的限定商品等。

江南區狎鷗亭路12街37(新沙洞546-8)
☎ 070-8668-4191
⏰ 11:00~22:00 休 全年無休 🚇 3號線新沙站8號出口步行10分鐘
林蔭道 ▶ MAP P.19 E-2

NATURE REPUBLIC

理念是自然擁有的神祕生命力。採用最先端技術製作的韓方美妝和膠原蛋白等，種類豐富。品質高，卻是10〜20歲客人也能購買的價格。形象代言人是EXO。

For Young | 平價 | 高性能

shop info
首爾市內：約200間店
明洞：MAP P.11 D-3
日本：有官方網路商店

這點很厲害！
2F是外國人專用樓層！可以和EXO的立牌拍照。

👆 推薦店家

招牌商品，
人氣No1

第1名 凝凍
蘆薈舒緩保濕凝膠
4900W

超人氣蘆薈凝膠推出好攜帶的新軟塑膠包裝款。使用起來質地舒爽，可用於全身。

第2名 霜
人參蜂王漿絲柔面霜
6萬6000W

添加了6年根高麗人參與蜂王漿成分的絲柔面霜。

在SNS上話題熱烈

NO.1
人氣蘆薈凝棟的軟塑膠包裝版本

NO.2
打造有彈力的健康肌膚

最先進的天然美妝品

NATURE REPUBLIC 世界店
네이처리퍼블릭 월드점

2F為外國人專用樓層，有沙發、飲水機等完善設備。

🏠 中區明洞8街52（忠武路1街24-2） ☎ 02-753-0123
🕐 8:30〜23:30 🚫 全年無休
🚇 4號線明洞站6號出口步行1分鐘
中文OK
明洞 ▶ MAP P.11 D-3

---

innisfree

為自然派美妝品牌，受到追求自然的20世代女性支持，採用濟州島的花草與火山灰、綠茶等對敏感肌也不會刺激的天然成分。形象代言人是潤娥（少女時代）、WANNA ONE。

For Adult | 略高價 | 大然

shop info
首爾市內：約269間店
明洞：MAP P.10 C-2
日本：日本未上市

這點很厲害！
2〜3F是咖啡廳，菜單使用濟州島的特產。

👆 推薦店家

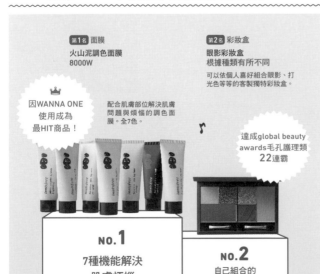

第1名 面膜
火山泥調色面膜
8000W

因WANNA ONE使用成為最HIT商品！

配合肌膚部位解決肌膚問題與煩惱的調色面膜。全7色。

第2名 彩妝盒
眼影彩妝盒
根據種類有所不同

可以依個人喜好組合眼影、打光色等等的客製獨特彩妝盒。

達成global beauty awards毛孔護理類22連霸

NO.1
7種機能解決肌膚煩惱

NO.2
自己組合的獨創彩妝盒

採用天然成分的自然派美妝

innisfree JEJU HOUSE三清店
이니스프리 제주하우스 삼청점

購買2萬W以上可以獲得硬幣，用來交換美妝或2〜3F咖啡廳的免費券等。

🏠 鍾路區三清路104（三清洞64）
☎ 02-734-0585 🕐 10:00〜22:00
🚫 全年無休 🚇 3號線安國站1號出口步行20分鐘
中文OK
三清洞 ▶ MAP P.12 A-1

eSpoir

「eSpoir」是法文的希望、期待之意。可以化出專業感的Pro tailor系列美妝大受好評，時尚感設計與豐富色調也吸引許多人氣。

(For Adult)　(高性能)

shop info
首爾市內：15間店
明洞：MAP P.11 D-2
日本未上市

這點很厲害！
2F有眉毛設計工作坊、修眉吧等。

第1名 唇膏
奢華威霧面唇膏
2萬3000W

韓國明星也愛用的人氣唇膏

如霜般交融的質地，在塗上的瞬間就會緊密貼合，長時間維持滑嫩美唇。

第2名 粉底
完美服貼高保濕粉底液
3萬8000W

打造立體臉頰，話題正夯

清爽的質地，可以完美貼合肌膚。修補肌膚的凹凸不平，打造均勻有氣質的面容。

NO.1
塗起來超舒適的成熟唇膏

NO.2
打造自然肌膚

👆 推薦店家

展現時尚自我
eSpoir明洞中央店
에스쁘아 명동중앙점

位於明洞中心位置。走過豪華的1樓階梯，眉毛護理等沙龍就近在眼前。

🏠 中區明洞8街13（明洞2街32-6）
☎ 02-3789-7788　🕘 9:00〜22:30
🈺 全年無休　🚇 4號線明洞站6號出口步行5分鐘
明洞 ▶MAP P.11 D-2

THE FACE SHOP
NATURAL STORY

2003年開1號店的品牌老店。使用水果和植物等高品質、低價格的自然派美妝廣受20世代女性支持，現在世界各地擴展500間店以上。形象代言人是SUZY（miss A）。

(For Young)　(平價)　(天然)

shop info
首爾市內：196間店以上
明洞：MAP P.11 D-2
可於全國的AEON購買

第1名 睫毛膏
粗細雙頭2in1睫毛膏
1萬5000W

有2支刷頭，從根部刷翹睫毛的「大刷頭」以及連隱藏部位也能刷到的「細刷頭」，任誰都能變成超大電眼。

人氣喜劇演員在節目上介紹，因而出名

第2名 粉底
抗暗沉粉餅
2萬W

美妝品排名
粉餅部門
第1名

防止顏色混濁，可以維持初次上妝顏色的抗暗沉粉餅。

這點很厲害！
品項豐富，說中文也OK。

👆 推薦店家

天然美妝品老店
THE FACE SHOP明洞1號店
더 페이스샵 명동1호점

位於乙支路入口站附近，地點佳，也有許多會中文的店員。

🏠 中區明洞街29（明洞1街54-10）
☎ 02-318-6577　🕘 9:00〜22:30
🈺 全年無休　🚇 2號線乙支路入口站6號出口步行5分鐘　中文OK
明洞 ▶MAP P.11 D-2

還有很好玩的面膜！
面膜
角色面膜
2500W
敷上面膜，角色大變身！

NO.1
成為憧憬的
BIGEYE

NO.2
防暗沉，
肌膚最強力的夥伴

세상 모든 자연과 통하다
the SAEM

研發出750種以上的美妝品。與美容外科共同開發的 doctors cosmetics系列大受歡迎，20～30世代女性的回購率非常高。形象代言人是SHINee。

For Adult　平價　高性能

shop info
首爾市內：非公開
明洞：MAP P.11 D-3
日本未上市

美妝節目
「Get it Beauty」
介紹

第1名 唇部保養
口紅雨衣唇彩護色唇膜
1萬2000W

唇色修復地更柔和，保護顏色不讓其滲透。

第3名 遮瑕膏
礦物保濕潤澤遮瑕液
1萬W

含有許多礦物質，保濕力高且覆蓋力強，讓肌膚變得更美麗。

第2名 霜
蝸牛抗皺面霜
3萬6000W

集中於眼角保養，給予長出皺紋的地方彈性，使膚色變明亮。

COLOR COATING Lip Topcoat
the SAEM

MINERALIZING
01
the SAEM

NO.2
用蝸牛精華
來調理肌膚

NO.1
保持
唇色的美麗

NO.3
保濕力與覆蓋力
超群

逗趣小物

畫眉卡版
2200W

只要有這個，任誰都能簡單畫出美麗眉毛。

化妝棉
蠶繭球
2500W

推薦用來去除毛孔內角質與深度清潔。

推薦店家

這點很厲害！
位於旅館1F，急用時也能安心。

高性能美妝陸續登場
the saem明洞Savoy world店
더샘 명동사보이월드점

位於明洞正中央位置的沙威飯店一隅，很容易造訪。

🏠 中區明洞8街10（忠武路1街23-1）
☎ 02-757-7083　⏰ 8:00～24:00
㊡ 全年無休　🚇 4號線明洞站6號出口步行5分鐘
明洞 ▶MAP P.11 D-3

HOW ABOUT

韓國對美的意識

韓國是美容大國，理所當然把變美當作「自我管理」的一環。韓國的高度美容意識也反映在美妝上，像BB霜已從韓國發展到全世界，還有非常多商品成為高級化妝品品牌。

韓國的美妝特點在於「肌膚美麗」。相較於日本著重在重點化妝，韓國特別重視基礎化妝，也就是底妝。

因此，才會相繼出現使用蝸牛、蛇毒等驚人成分的化妝品及高機能底妝。以下來看看現在的潮流吧！

【○○霜大進化！】

IOPE
氣墊粉餅
4萬W

eSpoir
UHD輕薄氣墊粉餅
2萬5000W

現今已成為經典基礎化妝品的「氣墊粉餅」，是指用海綿式粉餅吸收稀薄粉底液和BB霜等基礎保養品的粉底。覆蓋力和保濕力都很高，即使在外面也能迅速補妝，相當好用。

【還有動物系列】

the saem
Snail Essential
蝸牛抗皺面霜
3萬6000W

TONYMOLY
馬油面霜
5萬5000W

利用蝸牛黏液製成的「蝸牛霜」問世時給全世界帶來衝擊，之後還有蛇毒、幹細胞等，最新的動物竟然是馬！使用馬油的面霜登場了。可以保護肌膚，給予大量營養。

TONYMOLY®
street culture

使用大自然天然成分的低刺激美妝品價格低廉，以年經世代也能輕易使用的高機能與可愛系等豐富商品而自豪。形象代言人是徐康俊。

For Adult　　平價　　高性能

shop info
首爾市內：145間店
明洞：MAP P.11 D-3
日本：池袋等2間店

第1名 唇蜜
水嫩嫩唇蜜
8000W

有「人生唇膏」封號的知名唇蜜。使用特殊油，使嘴唇不乾燥。可以維持色彩鮮豔且光滑潤澤的立體美唇。

第3名 精華液
2倍神仙精華水
3萬5000W

除了改善皺紋和美白效果，還能將化妝水的保濕效能提高2倍。

Get it Beauty
2017品牌測試
水唇蜜類第1名

第2名 霜
最新佳人綠茶面霜
1萬5500W

含有63%自然發酵的綠茶成分，為水分飽滿的潤澤膠狀面霜。可以調理為明亮光滑的肌膚。

開賣至今累積
銷售**25萬瓶**
以上

累積銷售
215萬瓶以上

NO.2
打造光滑的肌膚

NO.1
魅力滿點的潤澤美唇

NO.3
2倍保濕效果，打造彈性肌膚

逗趣小物

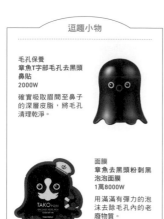

毛孔保養
章魚T字部毛孔去黑頭鼻貼
2000W

確實吸取眉間至鼻子的深層皮脂，將毛孔清理乾淨。

面膜
章魚去黑頭粉刺黑泡泡面膜
1萬8000W

用滿滿有彈力的泡沫去除毛孔內的老廢物質。

日本未上市

精華液
冰涼蘆薈舒緩噴霧
1萬2000W

噴射成泡沫狀，有清涼感、保濕效果與防紫外線效果，最適合夏天的清涼美妝。

🏠 推薦店家

這點很厲害！
會4國語言的店員提供1對1諮詢。

可愛又有益肌膚的天然美妝品
TONY MOLY明洞1號店
토니모리 명동 1 호점

商品價格標籤上有日文說明，店內隨處都可以看到寫著推薦要點的標示。

🏠 中區明洞4街15-1（明洞2街54-27）
☎ 02-754-9983　🕐 9:30～23:00
🏨 全年無休　🚇 4號線明洞站6號出口步行5分鐘

中文OK
明洞 ▶MAP P.11 D-3

IOPE

開發出在全世界造成話題的氣墊粉餅，成為韓國的代表性生物化妝品牌，以「激發肌膚原本的美麗」為目標。形象代言人是李沇熹和曹政奭。

For Adult　昂貴　高性能

shop info
首爾市內：350個地方以上
明洞：MAP P.10 C-2
有官方網路商店

第2名 精華液
亦博龍舌蘭緊緻提升精華液
5萬5000W
龍舌蘭成分使肌膚變細緻，將肌膚調理為光滑有彈性的抗老化商品。

代表IOPE的長暢品

第1名 粉餅
氣墊粉餅
XP SPE 50＋/PA＋＋＋
4萬W
用光的效果覆蓋毛孔與黑色素，提高肌膚維持力，一整天保持潤澤肌膚。

有「國民氣墊粉餅」美名而話題正夯

第3名 化妝水
深層補濕精華液
6萬W
用生物抗氧化酵素保護肌膚，提升膚質狀況。

開賣1年，總營業額5億

NO.2
營造出感受不到年齡的彈性肌膚

NO.1
打造出比美專業的底妝

NO.3
3天後改善膚質

WHERE IS

「可以買到IOPE的地方」
雖然沒有專賣IOPE商品的實體店，不過街上的這些地方都買得到。

ARITAUM
ARITAUM裡有IOPE的商品，打折時買比較划算。
明洞
MAP P.10 C-2

watsons
連鎖藥妝店，有組合優惠，買起來很划算。
明洞
MAP P.10 B-2

免稅店
免稅店有很多合作企畫，買起來比較優惠。
東大入口
MAP P.7 E-3

推薦店家

這點很厲害！
有專家提供免費肌膚診療。

招牌商品為氣墊粉餅

IOPE BIO SPACE
아이오페바이오스페이스
位於明洞的旗艦店，1樓是化妝品賣場，2樓可以進行專家的免費肌膚診療（要預約）。

中區明洞8街6（忠武路1街23-10）
☎（1F）02-318-2710，（2F）02-312-4608
🕐（1F）10:30～22:00，（2F）11:00～19:00　休（1F）全年無休，（2F）週六、日　◎4號線明洞站6號出口步行1分鐘
明洞 ▶MAP P.11 D-3

IOPE的氣墊粉餅很受歡迎，不過HERA的保濕度也很高。可以在免稅店和百貨公司購買。　121

日本未上市的商品

在韓國FF大採購

COLORFUL!

STAFF'S COMMENT
用鮮豔顏色突顯跟他人的差異！

也來看看聯名商品！

TOPTEN10林蔭道店
탑텐 가로수길점

有許多嬰兒用的簡單商品。顏色種類豐富，可以一邊選擇顏色一邊搭配。

⌂ 江南區島山大路131（新沙洞537-10）
☎ 02-511-3808
⊘ 10:30～22:00　㊡ 全年無休
⊗ 3號線新沙站8號出口步行2分鐘
林蔭道 ▶MAP P.19 E-3

⌂ 其他店鋪
明洞2號店　　　MAP P.11 D-2
弘大店　　　　MAP P.17 D-2
大學路店　　　MAP P.15 E-1

7萬9000W

洋裝
直條紋和A字裙修飾身材。

3萬9000W

女性上衣
恰到好處的透明感搭什麼都適合。

3萬9000W

A字短裙
可以搭配出女人味與休閒風。

9990W

T恤
搖滾風設計很可愛。

豐富的顏色種類令人雀躍

2萬4900W

針織衫
質地薄＆七分袖，是夏天也適穿的單品。

1萬4900W

小提包
配合季節的熱帶風花樣最適合休閒服裝。

2萬9900W

背包
可以裝很多東西，非常方便。

1萬900W

耳環
很平價，可以買一大堆。

1萬8900W

項鍊
搭配簡單衣服更能突顯出來。

在首爾，有很多最新時尚品牌的商品都可以用便宜價格入手，設計也和日本不一樣。在這些日本沒有的店購買流行商品，獨樹一幟！

WHAT IS 「FF」 Fast Fashion
FF（Fast Fashion）網羅了平價流行商品。韓國有很多獨立的FF品牌，特色在於兼具簡潔與鮮豔色彩，日本絕對看不到。

CHIC

韓國OL的強力夥伴

MIXXO明洞店
미쏘 명동점

主打基本款設計，廣受職場女性支持，鞋子和包包種類也很豐富。

🏠 中區明洞8街17（明洞2街32-5）
☎ 070-4486-2542
🕤 9:30～23:00　🈺 全年無休
🚇 4號線明洞站6號出口步行4分鐘
明洞 ▶ MAP P.11 D 2

🏠 **其他店鋪**

江南店	MAP P.20 B-3
弘大YZ公園店	MAP P.17 E-1
梨大店	MAP P.18 C-3

> 12萬9000W

風衣
格子花紋給人俐落印象。

> 4萬9000W
> 4萬9900W

女性上衣×短裙
柔和的顏色搭配，絕對給人好印象。

> 1萬2900W
> 4萬9900W

襯衫×短褲
適合on與off模式的酷炫風。

> 6萬9900W

小碎花洋裝
黃底色給人鮮明的印象。

簡單的設計，也適合辦公室

> 2萬9900W

圓點花紋襯衫
大圓點花紋，超適合簡單的下半身搭配。

> 4萬9900W

梯形短裙
黑色中的蕾絲花紋為一大特色。

> 4萬9900W

涼鞋
搭配俐落女性服飾的必要單品。

包包
適合搭配有女人味的衣服。

> 4萬9900W

STAFF'S COMMENT
簡單講究的設計感。

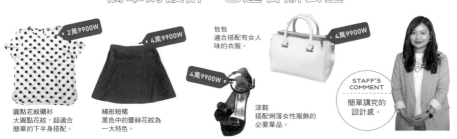

🌱 除了明洞、林蔭道以外，FF品牌店大多集中在江南站周邊和學生街梨大、弘大等。　123

超好搭的便服寶庫
8IGHT SECONDS明洞店
에잇세컨즈 명동점

以休閒、運動風等為主題的不分性別服飾。商品講究材質，品質高又平價，讓你意想不到。

🏠 中區明洞街32（明洞2街50-1）
☎ 070-7090-2272
🕐 11:00～22:00 🈺 全年無休
🚇 4號線明洞站6號出口步行6分鐘
明洞 ▶MAP P.11 D-2

🏠 其他店鋪
林蔭道店　　　　　　MAP P.19 E-2
合井Mecenatpolis店 MAP P.16 A-2
江南店　　　　　　　MAP P.20 C-3

4萬9900W
十字包
尺寸小，適合外出一下時攜帶。

提高普通服裝的層級

7萬9900W
軍裝外套
男女皆適宜的打扮。

4萬9900W
星星花樣襯衫
不規則點綴的星星花樣相當引人注目。

3萬9900W
橫條紋洋裝
可以當洋裝或上衣來穿。

4萬9900W
牛津鞋
帶點中性風格，可搭配洋裝。

STAFF'S COMMENT
現代感商品非常吸睛！

3萬9900W
T恤
金屬花紋引人注目的五分袖T恤。

3萬9900W
緊身裙
合身剪裁與恰好長度，很實穿。

3萬9900W
洋裝
100%純棉，質地軟，富彈性。

POP&CUTE ♥

STAFF'S COMMENT
最推薦個性風商品

韓國休閒品牌
SPAO明洞店
스파오명동점

大型時尚集團「E-LAND」系列的休閒SPA品牌。有和人氣角色合作的商品與豐富款式，價格實惠也是魅力所在。

⌂ 中區明洞8街15（忠武路1街24-23） ☎ 02-319-3850
🕙 10:30～22:00（週五、六～22:30） 🈺 全年無休 🚇 4號線明洞站6號出口步行3分鐘
明洞 ▶ MAP P.11 D-3

⌂ 其他店鋪
弘大店
MAP P.17 D-1

休閒服裝就交給它

9900W
基本款polo衫
1萬W以下即可購入，讓人想買下多種顏色。

3萬9900W
洋裝
條紋款式，質感柔軟。

短褲
成熟的黑色，展現美腿。

1萬2900W

2萬5900W
運動鞋
超好搭的運動鞋就是要休閒時穿。

造訪選品店
在首爾購物，一定要去選品店！

STAFF'S COMMENT
簡單成熟的風格！

SELECT SHOP

網羅最新流行服飾
ALAND 明洞本店
에이랜드 명동본점

配合流行趨勢改變販售品牌，可以在此掌握首爾的最新時尚。

⌂ 中區明洞6街30（明洞2街53-6） ☎ 02-3210-5890～2
🕙 9:00～23:00 🈺 全年無休（只有明洞本店） 🚇 4號線明洞站6號出口步行3分鐘
明洞 ▶ MAP P.11 D-2

追求一流服飾

13萬8000W
亞麻夾克
蛋糕花樣充滿時尚感。

6萬5000W
玻璃紗T恤
熱帶風圖樣×玻璃紗，充滿女人味。

8萬6000W
樂福鞋
男性商品上也有花紋，相當可愛。

3萬W
手提包
布製品，輕便易攜帶，大小也適中。

Bang! BANG! Bang!

⌂ 其他店鋪
梨泰院店
MAP P.18 B-2
弘大店
MAP P.17 D-2
林蔭道店
MAP P.19 E-1

 首爾有許多大型選品店。除了ALAND以外，ADDER error（MAP P.17 D-2）與BEAKER（MAP P.18 B-1）等也很受歡迎。

DOOTA MALL VS LOTTE FITIN
前往東大門2大時裝大樓

集結精美商品的DOOTA MALL與可以享受大範圍購物的LOTTE FITIN。
徹底比較東大門最夯的2大時裝大樓！

🕐 營業時間
週一～六到凌晨5:00
週一～六10:30～凌晨5:00，週日10:30～24:00。週末可以盡情購物到早上。

👜 種類
設計師品牌很充實
重新裝修後，設計師品牌店拓展到100間。以充滿獨特風格及感性的時尚突顯和他人的不同。

🏠 店鋪數
428種品牌（不包含美食區、餐廳）
地下1樓有年輕設計師品牌集結的小角落。雖是設計師品牌，但價格親民。

🛏 試穿
無更衣間
有些店家沒有更衣室，可以使用各樓層設置的共同更衣間。

🍴 美食區
13間店
從韓食、日本料理到速食店都有，總共有13間種類豐富的餐飲店。營業到23:00。

有麵食名家（刀削麵）、漢堡王（漢堡）、ABIKO咖哩（咖哩）、MARION CREPES（可麗餅）等。

☕ 咖啡廳
10間
1F有it's Crispy cafe、4F有SMOOTHIE KING等，共有10間咖啡廳進駐各樓層。

💲 外幣兌換
營業時間中OPEN
外幣兌換處位於1F，與DOOTA MALL營業時間相同，週末開到早上5點，應急時很方便。

DOOTA MALL
經典時裝大樓，設計新穎的建築物內有眾多流行店家。

VS

滿滿都是高格調商店
DOOTA MALL
두타몰

除了一般品牌，還有這裡獨有的設計師品牌，豐富度無人能敵。

🏠 中區獎忠壇路275斗山塔（乙支路6街18-12）
☎ 02-3398-3333
㉠ 農曆新年、中秋連休、暑休
㊂ 4號線東大門站8號出口步行1分鐘
東大門 ▶MAP P.14 B-2

FLOOR GUIDE

6F	美食、首飾、珠寶
5F	兒童＆家庭
4F	女性服飾、美妝、包包
3F	少女服飾、女鞋
2F	女裝
1F	設計師品牌
B1F	運動、美食區
B2F	男裝、麵修店

🏠 其他東大門逛街SPOT

東大門
▶MAP P.14 B-2

講求便宜
Migliore東大門
밀리오레동대문

約有300間店，時裝大樓先驅，也有男性和兒童商品。

🏠 中區獎忠壇路263（乙支路6街18-185）
☎ 02-3393-0001、0005
㊂ 10:30～凌晨4:30
㉠ 週一、暑休（8月中旬）、農曆新年、中秋連休
㊂ 2號線東大門歷史文化公園站14號出口步行5分鐘

東大門
▶MAP P.14 B-2

可以找到便宜好貨
maxtyle
맥스타일

擁有地下1樓至6樓的巨大建築物。主要為女性商品，雜貨等也很豐富。

🏠 中區馬場路3（新堂洞773）
☎ 02-2218-0000
㉠ 11:00～凌晨5:00（週六～凌晨2:00）
㉠ 週日、農曆新年、中秋、暑休
㊂ 2號線東大門歷史文化公園站14號出口步行5分鐘

WHERE IS

「東大門時裝大樓」

地下鐵1、4號線東大門站與2、4、5號線東大門歷史文化公園站的周邊就是時裝大樓坐落的地區。大馬路東側主要是量販店,西側為零售店。

DOOTA MALL

LOTTE FITIN

LOTTE FITIN

各樓層各有其設計理念,像百貨公司般寬廣,包含美妝和生活雜物等。

掌握韓國流行

LOTTE FITIN
롯데피트인

嚴選韓國品牌,價格也較為便宜。

🏠 中區乙支路264(乙支路6街21-31)
☎ 02-6262-4005~6
㊡ 國定假日、農曆新年、中秋當天
㊟ 連接2號線東大門歷史文化公園站11、12號出口
東大門 ▶ MAP P.14 A-3

FLOOR GUIDE

8F	餐廳、咖啡廳
7F	buffet
6F	韓流化妝品、進口工藝品
5F	簡單休閒、兒童
4F	男裝、無性別服飾
3F	時裝街
2F	女裝
1F	女裝
B1F	運動、鞋
B2F	uniqlo
B3F	服務設施、便利商店
B4F	停車場
B5F	停車場

🕐 **營業時間** 　**全樓層到24:00**

東大門地區因為可以購物到深夜而出名,但要注意FITIN的營業時間是11:00~24:00。

👜 **種類** 　**每層樓有不同主題,可愛又繽紛**

除了集結韓國設計師品牌的樓層,還可以購買電器商品等,購物種類多樣。

🏠 **店舖數** 　**154種品牌(不含美食區、餐廳)**

有服飾店、便利商店、家電量販店與餐廳,街上的各種店家進駐各個樓層。

👗 **試穿** 　**有更衣間**

為新設施,各店家皆有完善的更衣間,可以預防買錯。

🍴 **buffet「8mile RD」**

以1970年代底特律風格為靈感的高級buffet餐廳。

可以享受義大利麵、披薩、烤肉等多種菜色。
午餐11:00~16:30(1萬3900W)
晚餐17:00~22:00(1萬8900W)

☕ **咖啡廳** 　**6間**

Angel in us和SMOOTHIE KING等人氣店進駐各樓層,8F也有餐廳與咖啡廳。

💵 **外幣兌換** 　**有,至24:00**

外幣兌換處位於1F,和LOTTE FITIN營業時間相同,開到凌晨0點。

挑戰殺價!

東大門的一些量販店可以殺價。試著打在計算機上殺價看看吧!

【殺價的基本】

基本用語

「請算便宜一點」
깍아주세요(卡卡揪ㄥㄟ呦)

將價格打在計算機上給店家看,進行交涉。

▶ **策略1**

中間點策略
先向店家提出定價的一半,接著慢慢調漲,尋找妥協點。

店 — 4萬W
2萬W — 🧍
店 — 3萬W

▶ **策略2**

比較策略
和對方吹噓說其他店家同樣東西賣比較便宜。

必勝用語

「其他店賣1萬W喔」
다른 가게는 만원 이었어요
(塔魯恩 卡給奴恩 馬紐尼呦啊呦)

3萬W 심만원(撒木馬紐恩)
5萬W 오만원(歐馬紐恩)

▶ **策略3**

太貴了買不起策略
因為太貴了,決定不買要離開,若此時被拉住,就有降價的餘地!

必勝用語

「太貴了買不起~」
비싸서 못사겠네요~
(比撒搜牟撒給尼呦)

大買便宜美鞋
與灰姑娘的玻璃鞋相遇

首爾有很多平價且講究設計的高品質鞋子專賣店。
來找找妳想買的那雙吧！

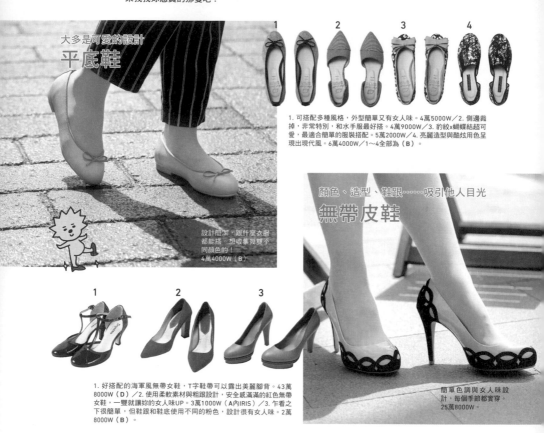

大多是可愛的設計
平底鞋

設計簡潔，跟什麼衣服都能搭，想收集幾雙不同顏色的呢！
4萬4000W（B）

1. 可搭配多種風格，外型簡單又有女人味。4萬5000W／2. 側邊裁掉，非常特別，和水手服最好搭。4萬9000W／3. 豹紋x蝴蝶結超可愛，最適合簡單的服裝搭配。5萬2000W／4. 亮麗造型與酷炫用色呈現出現代風。6萬4000W／1～4全部為（B）。

顏色、造型、鞋跟……吸引他人目光
無帶皮鞋

簡單色調與女人味設計，每個季節都實穿。
25萬8000W。

1. 好搭配的海軍風無帶皮鞋，T字鞋帶可以露出美麗腳背。43萬8000W（D）／2. 使用柔軟素材與粗跟設計，安全感滿滿的紅色無帶女鞋，一雙就讓妳的女人味UP。3萬1000W（A內IRIS）／3. 乍看之下很簡單，但鞋跟和鞋底使用不同的粉色，設計很有女人味。2萬8000W（B）。

A

放眼都是鞋！鞋！鞋！
TEAM204
팀 204

1樓與地下1樓有許多販售當季鞋款的店家。不能刷卡，請務必準備現金。

🏠 中區馬場路30（新堂洞204-79）　☎ 02-2232-1605（18:00左右～凌晨5:00左右）、02-2232-3604（其他時間帶）　🕐 20:00～凌晨6:00　週六6:00～週日20:00、農曆新年、中秋連休、暑休（8月第2週左右的8～9天※時期、時間每年不同）　🚇 2號線東大門歷史文化公園站1號出口步行7分鐘
東大門 ▶MAP P.14 C-2

B

展售大量優秀平底鞋
SPUR
스퍼

可以用平價買到鞋內底部加了軟墊的高性能平底鞋，也很有設計感。

🏠 鍾路區北村路5街44-1（花洞65-7）　☎ 070-7535-3512　🕐 10:30～21:30　🚫 農曆新年、中秋當天　🚇 3號線安國站1號出口步行10分鐘
三清洞 ▶MAP P.12 A-2

C

種類豐富的人氣店
JAY HAUS
제이하우스

以豐富種類和實惠價格獲得源源不絕的高人氣。穿起來很輕巧，機能超群。

🏠 鍾路區三清路98（三清洞62-25）　☎ 02-733-8642　🕐 11:00～21:00　🚫 全年無休　🚇 3號線安國站1號出口步行15分鐘
三清洞 ▶MAP P.12 A-1

讓美麗的腳部公諸於世
涼鞋

特別的設計和霓虹色非常吸睛，適合搭配簡單的服裝。18萬8000W（D）。

1. 如拉鍊般的設計很特別，直條帶子能提升美腳效果。5萬9000W（C）／2. 奢華高跟鞋，既可愛又成熟。2萬6000W（A內latte）／3. 使用3種顏色的華麗涼鞋，楔形鞋底帶來滿滿安全感。2萬8000W（A）／4. 鞋底墊高部分的花紋呈現出女人味。3萬1000W（A內latte）。

1. 簡單休閒鞋的鱷魚花紋與腳裸部分的鉚釘相當有個性。3萬W（A內VITA）／2. 前端部分有寶石，和女性服飾非常搭。3萬5000W（A內VITA）／3. 全金黃色也很適合搭配簡單衣服。5萬9000W（C）／4. 清爽的色澤突顯出女人味，厚鞋跟也有修飾身材的效果。5萬4000W（C）。

舒適的運動休閒鞋也能透過邊緣的顏色效果，營造山時尚感。5萬4000W（C）。

在韓國，休閒鞋是一定要有的！

韓國女性必備單品
輕便運動鞋

女子大學之街──
梨大就是便宜鞋子的寶庫！

梨大是有很多便宜鞋店林立的地區。由於都聚集在鄰近的範圍內，可以去好幾間店加以比較。

ORDERMADE
也可以訂製鞋子

也有店家可以協助製作配合客人喜好的顏色、跟鞋形狀、跟鞋高度等的店家。
→ 方法請詳P.130

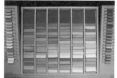
D

穿起來超舒適的平底鞋
Repetto
레페토

法國巴黎鞋子品牌，如同舞鞋般輕巧柔軟的芭蕾鞋也很受歡迎。

🏠 鍾路區三清路109（三清洞106）
☎ 02-720-2065
🕚 11:00～20:00（週六、日～21:00，農曆新年、中秋縮短營業）　㊡ 全年無休
🚇 3號線安國站2號出口步行7分鐘
三清洞 ▶ MAP P.12 A-1

自由自在配合個人喜好！
手工訂製專屬於我的東西 ♡

HOW TO 「訂製」

這裡介紹一般訂製流程。根據商品和店家而有所不同。

STEP1

決定設計
從店裡的現成品中選擇款式，若有概念圖，也可以帶雜誌或現成品參考。

STEP2

決定尺寸／大小
依照何時、在哪裡穿進行些微尺寸調整，量出最適合自己的大小。

STEP3

決定顏色
從色票和素材樣品中選擇喜歡的顏色。選擇基本款可以用比較久。

店內滿滿皮製品！

⬆ JACKET

ORDER ITEM 就算在夏天購買，也可以量冬天穿的毛衣尺寸。

45萬W～

45萬W～

駝色皮衣   騎車用皮衣

價錢合理的上等皮件
FERRARA KOREA
페라라 코리아

主要販賣使用真皮和毛皮的商品。採用流行設計的現成品非常豐富，訂製時方便拿來參考，待客也很親切，頗獲好評。

🏠 龍山區梨泰院路169（梨泰院洞119-18）
☎ 02-797-5117
🕙 9:30～20:00
㊡ 全年無休
Ⓧ 6號線梨泰院站4號出口步行2分鐘
梨泰院 ▶ MAP P.18 A-2

在首爾，幾乎可以用市售的價格拿到你所憧憬的訂製品，品質也很高。
夾克、包包甚至是首飾都行，來訂做唯你獨有的單品吧！

STEP4

最後會送到家裡！
約3～4週左右成品就會送到家裡。用EMS寄送的費用為2萬5000W左右，為免發生商品沒寄到等問題，請務必記好訂製店家的E-mail、FAX、電話。

首飾可以當場拿到
只要決定首飾的配件，就可以當場受理，當場拿到完成品。

WHERE TO 「訂製」

梨泰院的人造皮件價錢最便宜

販售皮件的店鋪集中在梨泰院4號出口往西一帶。這些店幾乎都能受理訂製和半訂製，成品價格也只有日本的一半。

BAG

`ORDER ITEM`

包包的設計、顏色都很豐富，適合初入門的訂製者。

90萬W
帆布包

80萬W
手提包

可長久使用的皮件

in toto
인토토

可用便宜價格訂製、半訂製使用上等素材的皮件。除了包包以外，也會受理鞋子和皮衣。

🏠 龍山區梨泰院路162（梨泰院洞64-33）
☎ 02-794-0447／02-796-0379
🕐 9:00～20:00
🚫 第2個週三、農曆新年、中秋當天
🚇 6號線梨泰院站4號出口步行2分鐘
`梨泰院` ▶MAP P.18 A-2

⚬ ACCESSORY

`ORDER ITEM`

用設計獨特的首飾讓你有別於他人！

可以調整鍊子長度、選擇石頭顏色，製作屬於自己獨特的首飾。

2萬5000W

項鍊

用天然石首飾讓妳女子力UP

Dami
다미

使用天然石製作的手工首飾專賣店，也可以自己搭配喜歡的石頭和設計半訂做，多是充滿女人味的簡單商品。

🏠 江南區島山大路13街26（新沙洞542-6）
☎ 02-518-8620
🕐 10:00～22:00
🚫 農曆新年、中秋當天
🚇 3號線新沙站8號出口步行7分鐘
`林蔭道` ▶MAP P.19 E-2

職人的手作工藝散發光芒
賞玩韓國傳統工藝品

用現代觀點重新審視自古流傳下來的韓國傳統之美——傳統工藝品。
刺繡和褓子器等，只要實際使用一定會了解它們受歡迎的理由。
將生活彩繪地更美麗，試著尋找你想帶回家的寶貝吧！

WHAT IS 「韓國傳統工藝品」

最具代表的是使用鮮豔色彩和細緻刺繡製成的布料、褓子器（韓國版拼布包巾）、韓國陶瓷等。大多設計成現代風格，自然舒適的質感受到廣大年齡層喜愛。

特色
- 使用日本沒有的顏色
- 如韓紙等韓國才有的素材
- 柔和觸感

WHAT KIND OF?

種類多樣。平價品和高級品皆有，價格高低幅度大。

類別	商品種類	價格區間
刺繡	皮帶、化妝包、坐墊套等	約5000W～
褓子器	束口小物袋、書套、包包等	約5000W～
韓紙	留言卡、零件盒、書籤等	約1000W～
銀餐具	筷子、湯匙等	約5000W～
陶瓷器	馬克杯、盤子等	約1萬W～
螺鈿	零件盒、容器等	約1萬W～

WHERE TO GET

仁寺洞

仁寺洞開設許多傳統工藝品店，是韓國傳統小物的寶庫。約有60間店鋪，從9點左右營業到20點。

映照出鮮豔質感的金絲線

刺繡

大致上可分為王宮刺繡和庶民刺繡，兩者的靈感皆為自然與故事成語等。大多是為了祈求繁榮與幸福，使用鮮豔的色彩，柔和觸感中散發出高級感。除了小物以外，還有坐墊、衣服、髮飾等，種類豐富。

色彩繽紛的刺繡
當作伴手禮，
對方會很開心！

有歷史的刺繡老店

A 國際刺繡院
국제자수원

材質和線都是絲綢，採用手工縫線，每個成品的花樣都不同。除了刺繡品以外，還有販賣髮簪等飾品。在仁寺洞有3間店。

- 🏠 鍾路區仁寺洞街41（寬勳洞189）
- ☎ 02-723-0830
- 🕙 10:00～20:00
- 🅟 全年無休
- Ⓜ 3號線安國站6號出口步行6分鐘

仁寺洞　▶MAP P.13 D-2

店內陳設整潔，商品種類非常豐富，值得一看。不僅有日用雜貨，裝飾品也種類繁多。

網羅了平常會用到的物品

B SORIHANA
소리하나

使用類似絲綢的布料，充滿高級感卻非常平價。特色是在鏡子等日常生活很常用到的小物上採用融合傳統花紋的設計，受到廣大年齡層支持。

- 🏠 鍾路區仁寺洞10街5（寬勳洞33）
- ☎ 02-738-8335
- 🕙 9:00～19:30
- 🅟 全年無休
- Ⓜ 3號線安國站6號出口步行7分鐘

中文OK

仁寺洞　▶MAP P.13 E-2

寬廣的店內展售韓國傳統工藝品以及添加現代設計的日常用品、室內用品等。

色彩鮮艷的磁鐵。有各式各樣的圖案。
各5000W／B。

質感觸感俱佳的絲綢坐墊套。顏色種類
豐富。4萬W／B。

水洗也OK的文庫本大小書套。各1萬
2000W（含記事本）／B。

| 有2種大小 |

| 圓滾滾的很可愛 |

也適用於數位相機的手機套。3萬W
（小）3萬5000W（大）／B。

結合傳統與現代的包巾。價格昂貴，
但很漂亮。各4萬W／B。

ELEGANT!

中心部分有華麗刺繡的吸晴袱紗。（小）
各1萬5000W（大）各3萬5000W／A。

平凡文具點綴華麗的剪刀套。色彩組合鮮艷。
各2萬W／A。

很適合拿來送禮的酒套。3萬W（紅）
2萬5000W（藍）／A。

| 拿來送禮也OK |

顏色繽紛的髮飾。各5000W／A。

掌鏡，牡丹花樣象
徵財富。各2萬W／
A。

在SORIHANA（P.132），只要拜託店家就可以免費包裝。包裝確實，最適合拿來送禮。　133

以西元前流傳至今的歷史為榮

韓紙

除了信封和筆記以外，也會使用在零件盒上。自西元前開始生產，其堅固度和輕巧感就是受歡迎的祕密，也有防風效果。

杯墊，2萬4000W（4片1組）。

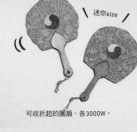

迷你size

可收折起的團扇，各3000W。

可以當作寶石盒的堅固小盒子，各1萬4000W。

CUTE!!

韓服留言卡，各7000W。

女性韓服上衣袖長形書籤，4000W。

威受韓國旨趣的高級韓紙

原州韓紙特約店
원주한지특약점

1986年開業的老店。一張張手工製作的韓紙使用了100%韓國產的楮，非常講究。由於品質高，連百貨公司的廠商也常常來購買。

🏠 鍾路區仁寺洞街58（寬勳洞121）
☎ 09-737-3064
🕐 10:30～20:00
㊡ 全年無休
Ⓜ 3號縣安國站6號出口步行5分鐘
仁寺洞 ▶MAP P.13 D-1

傳統×實用性×藝術的融合

褓子器

據說起源於朝鮮時代的韓國拼布包巾，特色是良好的觸感與美麗的顏色搭配。質地輕，大家非常喜歡，最適合拿來當伴手禮。

圓滾滾模樣超可愛的束口袋，各4萬W／A。

顏色搭配有品質且觸感柔和的袱紗，各4萬2000W／B。

顏色種類豐富的掛帶，一組4萬W／A。

顏色絕妙的便當盒包巾，5萬W／B。

店內可以體驗製作褓子器

A Gallery mir
갤러리미르

位於仁寺洞的傳統工藝藝術館，也可以花4萬W進行手作體驗（須事先預約）。

🏠 鍾路區栗谷路1街40（司諫洞97-5）
☎ 02-733-6881　🕐 11:00～19:00（體驗～18:00）
㊡ 週日　Ⓦ 體驗價3萬5000W（須預約）
Ⓜ 3號線安國站1號出口步行9分鐘
仁寺洞 ▶MAP P.12 A-3

揉合傳統×現代的亞麻製品

B VIIN COLLECTION
빈콜렉션

除了枕頭、棉被，還有各式小物。注重傳統的現代設計商品可以當室內裝飾。

🏠 鍾路區仁寺洞街39（寬勳洞192-13）
☎ 02-735-5760　🕐 10:00～19:00
㊡ 週日　Ⓜ 3號線安國站6號出口步行7分鐘
仁寺洞 ▶MAP P.13 E-2

柔軟有彈性又堅固的韓紙繩，各1000W。

種類豐富

韓國才有的韓文信封，各2000W。

輕便的筆筒，各7000W。

size小，方便使用的紅包袋，各3000W。

打開後呈蛇腹狀的特別筆記本，1萬4000W。

對方收到絕對會開心的祝賀紅包袋，5000W。

想要韓紙商品就上這找

打開筆房
열림필방

在青瓦台（總統府）題字裝飾的知名書法家姜權進的店。除了韓紙和使用韓紙做的小物，店內也賣毛筆等和紙相關的商品，種類繁多。

🏠 鍾路區仁寺洞街58（寬勳洞121）
☎ 02-737-3392
🕙 10:00～20:00（週日15:00～20:00）
🈵 週日不定休
🚇 3號線安國站6號出口步行5分鐘

仁寺洞 ▶ MAP P.13 D-1

細節也很講究的技藝

銀製餐具

銀製餐具不易碎裂，有抗菌作用，碰到泡菜成分也不會劣化，自古就是韓國餐桌必需品。要買的話，當然買韓國才有的圖樣！

用訓民正音第一行「國之語音，異乎中國」的文字來做裝飾。整套5000W。

清楚的花紋呈現出高級感，藍白用色是重點。整套7000W。

有了這個，餐桌一下就變成韓國風格，保濕性也非常良好。8000W。

所有韓國餐具一應俱全

南大門餐具批發
golden bell婚禮用品
남대문그릇도매 골든벨혼수

位於南大門市場內。不僅僅是銀製餐具，連在日本不常看到的調理器具與餐具、筷子、杯子、烤肉用金屬板等韓國餐具都可以在這裡找到。價格親民也讓人很開心！

🏠 中區南大門市場4街9大都綜合商街D棟3F（南倉洞33-1）
☎ 02-776-0112
🕙 9:00～19:00
🈵 全年無休
🚇 4號線會賢站6號出口步行3分鐘

南大門 ▲ MAP P.15 E-3

仁寺洞除了傳統小物與韓國風特產店以外，也有很多可以品嘗韓國傳統茶的咖啡廳（→ P.82）。

價格便宜卻如此可愛
購買各式韓國風小物

首爾集結了許多喜歡各類雜貨的女性以及高品味商品。
從中嚴選出讓你不禁會心一笑的特別好物！
送禮自用兩相宜，快來找找你喜歡的商品吧！

1

種類多樣的
韓文字！

2

3

韓文字
為靈感
目光放在利用韓文字設計
的物品，享受韓國才有的
樂趣。

HANGUL

4

5

1. 以天干地支為靈感的項鍊，上頭藏了
韓文字。各萬5000W（B）/2. 使用橡
膠素材，以韓文字音為靈感設計的防滑
幾何設計杯墊。各4500W（B）/3. 剪成
韓文字形狀的開罐器，背面為磁鐵。各2
萬2000W（B）/4. 以韓文字音和花田為
靈感所做的備忘錄。7200W（B）/5. 以
「愛」和「滿月」為主題的鑰匙圈。各1
萬2000W（B）/6. 上頭寫著凹凸不平的
「憧憬的女孩」，是給人強烈印象的大
鏡子。8000W（A）/7. 流行語就是時尚
的焦點，和片。各5000W（A）。

6

「憧憬的
女孩」

7

咖哩！？
不是，
是筆記本！

耳機防塵塞！

3

1

韓國食物
為靈感
連細節都再現出來的韓國
食物小飾品。不知不覺就
會買一大堆。

FOOD

超寫實的
留言本！

1. 模仿蒸的食品而做的筆記本。封面標
題是「3分努力」（左）與「怎麼辦，好
火大」（右）。各5800W（A）/2. 忠實
呈現韓國辣椒形狀的原子筆。5支1組1萬
W（C）/3. 光看就會肚子餓的韓國料理
耳機防塵塞。3個1組2000W（A）/4. 以
辣炒年糕、血腸等人氣小吃為圖樣的留
言本。各2800W（A）

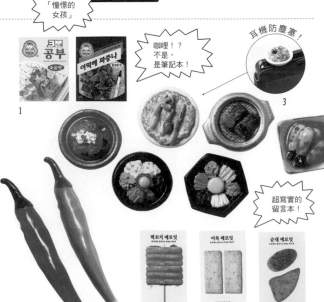

2

4

韓服
為靈感

即使是已經看慣的角色，只要穿上華麗的傳統服飾，韓國風和可愛程度就會倍增。

CHIMACHOGORI

Kitty也穿上韓服！

1. 穿著韓服等傳統服飾的明信片系列特別受日本人歡迎。1800W（D）／2. 連大家熟悉的Kitty穿了韓國傳統服裝也會呈現不同氛圍。玩偶2隻1組3萬W（C）／3. 穿著可愛韓服的泰迪熊是韓國經典特產。每各各3000W（C）／4. 用途多樣的磁鐵也做成穿上傳統服裝的少女，相當可愛。各2500W（C）／5. Kitty成了韓國公主！即使不是收藏者也會想入手。每條1萬8000W（C）。

文具齊全程度是首爾數一數二
A PENPIA
펜피아

位於新村的大型文具店。有文書用品、特別小物、數位商品等，品項多元，深受當地學生和觀光客歡迎。

⌂ 西大門區新村路109 B1F（滄川洞29-81） ☎ 02-363-7770
🕐 10:00～22:00 休 農曆新年、中秋當天 🚇 2號線新村站4號出口步行2分鐘
新村 ▶MAP P.18 A-3

入口處都會放包裝用品，可以請店員免費包裝。

日常生活充滿藝術設計
Funny Fish
퍼니피쉬

店內商品幾乎都是在韓國非常活躍的藝術家作品與聯名商品，各有其概念與主題。

⌂ 麻浦區獨幕路291-3（鹽里洞161-6） ☎ 02-2237-8956 🕐 9:00～18:00 休 週六、日 🚇 5、6號線孔德站1號出口步行8分鐘
麻浦 ▶MAP P.4 B-2

店裡除了以韓國文字為靈感的商品以外，還有很多設計獨特的雜貨。

韓國角色
為靈感

帶著走會很開心，想要一直帶在身邊的韓國原創角色大集合。

CHARACTER

寶露露
韓國兒童動畫的人氣角色，是隻調皮的小公鳥。

1. GRACEBELL公司的新系列 "Hello Jane"，是以可愛少女Jane為主角。筆記本1800W（A）／2. 鑰匙圈各6000W（A）／3. 人氣角色 "Ponny Brown" 的卡套。1萬6000W（A）／4. 光拿著就覺得很可愛的paper doll mate保溫杯。1萬9800W（A）／5. 帽子也很可愛，愛貓者也無法抗拒的choo choo系列小錢包。1萬2800W（A）／6. 講到療癒效果，最近韓國的風潮著色書也加了可愛的小貓圖案，更討人喜愛。1萬1000W（D）。

特產百貨公司
C 仁寺KOREA
인사코리아

從韓國工藝到美妝、韓服皆具備，還有許多令人驚奇的商品，是可以節省時間的便利大型特產店。

⌂ 鍾路區仁寺洞街12大一大廈1F（仁寺洞43） ☎ 02-734-1823 🕐 10:00～18:30（週六～21:00） 休 農曆新年、中秋連休 🚇 3號線安國站6號出口步行8分鐘
仁寺洞 ▶MAP P.13 F-3

寬廣的店內從工藝品到角色商品都有，各類商品排列非常緊密。

可愛的貓咪角色讓你瘋狂不已
D Jetoy
제토이

特色是商品價格幾乎都在1萬W左右，非常親民，也很受東方神起允浩和少女時代秀英等藝人喜愛。

⌂ 鍾路區仁寺洞街44 Ssamziegil 4F（寬勳洞38） ☎ 02-733-3024 🕐 10:30～20:30 休 農曆新年、中秋當天 🚇 3號線安國站6號出口步行5分鐘
仁寺洞 ▶MAP P.13 E-2

整齊的店內擺滿文具和雜貨等可愛又時尚的貓咪小物。

依照不同目的！
實在很美味

韓國海苔的
選擇方式

味道、脆度、海鮮香味
根據海苔種類而千變萬化

　韓國海苔是用鹽和芝麻油調味，就算直接食用也很好吃。一般作法是用板刷塗上芝麻油，然後撒上鹽巴去烤。

　韓國海苔和日本海苔除了味道以外，品種也不一樣。日本認為縮起來且裂痕越細的海苔是高級品，而韓國認為縫隙越大才是越高級。

　韓國海苔是經典特產，卻總是在機場才慌慌張張地購買……也許這樣的人並不少。然而，這實在太不明智了！即使是外表看起來都一樣的韓國海苔，味道也千變萬化。透過右方的圖表，試著根據不同目的來選擇韓國海苔吧！

　順帶一提，講到韓國海苔的代表品牌，就是「兩班／양반」了。這是韓國國內分享度第1名的可信任品牌，可安心購買。

發現Best韓國海苔圖表

START

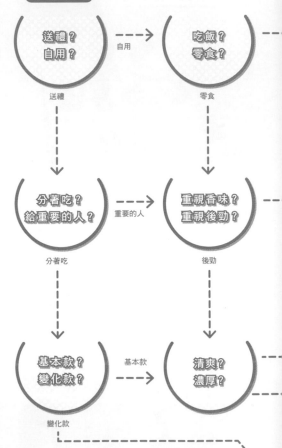

送禮？
自用？ ----自用----> 吃飯？
零食？ ---->

↓送禮　　　　　　　　↓零食

分著吃？
給重要的人？ ----重要的人----> 重視香味？
重視後勁？ ---->

↓分著吃　　　　　　　↓後勁

基本款？
變化款？ ----基本款----> 清爽？
濃厚？ ---->

↓變化款

WHERE IS 可買到韓國海苔的地方

想買韓國海苔，就造訪下表所寫的地方吧。

◎百貨公司
講求高級感的海苔就去百貨公司。

樂天百貨公司本店
→ P.143

◎超市
有許多適合分著吃的平價商品。

樂天瑪特首爾站店
→ P.143

[回國後的活用方法]

自由搭配！

除了直接吃以外，海苔和各式各樣的食材都非常搭。加到拉麵裡、用來包飯糰、包著切片起司烤都很好吃。

推薦襯出食材口味的海苔！

生生鹹海苔
（Cwood）
2500W
味道不會太重，可以配飯吃或當成料理的食材。沾著醬油吃也很棒。

海之島海苔
（Pulmuone）
2900W
海鮮味強烈，海苔本身的味道也相當濃厚。紋理細緻，口感柔軟，類似日本海苔的味道。

 推薦經典海苔！

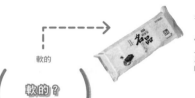

名品海苔
（兩班）
4900W（8袋裝）
入口即化的柔軟口感，不會太鹹，海鮮味濃厚。

網烤海苔
（宗家）
5500W（6袋裝）
使用新鮮芝麻油，香氣濃厚。可以享受又軟又脆的口感。

軟的

香味

軟的？
硬的？

硬的

清爽

 推薦口味簡單的海苔！

乾海苔
（萬田食品）
5000W
用罐裝保持新鮮狀態。口感酥脆不黏膩，可以搭配各式各樣的料理。

CJ傳統海苔
（CJ第一集團）
3500W（6袋裝）
大人小孩都喜歡的基本口味。芝麻油味道強烈，口感超群。

 推薦高貴的海苔！

原創海苔
（GOURMET494）
9000W
酷炫的外盒很受歡迎。鹹味強，當小菜吃也很享受。口感酥脆。

濃厚

名品在來海苔
（萬田食品）
1萬2000W
一打開袋子就會聞到高級的海苔香味。酥脆度、味道、調味都呈現滿滿絕妙高級感。

 推薦味道不太一樣的海苔！

泡菜味海苔
（兩班）
1萬1000W（20袋裝）
辛辣的泡菜味。有點鹹，和白飯一起吃味道更濃，最適合當便當菜色。

橄欖油烤海苔
（兩班）
1萬2800W（20袋裝）
獨特的鹹度會讓人上癮。使用橄欖油，味道柔和，也有厚實度，吃起來口感十足。

回國後認真享用一番
入手泡麵

方便便宜又好吃，調理也很簡單，這麼方便的特產就是韓國泡麵了。
回國後也可以享受韓國風味。以下介紹如何品嘗最美味泡麵的調理方法、
適合搭配何種食材，以及絕不能錯過的8種泡麵。

要準備的東西 | 吃韓國泡麵完全不需要麻煩的準備！只需要最基本
的工具即可，有鍋子就OK！

把鍋蓋當成碗，直
接用鍋子吃才是韓
國主流！

泡麵

水

筷子、湯匙

鍋子

美味調理方法

1
計量、煮水。
秘訣①
從頭到尾用大火。
秘訣②
不要蓋著蓋子煮。

2
水煮沸後，加入湯和
調味料放煮滾。

3
不要把麵撕開，就這
樣放進鍋裡。
※不要同時煮2包以
上！

4
為了讓麵有彈性，要
用筷子把麵夾起來
2～3次，一邊理麵
一邊煮。

完成啦！

加了這個會更好吃！ | 介紹適合配拉麵的食材。

只要在麵裡加料，味道就會進一步產生變化。試著放入各種食材吧！

泡菜
 適合各種口味。能
增加風味、辣度

當作下酒菜也很適合，當
作食材更能增加風味，是
拉麵最好的夥伴。

起司
 適合辣味口味。
能增加嚼勁

很奇妙地，比起高價起
司，便宜的切片起司反而
更適合。

牛奶
 適合辣味口味。
能增加濃厚度

光加入一點就能更入
味，口感濃厚，變得更有
奶味。

蛋
 適合辣味口味。
能增加濃厚度

比起直接放進去，將蛋攪
拌後再放入更能和麵融合
在一起。

鮪魚
 適合清爽口味。
能增加口感

魚香味會從鮪魚中流出
來，可以簡單製作出動物
系×海鮮類的W湯頭。

芝麻油
 適合各種口味。
可增加風味

只要在煮好的麵裡加一
點，味道就會變得更香
醇。

WHERE TO
BUY

◎泡麵
超市 或 便利商店
→ P.143

◎鍋子、筷子、湯匙
南大門市場
→ P.182

\ 不可錯過！/
推薦的泡麵

01 辣味泡麵
（農心）　　　　850W

🕐 水煮時間 4分30秒 🌶🌶🌶

1天平均賣300萬包，經典款韓國泡麵。又辣，味道又濃厚的牛肉湯會讓你上癮。

| 食材 | 少 | ▼ | 多 |
| 味道 | 清爽 | | ▼ 濃厚 |

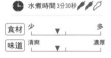

05 芝麻泡麵
（ottogi）　　　1100W

🕐 水煮時間 4分鐘 🌶🌶🌶

非常辣，但和芝麻香氣很搭。味道令人垂涎，還能享用泡在裡頭的蛋。

| 食材 | 少 | | ▼ 多 |
| 味道 | 清爽 | | ▼ 濃厚 |

02 浣熊泡麵
（農心）　　　　850W

🕐 水煮時間 5分鐘 🌶

麵條粗、有彈性，湯頭為柴魚醬油的味道，是日本人喜歡的口感。裡頭放有小小的昆布。

| 食材 | 少 | | ▼ 多 |
| 味道 | 清爽 | ▼ | 濃厚 |

06 咕咕麵
（Paldo）　　　1000W

🕐 水煮時間 3分30秒 🌶🌶🌶

用雞來燉煮的白色湯頭加了青辣椒，口感非常辣，與外觀有所反差。若放入打散的蛋味道會更醇厚。

| 食材 | 少 | | ▼ 多 |
| 味道 | 清爽 | | ▼ 濃厚 |

03 起司泡麵
（ottogi）　　　850W

🕐 水煮時間 4分鐘 🌶🌶

基本上是辣味泡麵，但因起司味濃厚，就算不擅長吃辣的人也有辦法食用。口感強烈。

| 食材 | 少 | ▼ | 多 |
| 味道 | 清爽 | | ▼ 濃厚 |

07 安城湯麵
（農心）　　　　700W

🕐 水煮時間 4分鐘 🌶🌶

特色是細麵好入口又有彈性。帶有醬油風味的湯頭是由安城製湯工廠所做。

| 食材 | 少 | ▼ | 多 |
| 味道 | 清爽 | | ▼ 濃厚 |

04 韓牛先農湯麵
（Paldo）　　　1300W

🕐 水煮時間 3分鐘 🌶

先放入液體狀的湯來煮。清爽又有口感的先農湯味道會和滑嫩的麵條相互調合。

| 食材 | 少 | | ▼ 多 |
| 味道 | 清爽 | | ▼ 濃厚 |

08 魷魚炒碼麵
（農心）　　　　900W

🕐 水煮時間 4分30秒 🌶🌶🌶

有彈性的粗麵和魷魚風味強烈的湯頭非常契合。因是炒瑪麵，再加入蔬菜和魚貝類等食材會更美味。

| 食材 | 少 | | ▼ 多 |
| 味道 | 清爽 | | ▼ 濃厚 |

泡麵中還有一種和日本炒蕎麥麵口感類似的炸醬麵（900W〜）。　　141

SHOPPING

美妝

時尚

工藝小物

零食

免稅店

09 尋找最棒零食

酒和茶的同伴是誰！？

酒

啤酒和燒酒等
最推薦辛辣系零食

雞米花
치킨팝
2000W（好麗友）

小小一粒，味道卻很扎
實，有點辣。配酒吃最合
適。

韓國仙貝
꾸이꾸이
2000W（神話FS）

大金幣仙貝。帶有海鮮香
氣，口感清爽，帶點甜味。

韓國通心薯條
오!감자 딥
2000W（好麗友）

袋中有調味料，可以直接吃或沾調味料吃，
一次享用兩種口味變化。

秀美洋芋片
수미칩
2000W（農心）

蜂蜜與卡士達奶油創造出絕
妙的甜鹹感。韓國流行和啤
酒一起吃。

甜鹹味讓你
愛不釋手。

蜂蜜洋芋片
꿀감자
2000W（樂天）

韓國現在大為流行的蜂蜜口
味。甜度非常醇厚。

小雞腿
닭다리
2000W（農心）

作成雞腿模樣的點心。有一點
點雞腿味，就像日本的「森永
小魚點心餅」那樣口感清淡。

雞腿形狀超
CUTE！

辣炒年糕餅乾
신당동 떡볶이
2000W（HAITAI）

以為味道會很鹹，卻意外地
非常甜。辣味會慢慢浮現出
來。

口味
醇厚扎實

Gateau
갸또
2000W（樂天）

質地濃厚，口感就像真正的
起司蛋糕。裡頭放有果乾。

韓國零食和日本的味道有所不同。
來找找酒、茶、紅茶等飲料的最佳拍檔吧！
許多發想逗趣的商品也很推薦當作伴手禮！

モグモグ

☴ 日本茶

適合茶類的
簡單口味零食

麻糬和巧克力
的新口感。

向日葵種子巧克力
해바라기
2000W（樂天）

巧克力塗在向日葵種子上。
顆粒小，單純口感讓你一粒
接一粒停不下來。

巧克力派
찰떡파이
2000W（樂天）

巧克力派中放入麻糬。柔
軟的麻糬新口感讓你深深
上癮。

NA餅乾
나！
2000W（好麗友）

鹹餅乾夾起司的零食。甜鹹
口感和日本茶、紅茶都很
搭。

紅茶、
咖啡

不遜於蛋糕的
甜點款零食也很扎實

巧克力小魚蛋糕
참 붕어빵
2000W（好麗友）

在蜂蜜蛋糕中加入巧克力與
麻糬，可以享受濃厚的蜂蜜
蛋糕與麻糬口感。

Farm on the Road
팜 온더 로드
2000W（樂天）

入口即化的酥脆餅乾中夾著
滿滿的巧克力。

WHERE IS 可以買到食品
特產的地方

可以在大型超市、百貨公司的食品販
賣區等買到食品特產。

特產便宜GET

樂天超市首爾站店
롯데마트 서울역점

⌂ 中區青坡路426（蓬萊洞2街122）
☎ 02-390-2500～2
🕐 10:00～24:00　🈲 第2、4個週日
🚇 1號線首爾站1號出口步行2分鐘
首爾站　▶MAP P.6 B-3

近明洞站的百貨公司

樂天百貨公司，本店
롯데백화점 본점

⌂ 中區南大門路81（小公洞1）　☎ 02-
771-2500　🕐 10:30～20:00（週五～
日～20:30），11～12F餐廳區～21:30
🈲 月休一次週一（不定時）、農曆新
年、中秋連休　🚇 2號線乙支路入口站
地下通道連接樂天百貨公司地下1樓
明洞　▶MAP P.10 B-1

許多原創商品

GOURMET494
고메이 494

⌂ 狎鷗亭路343 名品館WEST B1F（狎
鷗亭洞494）　☎ 02-3449-4114　🕐
10:30～21:00　🈲 全年不定休、農曆
新年、中秋前天與當天　🚇 連接盆唐
線狎鷗亭羅德奧站7號出口
狎鷗亭洞　▶MAP P.22 C-1

購買高級食材

SSG食品超市
SSG 푸드마켓

⌂ 江南區島山大路442（清潭洞4-1）
☎ 02-6947-1200
🕐 10:00～22:00
🈲 農曆新年、中秋當天
🚇 連接盆唐線狎鷗亭羅德奧站7號出口
清潭洞　▶MAP P.23 D-2

在免稅店犒賞自己

免稅店都有各自獨特的服務和優惠。
這裡詳細比較代表首爾的2大免稅店！
分享唯獨此地才有的設施與划算的使用方法等令人矚目的情報。

樂天免稅店

地點方便的免稅店

樂天免稅店，本店

롯데면세점 본점

和百貨公司在同一棟建築物，位於明洞，是市內最好找的地點。一大早和營業結束前的時間人比較少。

🏠 中區南大門路81樂天百貨公司9～11F（小公洞1）
☎ 02-759-6600～2
🕘 9:30～21:00
📅 全年無休
🚇 連接2號線乙支路入口站樓下
中文OK
明洞 ▶MAP P.10 B-1

	樂天免稅店

1

划算服務
SERVICE

和企業合作的服務

有和韓國觀光公社、信用卡公司的優惠及折扣等合作服務。詳情請點閱jp.lottedfs.com。

2

會員優惠
PRIVILEGE

VIP會員優惠多多

從銀卡會員到LVIP都有，根據會員級別不同會有5～20%的優惠。

請在10F櫃台申請！

VIP卡會於申請當天發行。有換錢免手續費等諸多樂天免稅店專屬優惠！

3

地點
ACCESS

與車站相連，不會迷路

與地下鐵2號線乙支路入口站的樓下相連，不會迷路，就算下雨也能安心。比鄰樂天飯店，機場的接駁巴士也會停站。可從明洞主要街道步行前往。

4

特別設施
FACILITIES

在Star Avenue接觸韓流明星

地上通路會展示韓流明星與K-POP偶像等形象代言人的電影。開展時間為10:00～21:00，全年無休。
讓你忘卻現實的異空間！

現 を忘れる
異空間！

5

吸睛品牌
BRAND

樂天免稅店ONLY的品牌

CAMPER和PAUL & JOE等在日本也相當受歡迎的品牌現在只在樂天免稅店才有。

- CAMPER
- HUNTING WORLD
- PAUL&JOE
- MAX MARA
- MOSCHINO
- lapalette

WHY 「韓國免稅店」

韓國免稅店網羅韓國美妝、泡菜、韓國海苔等食材，也就是所謂的韓國特產，只要一起購買韓國美妝品牌的面膜等就可以比較划算。此地集結了各式品牌，購物起來也很愉快。

新羅免稅店

享受舒適購物

新羅免稅店，首爾店
신라면세점 서울점

位於新羅飯店腹地內，寬廣又充滿高級感的空間林立了550種以上的品牌。有免費接駁車可以到東大門和明洞。

🏠 中區東湖路249（獎忠洞2街202）
☎ 02-1688-1110
🕙 9:30～21:00
🅟 全年無休
🚇 3號線東大入口站5號出口步行3分鐘（有免費接駁車）

中文OK

東大入口 ▶ MAP P.7 E 3

新羅免稅店

新羅ONLY的服務眾多

根據顧客的國籍而有不同優惠等，服務非常講究。
去之前請務必查閱www.shilladfs.com。

> 計程車費補助：搭計程車的顧客最多可以獲得2萬W的金額回饋券。請於1樓的服務台出示計程車收據。
>
> T-money、Wi-Fi：只要購物$1以上，就會贈送5000W T-money交通卡與24小時Wi-Fi免費使用券。在新羅免稅店網站上列印兌換券，將兌換券和收據出示給地下1樓的贈品兌換處。

多采多姿的優惠

根據會員級別會有5～20%的折扣。有銀卡、金卡、黑卡會員，從發行日當天開始適用。部分品牌為優惠對象之外。

發行當天即可享用折扣。扣除掉部分例外，也可與其他折扣活動合併使用。

方便的免費接駁車

除了新羅飯店和東大門入口站以外，還有前往主要飯店及明洞站、東大門站等地的方便交通車。

明洞線
每1小時來一班。

在咖啡廳＆庭園放鬆

觀光與逛街逛累了，就到3樓屋頂的咖啡廳「artisee」休息。咖啡廳氣氛高雅，販賣的馬卡龍和司康餅等甜點也很有名。咖啡廳外還有廣大庭園，是熱門攝影區，可以在此留下特別回憶。

氣氛高雅的咖啡廳是由甜點獲得肯定的新羅飯店所經營。

新羅免稅店ONLY的品牌

新羅免稅店除了有Louis Vuitton、香奈兒等高級品牌以外，還網羅了很難入手的人氣商品與韓國女孩人手都有的當地品牌商品等。

- 人氣女演員愛用珠寶　GoldenDew
- 擁有韓星般水嫩的肌膚　SU:M37°
- 高麗人參經典品牌　正官庄
- 常常銷售一空的包包　FENDI

① 東大門的時裝大樓大多開到凌晨5點，晚上也可以享受逛街樂趣。　② 有些量販店等也可以殺價，試著帶計算機挑戰看看吧（P.127）！　③ 溫泉標誌是汽車旅館的標誌。也有旅遊達人會將其當成便宜的住宿地點！

TOURISM

首爾「觀光」事件簿

走在首爾市中心街道，不時可見歷史劇中才會出現的古代王宮。快來享受200%古今交融的首爾觀光！

事件 1

說到首爾，想不出哪裡能觀光。不是只有美食和逛街嗎？

就算來首爾，每次也只是逛街或吃美食就結束。有可以觀光的地方嗎？

解決！ 也有很多觀光景點！

好吃的韓國料理、漂亮的衣服和雜貨……大家想的大多是這些，反而對首爾的「觀光」印象不深。如果是這樣就太可惜了！首爾其實有能感受歷史氛圍的古宮和美麗夜景、首爾塔俯瞰的絕景等，可以遊覽的地方多著呢。

煩惱的話就看這裡！ 首爾觀光INDEX

種類	地區	需時時間	費用	遊玩要點
古宮 → P.150	仁寺洞等	🕐 1～1.5小時	**1000～3000W** 需要入場費。有些建築需另外收費。	**有中文導覽** 各王宮都有會中文的工作人員導覽，1天2～3次，無需費用，可以更深入了解王宮歷史。
N首爾塔 → P.156	南山	🕐 0.5～2小時	**免費～約2萬W** 沒有登塔就是免費，若要上去，就得付纜車費與瞭望台入場費。	**就算不上去也能享受** 從位於南山山麓地區的南山公園（MAP P.6 C-3）可以看到首爾塔全貌，一到晚上，首爾塔會亮起7彩燈。
街頭藝術 → P.160	弘大、大學路等	🕐 0.5～1小時	**免費** 街頭藝術，不需入場費。	**拍時尚紀念照** 街上的公園、建築物牆壁等都有藝術品，可以一邊逛街一邊享受。感覺會留下幽默的作品！
夜景 → P.158	漢江沿岸（汝矣島等）	🕐 1～2小時	**免費～1萬W～** 搭乘遊船需付費，每個行程價格不同。	**搭遊船觀光** 在漢江河畔當然也可以欣賞，但還是推薦搭船觀光。可以一邊享受buffet，一邊欣賞漢江夜景。

事件 2

友人說想「逛遍五大宮」。
坦白說，我真不懂有哪裡不一樣。

喜歡韓國歷史劇的朋友幹勁十足，但我看每個宮
都一樣啊。

解決！ 依照喜好，選擇一個喜歡
的地方也能盡情享受。

古宮看起來都很類似，但還是有不同之處。當然
要逛完5個宮也OK，不過還是推薦集中在一個地
方逛比較好。找出喜歡的宮吧！

檢驗五大宮

注重地點
德壽宮 → P.152

位於首爾市廳旁。靠近
明洞，逛街時可以順便
造訪的好地方。

🖥用連續劇複習一下！
《王的女人》（SBS）
《明成皇后》（KBS）

喜歡色彩繽紛
景福宮 → P.152

連古宮內部也裝潢地非
常亮麗。別忘了去看看
名為香遠亭的美麗庭
園。

🖥用連續劇複習一下！
《擁抱太陽的月亮》（MBC）

想安靜地逛
昌慶宮 → P.152

宮廷內部非常樸實，優點是可以優閒安靜地慢
慢逛。

想看莊嚴美景
昌德宮 → P.150

列為世界遺產。佇立在廣大腹地的莊嚴建築物
可以感受到600年歷史。

享受今昔對比
慶熙宮 → MAP P.6 A-2

2000年左右重建，腹地內的博物館可以學習首
爾發展史。

🖥用連續劇複習一下！
《同伊》（MBC）

🖥用連續劇複習一下！
《大長今》（MBC）
《閣樓上的王子》
（SBS）

🖥用連續劇複習一下！
《宮～Love in
Palace》（MBC）

事件 3

街上有奇奇怪怪的藝術品。
那是什麼！？

在街上走著走著，突然看到超巨大的筆！？
是惡作劇嗎？規模也太大了。到底是什麼呢？

解決！ 這也是藝術

在首爾，有個集結各式壁畫和
藝術品的藝術區域（P.160），
逛街時順便拍張照紀念也不
錯。

位於弘大的藝術（MAP
P.17 D-2）。多為風格新
穎的作品。

位於仁寺洞的大筆藝術
（MAP P.13 D-1）。

梨花洞駱山計畫（MAP
P.15 F-1）的作品。街上
各個角落都可以發現不
可思議的藝術品。

花1小時享受
散步在世界遺產昌德宮

需時
🕐
約1小時

想在首爾觀光，就不能錯過古宮巡禮。
若希望只逛一個地點，以世界遺產「昌德宮」為佳。
掌握觀光要點，花1小時逛一圈吧！

↗祕苑

闕內各司
協助君王的各高級官吏的綜合廳舍，集結了擔任重要職位的官員。

擁有歷代君王照片與肖像的璿源殿。

大造殿

仁政殿

宣政殿

熙政堂

錦川橋

中門肅章門。曾一度拆除，1996年重建。

仁政門

敦化門

敦化門・錦川橋

首爾最高的正門和石橋

敦化門是昌德宮的正門。1412年建立，是首爾現存最古老的門。錦川橋也是最古老的橋，雕刻有動物石像。

朝鮮王朝，風雅的極致
昌德宮
창덕궁

1405年由第3代君王太宗建立的王宮，在韓國古宮中保存狀態良好。登錄為聯合國世界遺產，面積高達4萬3000m²，還附有自然風的大庭園。

🏠 鍾路區栗谷路99（臥龍洞2-71）
☎ 02-3668-2300
🕐 週一（國定假日開放）
💰 大人3000W、小孩2500W
🚇 3號線安國站3號出口步行5分鐘
中文OK
臥龍洞 ▶MAP P.9 D1

🕐 **開園時間**
閉園前1小時最後入場

2~5、9~10月	9:00~18:00
6~8月	9:00~18:30
11~1月	9:00~17:30

從正門敦化門開始散步1小時。

肅章門照片提供：Photo by©Tomo.Yun（http://www.yunphoto.net）

宣政殿

君王的政務室

君王進行日常政務的場所。在現存的宮殿建築中，是唯一擁有藍瓦屋頂者。

藍瓦屋頂！

可以看到裡面，現存唯一的藍瓦屋頂，是必拍景點。

熙政堂‧大造殿

君王與王妃的生活空間

熙政堂是君王寢室與處理政務的場所。有一部分改為西式建築，也是必看景點之一。

經歷過好幾次火災，現在看見的熙政堂是1920年所建。

王妃住所大造殿於1920年從景福宮遷移至此。西側有廚房「水刺間」。

仁政殿

女官度過餘生的樂善齋。

指定為國寶的正殿

相當於昌德宮正殿（主要建築）的建築，指定為國寶225號，舉行君王即位等重要儀式。

仁政殿前面有大臣覲見時依序列隊的標誌──「品階石」。

其他還有首爾世界遺產

首爾總共有3個世界遺產，特點是都位於市中心，可以輕鬆進行時空之旅。

朝鮮初代君王建立

宗廟
종묘

需時
約1小時

裡頭安置歷代先王的牌位（神位），1995年登錄為世界遺產，而恭迎歷代先王靈位的宗教祭禮於2009年登錄為無形文化財。

🏯 鍾路區鍾路157（薰井洞1-2）
☎ 02-765-0195
🕐 唯週六是9:00～18:00、6～8月～18:30、11～1月～17:30（閉園前1小時是最後入場）
🈹 週二（國定假日會開放）
Ⓦ 大人1000W、小孩500W
🚇 1號線鍾路3街站11號出口步行3分鐘
中文OK
仁寺洞 ▶MAP P.9 D-1

兩位先王長眠於此

宣陵
선릉

需時
約1小時

第9代王成宗及其繼妃貞顯王后長眠之墓，位於同樣腹地內的「靖陵」則葬有第11代王中宗。園內有小商店。

🏯 江南區宣陵路100街1（三成洞135-4）
☎ 02-568-1291
🕐 6:00～21:00、11～2月6:30～（閉園前1小時最後入場）🈹 週一
Ⓦ 大人1000W、小孩500W
🚇 2號線宣陵站8號出口步行5分鐘
江南 ▶MAP P.21 D-2

從首爾前往單程1小時。

遼闊壯大的景致

水原華城
→ P.162

位於比鄰首爾的地區──京畿道水原，全城皆登錄為世界遺產。

☙ 一定要去欣賞昌德宮內，享有韓國傳統庭園真諦的「祕苑」。有參觀時間限制，參觀費為5000W。　151

如果煩惱不知去哪裡

3大王宮的前3可看之處

規模宏大的古宮

景福宮
경복궁

`景福宮` ▶MAP P.8 A-1

擔任朝鮮時代正宮角色的王宮。非常鮮豔，是古宮中最華麗的建築。位於首爾中央，規模卻大得讓你意想不到。

光化門

🏠 鍾路區社稷路161（世宗路1-91）
☎ 02-3700-3900
🕙 9:00〜17:00、3〜5月&9〜10月〜18:00、6〜8月〜18:30（閉園前1小時最後入場）
🈺 週二
🚇 3號線景福宮站5號出口步行1分鐘

面積	入場費	中文導覽	需時
43萬2703m²	大人（25歲以上）3000W 小孩（24歲以下）1500W	免費 10:30、12:30、14:00、16:00	1〜1.5小時

可看之處
BEST 1 **勤政殿**
有「勤勉治國」之意的正殿，會舉行君王即位儀式等。

商業街上的都會綠洲

德壽宮
덕수궁

`市廳` ▶MAP P.8 A-3

原本為皇室宅邸，君王在壬辰倭亂之際遷住於此。位於商業街道上，中午時可以看到上班族休息的身影。

大漢門

🏠 中區世宗大路99（貞洞5-1）
☎ 02-771-9955
🕙 9:00〜21:00（閉園前1小時最後入場）
🈺 週一（國定假日開放）
🚇 1號線市廳站2號出口步行1分鐘

面積	入場費	中文導覽	需時
6萬7048m²	大人（25歲以上）1000W 小孩（24歲以下）500W	免費 13:40	1小時

可看之處
BEST 1 **中和殿**
德壽宮最中心的建築。每週二、六的9:00〜17:00內部會對外開放。

豐富自然景觀圍繞

昌慶宮
창경궁

`仁寺洞` ▶MAP P.9 D-1

比鄰昌德宮（P.150），有非常多觀光客造訪，是三大王宮中最樸素的。經1983年修建後重新面世。

明政門

🏠 鍾路區昌慶宮路185（臥龍洞2-1）
☎ 02-762-4868
🕙 9:00〜18:00、6〜8月〜18:30、11〜1月〜17:30（閉園前1小時最後入場）
🈺 週一（國定假日開放）
🚇 3號線安國站3號出口步行20分鐘

面積	入場費	中文導覽	需時
21萬6774m²	大人（25歲以上）1000W 小孩（24歲以下）500W	免費 9:30、15:00	1小時

可看之處
BEST 1 **明政殿**
昌慶宮正殿，現存朝鮮王朝正宮的正殿歷史最古老者。

許多古宮都位於首爾，即使外觀看起來很相似，還是有不同的旨趣。來檢驗3大王宮的可看之處吧！只選一個喜歡的來逛，就可以大大滿足。

可看之處
BEST 2
慶會樓
指定為國寶第224號，舉辦宴會的閣樓。

可看之處
BEST 3
香遠亭
享受美麗景色的庭園，高宗時代建立。

見どころ
BEST 2
靜觀軒
高宗舉行宴席的場所。羅馬風格的建築非常引人注目。

可看之處
BEST 3
石造殿
高宗的值勤室，現作為美術館使用。

可看之處
BEST 2
文政殿
君王值勤室。舉行與大臣的會議。

可看之處
BEST 3
賓陽門
區分公私生活空間的門。此門前有圓柱，裡頭有四角柱，很引人注目。

觀賞守門將（警備總負責人）的交接儀式！

正門定期舉行

在朝鮮時代的王宮中，負責警備的軍隊稱為「守門軍」。現在也會重現此交接儀式，地點為德壽宮、景福宮的正門前。請配合時間去觀賞吧！

交接儀式
Check！

軍號應答
確認同伴
負責警備的守門軍武官和交接軍武官互相確認身分。

請多指教！

初嚴
交接鑰匙箱
交接放有王宮門鑰匙的箱子。依照守門軍參下 → 守門軍守門將 → 交接軍守門將 → 交接軍參下的順序。

中嚴
確認詔諭
兩軍守門將會確認詔諭，只要兩者符號完全吻合就是真品，會敲打三次太鼓。

三嚴
交接任務的官僚
兩軍面對面整隊，互行軍禮交接任務，會敲打兩次太鼓。

交接完畢！

交接儀式Schedule

	時間	休息
德壽宮	11:00、14:00、15:30	週一、下雨天
景福宮	10～16:00每小時整點	週二、下雨天 ※16:00只有退場儀式

WHY
王宮的疑問

Q1 為何宮殿會如此五彩繽紛？

為了驅除邪氣
王宮這般五彩繽紛的模樣是配合陰陽五行說，由藍、紅、白、黑、黃這5色所組成。據說有驅除邪氣的力量，只有宮殿等才能使用，是非常高貴的配色。

Q2 分辨建築物用途的方法為何？

看名字就知道！
殿：君王、王后、君王之母（母后）才能使用的場所。
堂：次代君王（世子）生活、執行日常業務的場所。
樓／亭：舉辦宴會等的場所。
齋／軒：皇室等私人使用的場所。

Who is

世宗？

發明韓文，
印製在1萬W鈔票上的君王

朝鮮王朝第4代君王「世宗」，是繪製在1萬W鈔票上的人物。位於首爾市中心、光化門廣場（MAP P.8 A-1）的巨大雕像就是世宗。

世宗一般稱為「世宗大王」，發明現在韓國人使用的韓文，是韓文之父，也推行各式各樣的文化政策，擁有優秀統治手腕，是朝鮮王朝首屈一指的名君，因此追封「大王」名號而流傳後世。

世宗最大的功績即為制定韓文=訓民正音。15世紀以前都沒有能夠表達朝鮮語的固有文字，而漢字也只有一部分識字者才能讀寫。世宗創造出一般民眾也可以使用的固有文字，並發行解說該架構的書籍《訓民正音》。

世宗在文化上也有非常深的造詣，為了培養年輕有為的學者，他還推動學術研究與出版書籍。在知曉他的豐功偉業後，也許使用1萬W鈔票時也會有不同的感受。

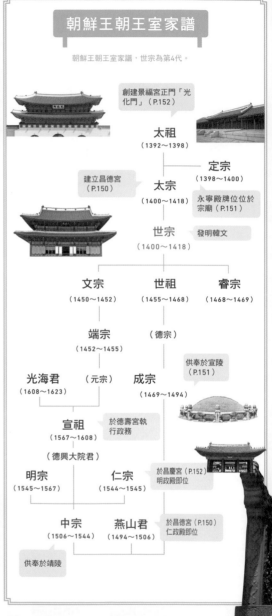

朝鮮王朝王室家譜

朝鮮王朝王室家譜，世宗為第4代。

創建景福宮正門「光化門」（P.152）

太祖
（1392～1398）

定宗
（1398～1400）

建立昌德宮
（P.150）

太宗
（1400～1418）

永寧殿牌位位於宗廟（P.151）

世宗
（1400～1418）

發明韓文

文宗
（1450～1452）

世祖
（1455～1468）

睿宗
（1468～1469）

端宗
（1452～1455）

（德宗）

供奉於宣陵
（P.151）

光海君
（1608～1623）

（元宗）

成宗
（1469～1494）

宣祖
（1567～1608）

於德壽宮執行政務

（德興大院君）

明宗
（1545～1567）

仁宗
（1544～1545）

於昌慶宮（P.152）明政殿即位

中宗
（1506～1544）

燕山君
（1494～1506）

於昌德宮（P.150）仁政殿即位

供奉於靖陵

還有一個世宗像!?
提到世宗像，最有名的就是光化門廣場，不過世宗大王紀念館也有世宗的雕像，這邊的設計比較穩重，是從德壽宮遷移過來的。位於東大門。

世宗是這樣的人

世宗除了制定韓文以外，在文化上也推行各式各樣的政策，非常有名。以下介紹他的部分功績！

世宗的功績①

發明韓文

世宗發明韓文（訓民正音）這個先前從沒有的文字體系。以前韓國會用漢字，而為了讓民眾更容易使用，世宗認為必須創造朝鮮固有的文字體系。

這就是「訓民正音」

訓民正音是由世宗編寫的序文「例義篇」、學者解說的「解例篇」，以及後記「鄭麟趾序」這三部分所組成。左圖是世宗所寫的序文。

這裡是研究韓文的現場

Photo by © Tomo. Yun

修政殿：景福宮內的建物。據說訓民正音就是在此誕生。

世宗的功績②

發明科學器具

世宗發明了實用的學問和各式各樣的技術。如王立天文台「簡儀台」和測量時間的「水鐘」等都流傳至今。

用來測量時間的「水鐘」現存於英陵裡。

可不是只有韓文喔～

光化門廣場的世宗像。如黃金般閃閃發光的雕像呈現出朝鮮王朝一代明君的十足威嚴。

世宗EPISODE

據說世宗從小就非常喜歡書，從早到晚都在閱讀，連吃飯也不把書放下。雙親非常擔心他，便把房間裡的所有書都撤走，但他還是在屏風後面發現了一本，就這樣把那本書反覆看了100遍以上。

世宗小檔案

本名：李裪

名字演變：忠寧君 → 忠寧大君 → 世宗

誕辰：1397年5月7日

性格：溫柔的文學男子

以世宗為主角的韓劇《樹大根深》，細膩描繪了創造韓文的過程

登塔、瞭望都美麗
充分享受N首爾塔的白天與夜晚

N首爾塔位於離明洞不遠的南山。白天和晚上，仰望和俯瞰，景色變化多端。你想怎麼盡情享受這個首爾的地標呢？

需時
🕐
約1小時

登塔
也美！

N首爾塔的
必去設施

3F

數位瞭望台
3F的玻璃窗瞭望台，可以一覽首爾街景。

天空廁所
可以瞭望首爾街景的廁所。說不定會想一直待在廁所裡！？

兩腿發軟！

GIFT SHOP   3F

禮品店
在禮品店可以購買N首爾塔的原創商品。

 從3F瞭望台看到的全景
瞭望台可以一覽首爾街景。晚上則享受每個地區的不同風貌。

首爾站

← 梨大 新村

仰望
也美！

不用上去也能發現♪

N首爾塔

☀ DAYTIME
08:00～18:00

可以從明洞清楚看見
南山山麓的南山公園為最佳景點。從梨泰院地區（MAP P.18 E-1、F-1）也可以看到。

從南山公園
MAP P.6 C-3

從南山谷韓屋村
MAP P.7 D-3

從位於南山山麓地區的南山公園看見的首爾塔。就近抬頭看，那壯觀讓人神往。

位於南山的南山谷韓屋村。在重現朝鮮時代住屋的韓屋觀看首爾塔，構成今昔共存的絕景。

HOW TO

前往N首爾塔的方法

楓葉季時連平日也要等10～20分鐘

搭乘纜車處
MAP P.6 C-3

1樓買票，搭乘處在3樓。

利用纜車

從南山山麓（明洞站4號出口步行10分鐘）搭乘傾斜戶外電梯（南山玻璃電梯）前往搭乘纜車處。來回費用8500W，每10分鐘一班。

瞭望一圈絕景

5F

n·GRILL
엔그릴

瞭望餐廳為回轉式，只要花48分鐘就可以觀看首爾一圈。如果有預約，就可以省去數位瞭望台的入場費。

🏠 龍山區南山公園街105 N首爾塔本館5F（龍山洞2街 山1-3）
☎ 02-3455-9297、9298
🕐 11:00～14:00、17:00～23:00（LO21:00）
🈑 全年無休
🚇 4號線明洞站3號出口至纜車搭乘處步行15分鐘

中文OK

景色會變～

白天夜晚都很有魅力的地標

N首爾塔
N 서울타워

聳立在南山頂端的N首爾塔原本是電視和收音機的電波塔，現在成了觀光景點，深受許多國內外人士的喜愛。

🏠 龍山區南山公園街105（龍山洞2街 山1-3）
☎ 02-3455-9277、9288
🕐 瞭望台10:00～23:00（最後入場22:30）、週六～24:00（最後入場23:30）
🈑 全年無休 💰 瞭望台大人1萬W、小孩8000W 🚇 4號線明洞站3號出口至纜車搭乘處步行15分鐘

南山 ▶MAP P.7 C-3

南大門市場

明洞主要街道

🌙 NIGHT
19:00～24:00

以「首爾之花」為主題的繽紛點燈

一到夜晚就會點起繽紛的7彩LED燈飾。還有季節限定的光雕投影。

點燈會有七種變化！

從八角亭
MAP P.4 C-3

南山公園夜晚會點燈，和首爾塔一同編織出美麗的夜景。

隨著時間變化顏色，引人入迷。

被點亮的漢江
造訪最美的夜景景點

漢江將首爾分成南北。白天,這裡被首爾居民當成休憩場所,
而一到晚上則變成欣賞美麗夜景的景點。
以下介紹4個欣賞漢江不同景致的最佳地點!

從60層樓高一覽漢江

63大廈
63 빌딩

從59樓的餐廳瞭望漢江夜景。

佇立於汝矣島的大廈,高度有264公尺,地上60層,地下3層,頂樓的瞭望台只要花1萬3000W即可入場。

🏠 永登浦區63路50(汝矣島洞60)
☎ 02-789-5663
🕐 瞭望台10:00～22:00(最後入場21:30)
㉡ 全年無休
Ⓦ 瞭望台大人1萬2000W、小孩1萬1000W
🚇 地鐵5號線汝矣島渡口站4號出口步行15分鐘
汝矣島 ▶MAP P.4 B-3

📷 從最頂樓60樓的瞭望台「63SKYART」俯瞰,一覽整個漢江夜景。

ACCESS
汝矣渡口站有免費接駁車
汝矣渡口站、汝矣島站、大方站、漢流站有免費接駁車,9:00～23:00期間每1小時有3班以上。

元曉大橋

漢江大橋

銅雀大橋

盤浦大橋

汝矣島

悠哉享受漢江水面的景色

鷺得織女咖啡廳
노들 직녀카페

位於漢江大橋上,從寬闊的玻璃窗咖啡廳可以俯瞰漢江。古早風刨冰和咖啡摩卡等都非常受歡迎。

🏠 龍山區讓寧路495(二村洞376)
☎ 02-796-2004
🕐 12:00～24:00(LO23:00)
㉡ 全年無休
🚇 4號線、中央線二村站4號出口步行20分鐘
龍山 ▶MAP P.4 B-3

📷 瞭望區延伸到河川正上方,可以感受懸在河川上的感覺,俯瞰腳下廣闊的漢江!

足もとに がる
漢江!

ACCESS
離車站近,很方便
離4號線仁村站最近,沿著漢江步行20分鐘。晚上一邊欣賞夜景一邊散步很愜意,若考量時間,搭計程車較好,從車站只要搭5分鐘即可抵達。

WHAT IS 「漢江遊覽船」

漢江遊覽船
한강 유람선

優閒欣賞兩岸景色

從汝矣島和鷺室這兩個停泊處航行一周的遊覽方案。需時60～90分鐘，優閒享受首爾街景。

主要方案	時間	休息
汝矣島 → 渡鳥區 → 楊花 → 汝矣島	13:30、15:30、18:20	天候不佳時
鷺室 → 蠶島 → 漢南大橋 → 鷺室	13:30、15:30、18:20	

🏠 永登浦區汝矣島東路209（汝矣島洞85-1）
☎ 02-3271-6900
🌐 航行時間請上網查詢：www.elandcruise.com
㊡ 全年無休（依天候狀況會停駛）
🚇 5號線汝矣渡口站3號出口步行5分鐘
Ⓦ 根據方案隨時會有變動
汝矣島 ▶MAP P.4 B-2（搭乘處）

一次享受漢江與現代建築

蠶島文化藝術瞭望台
J-Bug

뚝섬전망문화콤플렉스 자벌레

金屬管狀藝術品呈現人工氛圍，與大自然的漢江組合起來頗為絕妙。

2010年啟用的文化設施。結合高現代設計建築和漢江的大自然，體驗不同的漢江魅力。

🏠 廣津區江邊北路68（紫陽洞97-5）
☎ 02-3780-0519
🕐 3～10月:10:00～23:30、11～2月:10:00～22:30
㊡ 全年無休
🚇 連接7號線蠶島遊樂園站3號出口
廣津區 ▶MAP P.21 F-1

漂浮在漢江上的人工島，看點是夜間點燈，可以沿著江邊散步。營業時間為10:00～21:00（冬季～18:00），週一公休。

ACCESS
車站直達超輕鬆
連接7號線蠶島遊樂園站3號出口，就算是下雨天也不用濕漉漉地前往。

漢南大橋　東湖大橋　聖水大橋　永東大橋　清潭大橋　蠶室人橋

世界級的噴水秀絕不能錯過！

盤浦漢江公園

반포한강공원

強力噴水柱是情侶的經典約會地點。

一定要看定期舉行的生動噴水秀。是世界最長的橋形噴水秀，名列世界記錄。

🏠 瑞草區新盤浦路11街40（盤浦2洞115-5）
☎ 02-591-5943
🕐 4～6月、9～10月週一～五12:00、20:00、20:30、21:00，週六、日、國定假日12:00、19:30、20:00、20:30、21:00，7～8月週一～五19:30，週六、日、國定假日21:30也有
㊡ 冬季（11～3月左右）不點燈
🚇 3號線高速巴士客運站8-1號出口步行15分鐘、巴士10分鐘
江南 ▶MAP P.4 C-3

太陽西下前的夕陽顏色對比也很美。

ACCESS
從高速巴士客運站搭巴士或徒步前往
3號線高速巴士客運站6號出口的公車站有免費接駁巴士。11:00～22:00每1小時開2班左右。

水柱被繽紛光線照射著，形成的拱橋充滿幻想，堪稱絕景。冬季（11～3月左右）不運行，還請注意。

漢江沿岸有許多人跑步，也有人使用岸邊公園的健身器材運動。

散步中偶然發現
首爾街頭藝術令人驚喜

走在首爾街道，常常看見不可思議的壁畫或是讓你不自覺停下腳步的藝術品。是想
博人一笑呢，還是藝術……？看看讓你會心一笑的首爾街頭藝術吧！

※2017年10月有一部分已經撤除。

立體感！！

外牆上畫有繽紛的花草與蝴蝶。

안녕

Hello！

在民家牆壁上揮手的機器人。

汪！

我喜歡你！

嚇一跳嗎？^^

牆上的立體畫超寫實。

七彩圍牆（上）與紙杯電話的壁畫
（下），是戀人的推薦景點。

利用窗戶營造立體感的藝術品。

我有懼高症……

用電線在住宅牆壁上作畫。

從高牆邊
露出頭來的藝術品。

WHAT IS

「街頭藝術」

描繪在首爾街頭建築物牆壁上等的藝術作品。事實上這是為了活絡該地區的一項計畫，呈現專業藝術家和學生的各式作品。

Ⓐ 梨花洞駱山計畫
`大學路` ▶大學路 MAP P.15 F-1

位於地鐵4號線惠化站步行10分鐘即可到達的馬羅尼埃公園附近，範圍廣泛。此計畫為文化觀光部事業的一環。

Ⓑ 弘大街頭藝術
`弘大` ▶MAP P.17 E-2

位於弘大「想像庭園」的右側通道路上，可以看見很多有個性且充滿律動感的壁畫，多為街景藝術。

Ⓒ 仁寺洞大筆雕刻
`仁寺洞` ▶MAP P.13 D-1

在仁寺洞街安國站附近的空地有個巨大雕像筆。隨著季節不同，還能看見裝飾在樹上的藝術品。

Shall we
dance〜♪

在高牆上跳舞的男女。

Ⓐ

Ⓑ

弘大街上的壁畫。可以欣賞街頭藝術。

Ⓑ

SCL 10G-39 1.5

((　))

Hi〜〜！！

洞……
破洞了……

對啊……

Ⓐ

站立在高台上的情侶雕像。

被突然出現倒臥在路邊的冰箱藝術嚇一跳。

不要把我丟在這……

Ⓐ

Ⓐ 用鐵絲創作的雕像。

寫上一筆

高約3公尺的巨大筆雕像。是仁寺洞筆之街才看得到的藝術品。

Ⓒ

Ⓐ 可以在圍牆上的黃藍板字上寫下留言。

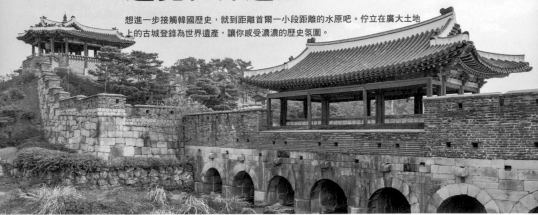

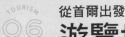

從首爾出發1小時的one day trip

遊覽世界遺產水原

TOURISM 06

需時
約2.5小時

想進一步接觸韓國歷史，就到距離首爾一小段距離的水原吧。佇立在廣大土地上的古城登錄為世界遺產，讓你感受濃濃的歷史氛圍。

朝鮮時代的睿智結晶

水原華城

수원화성

位於京畿道水原市中心的水原華城是由第22代君王正祖所建立，總面積約28個東京巨蛋的壯大城堡也登錄為世界遺產。

🏯 京畿道水原市八達區行宮路18（南昌洞68-5）
☎ 031-228-4677　🅺 全年無休
Ⓦ 水原華城：大人1000W、小孩（滿13～18歲）700W、兒童500W，華城行宮：大人1500W、小孩1000W、兒童700W

| 水原 | ▶MAP P.24 A-1 |

🕐 開園時間

四大門（蒼龍門、華西門、八達門、長安門）的入場時間為閉園前1小時

3～10月	9:00～18:00
11～2月	9:00～17:00

水原華城MAP

水原站方向

② 孝園之鐘

③ 西將樓

④ 華西門

徒步繞城一周得花2.5小時！

⑤

長安門

華城行宮

⑥ 華虹門

① 八達門

Regency

⑦

東將台

蒼龍門

⑧

華城列車
列車行駛於八達山和東將台（鍊武台）之間，單程約30分鐘，票價1500W。下雨和下雪天、農曆新年、中秋連休期間停駛。行駛時間是八達山發車10:00～17:10，鍊武台發車9:50～17:20。

HOW TO

「去水原的方法」

可以搭地鐵到水原，乘坐首爾車站出發的特快列車「新村號」只需30分鐘即可到達。

來搭新村號吧

購票　4800W

方法① 網路預約
可於KOPAIL的官網事先預約。
http://www.letskorail.com/ebizbf/EbizBfIndex.do

方法② 售票機購買
車站的售票機可以顯示英文，選擇時間和日期購買。

方法③ 在車站窗口購買
可事先用英語寫下欲搭乘的列車、時刻表、人數等就不用擔心了。

乘車　＼沒有剪票口！／

乘車時間前抵達月台並搭乘
接近搭車時間時前往月台。沒有剪票口，需在車內檢查車票，請勿遺失。

首爾站	🚅 1號線約1小時 特快列車新村號 約30分鐘
↓	
水原站	🚌 11、13、36、39號 巴士約10分鐘
↓	
水原華城	「八達門」下車

8個景點完全稱霸

1 八達門

遊覽水原華城的起點。沒有和城相連，大門右側的煉瓦上刻著建築相關人員的名字和人數。

從這裡開始！

2 孝園之鐘

也許會實現心願？

總重量高達12.5噸的大鐘。只要邊許願邊敲三回，願望就會實現（敲3次鐘1000W）。

4 華西門

保護城牆的鐵壁！

西側大門。為了保護城門而設有一個半月形的小甕城，外觀有股穩重感。

3 西將台

從高地上看的景致也很得good！

將軍指揮軍事的場所。西將台又稱「華城將台」，為了全覽四方進行指揮而設於高地上。

6 華虹門

位於石橋上，預防河川氾濫和敵人入侵。由於洪水就如絢麗彩虹般從7個拱橋狀水門飛濺而出，才有了這個名字。

5 長安門

北側正門。世祖期望它像中國（唐朝）長安般繁榮，故以此命名。

8 蒼龍門

東側大門，特色為拱橋狀，挖有開槍用的小洞（槍眼）。

7 東將台

感覺能得到力量！

士兵訓練場所，又稱「鍊武台」，位於俯瞰城內的高地上，設有韓式弓道練習場。

水原名產「水原肋排」，是首爾肋排的2～3倍大，沾著藥念（調味料）食用。　163

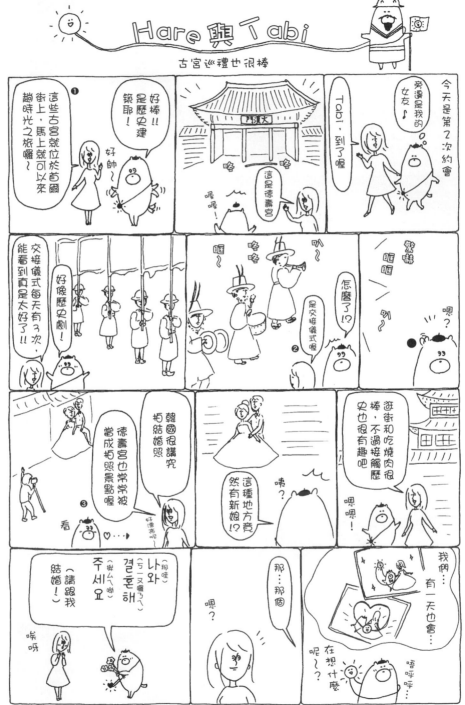

① 市內有5個王宮。高樓大廈坐落的街道旁就有歷史建築，今昔共存。　②德壽宮、景福宮每天都可以看到守門將交接儀式喔（P.153）。　③結婚照就是結婚典禮前拍的照片，很多人會在德壽宮等古宮拍照。白紗和傳統建築的反差感也很棒呢。

164

PLAY

首爾「玩樂」事件簿

穿著韓服拍照,去夜店跳舞到早上。想做的事情太多了,到底要花多少錢呢?

事件 1

在首爾玩樂要花多少錢?
應該帶很多錢去嗎?

在首爾,像占卜和韓服體驗這些玩樂的花費是多少?要不要預約?什麼都不曉得,很不安……

解決! 了解各自的大概預算吧

在首爾玩樂要花多少錢是根據你做了什麼而決定。順帶一提,很多地方都可以刷卡,推薦大家用信用卡支付!

首爾的「玩樂」INDEX

種類	價格區間	預約
夜店 → P.168	**入場費＋飲料費 ➡ 約3萬W～** 入場費大多包含1杯飲料。	**不需要**
韓服體驗 → P.174	**只要穿的話 ➡ 約2萬W～** 價格會根據穿的件數、是否化妝、是否拍照等而不同。	**要預約** 可以事先在台灣上網預約。
占卜咖啡廳 → P.178	**占卜費＋飲料費 ➡ 約2萬W～** 除了占卜費以外,還需點1杯飲料。	**不需要**
音樂劇 → P.170	**一般座位 ➡ 約4萬W～** 席位不同,價格也會有漲幅。	**預約比較好** 在網站上預約比較安心。
賭場 → P.172	**賭金 ➡ 約2500W～** 賭金因人而異,小金額也OK。	**不需要**

若在當地預約,可委託旅館人員
如果想在當地預約,請旅館人員打電話即可。

BLACK JACK!!

也有從夜店萌芽的愛情！？
韓國戀愛大小事最前線

在夜店被搭訕、保持聯繫……應該有人幻想過這類美麗情節。事實上是怎麼樣呢？就讓我們來告訴你最新的韓國戀愛大小事。

也許會有很棒的邂逅！？

邂逅

溝通就交給「Kakaotalk」和「翻譯app」

在台灣，講到聊天軟體就會想到LINE，不過韓國人幾乎100%都用名為「Kakaotalk」的軟體（韓國會簡稱「Katalk」）。首先取得Kakaotalk的ID帳號，試著聯絡看看吧！只要說「카톡 아이디알려주세요」（卡頭苦利ㄉ伊ㄉㄟ阿利由揪ㄙㄟ呦）就OK了。翻譯app的話，LINE的韓文翻譯很不錯。

Kakaotalk！

Kakaotalk的使用方法幾乎和LINE相同。

LINE的翻譯很優秀

從LINE的朋友搜尋那裡加入「LINE韓文翻譯」。此app比較會處理流行語，精準度高。

交往前

① 「朋友以上戀人未滿」的關係——「SOME」為流行語

意指朋友以上戀人未滿的韓文詞彙「SOME（썸）」非常流行，以此主題作的曲子也廣受矚目。用法為「你和那個人是SOME嗎？」。

② 肌膚接觸比日本還多！也許會誤會

韓國人的私人空間概念沒有日本那麼強，他們常會有肌膚接觸。這很容易誤會，有可能對方根本沒特別意思。

交往後

交往後就是殷勤、殷勤、超殷勤……！！

一旦交往，首先等著你的就是「紀念日地獄」。他們會慶祝交往50天、交往100天等各種紀念日，也很常用Kakaotalk聯絡，也許對懶得聊天的人會有點壓力！？

○1

弘大與江南都很火熱
在2大夜店度過熱鬧夜晚

講到韓國的夜晚活動，就是夜店了！
對韓國人而言，夜店是可以舒緩平日壓力並輕易前往的場所，這點和日本
不同。可以一邊感受韓國的活力，一邊跳舞到早上！

年輕人聚集，
活力滿滿

弘大
홍대

在青春有活力的
HOT空間叫喊！！

弘大的夜店
這裡很屬害

·學生街！年輕人都聚集於此

弘大地區有很
多大學，來夜
店的年齡層較
低，許多人會
穿著T恤和牛仔
褲等休閒服前
來。

·青春滿溢的HOT氛圍

充滿年輕活力，氣氛熱烈。特別
是週五週六，去夜店甚至還要排
隊。

·每月最後一個週五為club day

2015年2月開始弘大的club day就
復活了。每月最後一個週五只要花
2萬W就可以自由進出CLUB FF、
CLUB打等10個夜店和公演場所！

能輕鬆跳舞的休
閒飾品也OK！

休息室
2F的VIP桌會根據
活動而有不同收
費。

這裡也有！

週末
還要排隊

夜店初學者就來這裡！

m2
엠투

說到代表弘大的夜店，就是m2
了。類型主要是電音系，外國
觀光客也很多。

🏠 麻浦區小橋路20-5（西橋洞367-
11）☎ 02-3143-7573 🕐週日、
二〜四22:00〜早上6:00，週五、
六〜早上9:00 🈺週一 💰週日、
二〜四1萬W，週五、六2萬W（視
活動而不同）🚇 6號線上水站1
號出口步行10分鐘

弘大 ▶MAP P.16 C-2

吧檯
店內有3個大型吧
檯。飲料為5000W〜

也有特調雞
尾酒！

弘大人御用的HIPHOP夜店

COCOON
코쿤

週末夜晚會排很長。主要類型是
HIPHOP，女性在週末1:00前可享受
龍舌蘭無限暢飲。客群多為20幾歲
的年輕人。

🏠 麻浦區臥牛山路21街31 B1F（西橋洞
364-26）☎ 010-3078-3461
🕐 22:00〜早上6:00，週五、六21:00〜
早上6:30 🈺 全年無休 💰 1萬〜1萬
5000W，週五、六〜24:00 1萬5000W，
24:00〜2萬W（外國人費用不同）
🚇6號線上水站1號出口步行10分鐘

弘大 ▶MAP P.17 D-2

HOW TO　夜店的玩法　　　⚠ 貴重物品請隨身攜帶，以免遺失。

1 檢查ID
如果為外國人，會被要求出示護照以檢查身分、確認年齡。未成年無法入場，還請注意。

2 買票

付費，配戴手環。還可在櫃台寄放行李。

3 點飲料
夜店基本上會附贈1杯飲料，請出示在櫃台買的票。

散發成熟氛圍
江南
강남

成熟？奢華？
只要嗨起來就沒問題！

把整個人交給音樂，
搖擺身體！
舉起手就是夜店咖啦！

江南的夜店
這裡很厲害

・聚集俊男美女
江南夜店聚集了許多時尚男女。最適合欣賞俊男美女。

・成熟氣氛
與弘大相比，此地年齡層較高，大多為氣氛穩重的夜店。

・會遇到名人！？
江南地區有很多演藝事務所，新銳模特兒和藝人等也會來玩。有很多目擊經驗談。

穿得美美的
來玩！

這裡也有！

規模韓國
No.1

現今首爾最夯夜店
ARENA
아레나

週末夜晚人滿到樓層外。主要類型有電音系、HIPHOP等，種類很多，營業時間長也是受歡迎的原因之一。

🏠 江南區江南大路588 Rex Hotel B1F（論峴洞18-2）
☎ 010-6378-2619、010-7704-8710
🕐 週四24:00～早上9:00，週五～日23:00～中午12:00
🈺 週一～三
₩ 3萬W
🚇 3號線新沙站3號出口步行3分鐘
※短褲、拖鞋、涼鞋是NG的。
江南 ▶MAP P.20 B-2

吧檯
調酒師都是帥哥！

有1瓶免費飲料！

吧檯有啤酒和雞尾酒等。價格為7000W～。

休息室
跳累了，可以到B1F的免費休息室小憩。

韓國最大夜店
OCTAGON
옥타곤

2016年獲選世界排名第5的韓國知名夜店，週末會聚集1000人以上，也會舉辦各式各樣的活動。

🏠 江南區論峴路645新山頂酒店B1～B2F（論峴洞152）
☎ 010-5004-3430
🕐 22:00～早上9:00
※週四只開放B1
🈺 週一～三※國定假日前一天會營業
₩ 3萬W
🚇 7號線鶴洞站4號出口步行4分鐘
江南 ▶MAP P.20 C-2

PLAY

被現場表演給懾服！

○2 用五感享受首爾式娛樂

以食物為題材的節奏舞台

NANTA

NANTA是默劇，因此語言不通也OK。

以廚房為主題的戲劇大受矚目！

STORY

有一天，壞經理要求3位廚師在6點前做出預定外的結婚禮菜單，甚至還提出一邊教不懂事的外甥做菜，一邊準備料理的無理要求。即使出現這突發事件，廚師們還是進行準備……

歡樂的宴會令人目不轉睛

Music show wedding

以結歡典禮為舞台而展開的故事。就像在招待客人一般，盡情享受

STORY

新郎為了說服不喜歡自己的岳父，和新娘及夥伴們一同展開行動。未受邀參加結婚典禮的客人鬧入會場，整個結婚典禮變成大騷動啦！

享受置身在結婚典禮現場的感覺！

廚房歡樂音樂劇 NANTA

NANTA明洞劇場
난타 명동극장

🏠 中區明洞街26 UNESCO會館3F（明洞2街50-14）
☎ 02-739-8288 Ⓦ 4～7萬W（視座位而不同）
Ⓜ 2號線乙支路入口站6號出口步行5分鐘

明洞 ▶MAP P.10 C-2

🕐 時間表

週日～五	14：00～、17：00～、20：00～
週六	11：00～、14：00～、17：00～、20：00～

上網預約 www.nanta.co.kr

NANTA弘大劇場
난타 홍대극장

🏠 麻浦區花路16街29B2F（西橋洞357-5）
☎ 02-739-8288 Ⓦ 4～6萬W（視座位而不同）
Ⓜ 2號線弘大入口站9號出口步行5分鐘

弘大 ▶MAP P.17 D-2

🕐 時間表

週一～五	20：00
週六、日	14：00、17：00

上網預約 www.nanta.co.kr

如果想要特別的刺激，就去觀賞音樂劇吧。
在此介紹幾種即使不懂韓文也能忘情享樂的秀！
鐵定會和觀眾有共鳴，讓你嗨翻天！

精采的
歌舞表演！

HOW TO
買票方法
最好事先預約！

音樂劇可以從台灣事前預約。有中文版網頁，可以上網預約，也能購買會場的座位表。可以當天購買，但還是事前預約，確保有位子比較好。

NANTA門票預約網站

感受小劇場一體感的魅力

Painters HERO

結合音樂的繪畫究竟如何展現，非常值得一看。

STORY
有一邊跳舞一邊繪畫的「動作繪畫」、3分鐘內描繪美麗老虎的「speed drawing」等各種表演。

所有情感都用
舞蹈來表現！

舞蹈表現力十足

SA.CHOOM（愛舞動）

充滿個性的16人舞蹈，令人目不轉睛。

STORY
主角俊、善、彬3人是兒時玩伴。在成長過程中發生各式各樣的小插曲，關係也隨之變化。

結婚典禮上發生大事件
Music show wedding

Wedding專用館
뮤직쇼웨딩 전용관

🏠 麻浦區楊花路16街29（西橋洞357-4） ☎ 02-739-8288 Ⓦ 4〜6萬W（視座位而不同） 🚇 2號線弘大入口站9號出口步行7分鐘

弘大 ▶MAP P.16 C-2

🕐 時間表

| 週六〜一 | 17：00〜、20：00〜 | 週日 17：00〜 |

上網預約 nanta.i-pmc.co.kr/nanta/
WeddingMain.aspx

音樂與繪畫結合
Painters HERO

首爾劇場
서울극장

🏠 鍾路區敦化門路13（觀水洞59-7） ☎ 02-766-7848 Ⓦ 4〜6萬W（視座位而不同） 🚇 1、3、5號線鍾路3街站14號出口步行2分鐘

鍾路 ▶MAP P.9 D-2

🕐 時間表

| 週一〜日 | 17：00〜、20：00〜 |

上網預約 www.thepainters.co.kr

舞動人心的表演
SA.CHOOM（愛舞動）

CineCore大廈
시네코아빌딩

🏠 鍾路區三一大路386 CineCore大廈4F（貫鐵洞33-1） ☎ 02-3676-7616 Ⓦ 4〜7萬W（視座位而不同） 🚇 1號線鍾路3街站4號出口步行1分鐘

鍾路 ▶MAP P.8 C-2

🕐 時間表

| 週一〜五 | 20：00〜 |
| 週六 | 15：00〜、19：00〜 | 週日、國定假日15：00〜 |

上網預約 www.sachoom.com
※預計2018年3月重啟公演

☘ SA.CHOOM表演結束有和演員接觸的時間。跟喜歡的成員拍照，留下回憶！ 171

PLAY

○3

3000台幣變10萬台幣不再是夢！？

在賭場實現一夜致富的夢想

在首爾可以享受上賭場的樂趣。
看似門檻很高的賭場其實有不少單純的遊戲，初學者也能好好玩樂。

初學者推薦

3大遊戲規則速成指南！

一個按鈕就能享受樂趣	拉控制桿湊齊圖案。不需和發牌者交流，初學者也能安心。最低賭金為1500W〜
吃角子老虎	

紅利與機率的抗爭	賭球會進到哪個格子裡的遊戲。賭的範圍越小，紅利的倍率越高。最低賭金為2500W〜
輪盤	

選擇要玩的吃角子老虎機

規則相同，不過還是有各式各樣的機種。每台的賭金不一樣，可以斟酌個人預算。

⬇

放錢，決定「行數」

行數就是指湊齊圖案的數目。設定越多行數，中獎的機率也會提升，基本上只要按下選擇所有行的按鈕MAXBET就OK了。

MAXBET是基本！

按下「SPIN」就會開始轉

在這裡投錢！

按下「SPIN」按鈕or拉控制桿讓機器開始轉
也可以用按鈕讓機器轉，不一定要拉控制桿。只要決定一次行數，就不需要每回設定。

坐在桌子旁，把韓幣換成籌碼

坐到空座位旁，把現金換成籌碼，用籌碼來賭。

⬇

BET喜歡的數字

在想要賭的數字上放相當於賭金數量的籌碼，範圍越小，中獎時的金額越高。

賭法與紅利倍率

賭法	籌碼位置	紅利（倍）
A Red or Black	紅或黑格	2
B Odd or Even	奇數或偶數格	2
C High or Low	1〜18或19〜36	2
D Dozen	1〜12、13〜24或25〜36這12格	3
E Column	縱1列	3
F Line	橫2列	6
G Corner	比鄰一角落的4格	9
H Street	橫1列	12
I Split	相鄰2格	18
J Single Number	1格	36

離車站近，距離佳，
上賭場試運氣

位於COEX正後方，周圍有許多旅館。24小時營業，可以玩到早上。

Seven Luck Casino首爾江南店

세븐 럭 카지노 서울강남점

🏠 江南區德黑蘭路87街58 convention別館（三成洞159）
☎ 02-3466-6000　🕐 24小時　🚫 全年無休
🚇 2號線三成站5號出口步行10分鐘

中文OK

江南　▶MAP P.21 E-2

不可不知

使用賭場基本知識

要享受賭場，得先記得最低限度的規範。

年齡限制

賭場為外國人專用設施，未滿19歲不得進入。入場時必須出示護照確認年齡，一定要帶護照前往。

賭金

若使用外幣，得先去兌換處把現金換成籌碼。若是韓幣，可以直接在遊戲機台進行兌換，每個遊戲的最低賭金不同。

服裝規定

男生穿無袖背心、短褲、涼鞋等不正式服裝是NG的。不能攜帶帽子、長外套、太陽眼鏡和大包包。

和發牌員決勝負

黑傑克

計算牌的數字，盡量接近21。
最後和發牌員的合計數字對戰。
最低賭金為1萬W～

坐到座位旁，BET

把現金換成籌碼，將相當於賭金金額的籌碼放到自己面前。

↓

分配到的牌不能超過21，盡量增加數目

玩家的牌會翻開來，而發牌員則有1張蓋著，一邊預測發牌員的合計點數一邊增加自己的牌。只要超過21點就game over。

發牌員會有1張牌是翻開的

發牌員有1張牌蓋著，所以得預測。發牌員只要超過17點就算輸。

stand

不再拿牌時

當所持點數可能會超過21點時，就輕輕揮手。

hit

追加牌的手勢

追加牌時，就輕敲桌子。

BLACK JACK!!

牌的算法

2～10 …	該數字的點數
A …	1或11點，可自行選擇
J、Q、K …	10點

→ **和發牌員決勝負！**
和發牌員比賽最後的合計數目。只要比發牌員更接近21點就贏了。

和出納員換現金

遊戲結束後會得到一張寫有條碼的紙，就可以和出納員換現金。

HOW TO

「吃飯＆喝飲料」

先申請卡

服務台會發行會員卡（免費）。

> Could I have the beverage menu?

🥤 飲料

在座位上點

在座位上向發牌員點飲料，就會送來座位給你。

> I'll go and have a meal. I'll come back later.

🍴 吃飯

告知發牌員要去吃飯

當遊戲進行到一個段落，告知發牌員，請對方把籌碼等物品放在原處。

↓

去飲食區用卡點餐

餐廳為票券制，有些使用會員卡即可免費用餐，申請時請先確認。

↓

吃完飯回來玩遊戲

回到自己的座位，就能再度參加遊戲。

PLAY

○4

享受滿滿的cosplay感

穿韓服瘋狂拍照

要預約

韓國傳統服裝，韓服。想穿一次五彩繽紛的韓服，作為韓國旅行的回憶！
想像自己是韓劇中的角色，來一次真正的攝影體驗吧。變身成公主！

穿韓服
化妝拍攝

擺出公主般的
姿勢！！

MENU 從搭配服裝化妝到專業拍
攝 A-1方案
TIME 40分鐘　PRICE 7萬W

韓服1件＋化妝＋小飾品
20cm×26cm的光澤照片1張、相簿1本
附贈1張加洗照片

留下回憶的變身體驗

韓服照相館photo studio

치마저고리 포토스튜디오

工作人員都是爽朗又技術好的攝影師和化妝
師，可以體驗如模特兒般的專業攝影。由非
常受歡迎的團體JYJ金在中的姊姊和姊夫經
營。

🏠 中區明洞7街25 3F（乙支路2街199-9）
☎ 02-756-5277　🕘 9:00～20:00　㋭ 全年無休
🚇 2號線乙支路入口站5號出口步行1分鐘
[中文OK] [有中文型錄]
[明洞] ▶MAP P.11 D-1

MENU 體驗方案
TIME 30分鐘（2人以上）
PRICE 2萬W

可自由拍照
好開心♪

挑戰不一樣的
韓服。

店內有JYJ金在中的簽
名和照片等。

穿1件服裝，可用自己相機拍照
的方案。店內有各式各樣的布
景可供拍攝。

MENU 黃真伊個人方案
TIME 60分鐘　PRICE 17萬W

服裝1件＋假髮攝影，可以享受伎生
（韓國藝伎）的服裝。

174

方案流程

以下介紹韓服照相館photo studiou的一般方案流程。
也有不化妝的方案。

1 選擇方案

價格會根據穿著件數、是否化妝等而不同，和店員商量看看吧。

2 挑選服裝

好煩惱～！

女生的有500種！

選擇喜歡的韓服。若覺得困擾，也可以向店員尋求意見。

3 化妝

對專業的成品感到超滿足！

配合衣服化妝。也可以請對方在原本的妝容上添加重點妝。

4 攝影

有點緊張

配合攝影師的建議擺姿勢，拍攝！好好放鬆。

5 選照片

一邊用電腦確認拍好的照片，一邊挑選。也可以用photoshop美肌。

拍完後交付 📷

照片可以送到晚上住宿的飯店，也可以郵寄回國。根據到店時間有所不同，必須商量。

很適合吧

穿著韓服
散步

MENU 租韓服
PRICE 4小時1萬5000W～
保證金1萬W
（寄放護照時）

方案流程　事先決定穿著韓服散步的方案吧。

在喜歡的地方拍攝韓服
Oneday hanbok
원데이 한복

可以享受穿著韓服散步和個人拍攝的樂趣。由於時間和租金費用都是固定的，也可配合行程來租。

🏠 鍾路區北村路5街（齋洞12）
☎ 070-4202-4310
🕘 9:00～19:00　全年無休
🚇 3號線安國站2號出口步行5分鐘
北村　▶MAP P.12 B-3

租借都有固定時間，可以去自己喜歡的地方。

1 預約拜訪

事先上網www.onedayhanbok.com/cn-tra/預約，前往店面。

2 填寫契約書

在契約書上填寫必要項目，當下會處理完費用和保證金的部分。

3 挑選服裝

也可以免費挑選小飾品。如果不知道怎麼搭配，就和店員討論吧。

可在喜歡的景點盡情拍攝，真的很棒。

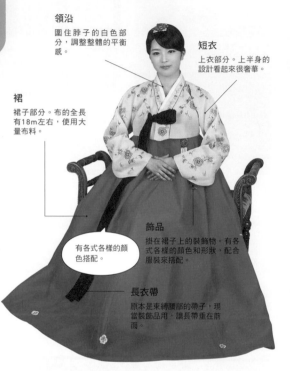

選擇方法
也不同！？

了解後更有趣的
韓服

穿越時空到歷史劇舞台！

平常會穿的

女性韓服

上半身短衣與下半身的裙所組成，日常生活穿的民族服裝。

領沿
圍住脖子的白色部分，調整整體的平衡感。

短衣
上衣部分。上半身的設計看起來很奢華。

裙
裙子部分。布的全長有18m左右，使用大量布料。

飾品
掛在裙子上的裝飾物。有各式各樣的顏色和形狀，配合服裝來搭配。

有各式各樣的顏色搭配。

長衣帶
原本是束縛腰部的帶子，現當裝飾用，讓長帶垂在前面。

不同顏色、花紋、形狀，意義也不同

講到韓國傳統服裝，大家首先浮現腦海的就是「女性韓服치마저고리」了。事實上，民族服裝本身稱為「韓服」，而치마저고리是其中之一，意指結合了裙子（치마）與短衣（저고리），是女性一般的穿著。

五彩繽紛的女性韓服在配色上是有意義的。紅裙子配白色或藍色短衣適合年輕女性，而紫裙子和淡紫色短衣則是有年紀的女性在穿。暖色系為未婚女性，冷色系為已婚女性等等，意義非常多，租借時，請跟店員商量好。

雖然現今日常生活已經越來越少場合會穿，不過婚禮等節慶還是會穿。婚禮時，新娘會在臉頰上塗紅點，韓文稱作「연지곤지」，象徵驅除陰氣之意。

此外，韓國女性保有單膝立起坐姿的習慣。在日本，這個姿勢不太合乎禮節，但在韓國則沒什麼問題。為了坐著時不破壞裙子的線條美感，她們至今仍保有這個習慣。韓國女生普遍多會單膝立起坐姿，就是這個原因。

POINT1
搭配韓服的小飾品也有「經典款」

小飾物也很CUTE

襪子
包到腳裸的襪子，預防腳部寒冷。

繡鞋
花朵圖樣的鞋子。特色是腳指部分會向上翹。

飾品
從腰部向下垂的掛飾。宮中女性的愛用小物。

手提包
放錢等物的包包。韓文的「귀」代表耳朵，由於外形很像耳朵，故以此命名。

髮簪
穿韓服時用來固定盤髮的飾物。

女性韓服種類

古典式婚禮服裝

婚禮用

婚禮用服裝,特色是掛在手腕上的長布。

頭飾
戴在頭上的頭冠,一般用黑布製成。

一般化妝會把臉頰塗紅。

二姓之合
萬福之深

有華麗刺繡

王妃等

宮廷內,唯有地位如王妃等人才能穿的服裝,多為高級絹製。

髮型為「加髢」
戴上用辮子編成的假髮,重達4~5kg。

圓衫
套在外面的衣服,大多為絹製。

汗衫
遮住手的布。

超長~的袖子最華麗!

紅色表示權威
帶有去除厄運之力的紅色會用在君王等服裝上。

POINT2
花樣各有含義

除了女性韓服以外,各類韓服使用的布料刺繡都有不同意義。

鳳凰紋

慶祝
象徵慶賀的代表鳥類,用於婚禮服裝等各式各樣場合。

鴛鴦紋

夫妻愛
常用於女性結婚用品上的花紋,和日本一樣象徵夫妻愛情。

蝴蝶紋

女人味
華麗的蝴蝶花紋象徵女人味,庶民愛用的圖案。

POINT3
顏色搭配來自五行說

韓國的鮮豔配色都是來自「陰陽五行說」,5種顏色各有意義。

黃	意指土,最高貴的宇宙中心顏色,使用在君王衣服上。
青	意指木,擁有去除災厄與招福之力的顏色。
白	意指金屬發光的顏色,象徵純潔與生命。
赤	相當於火,意指熱情、愛情與積極,有強烈去除災厄之力。
黑	相當於聚集在黑暗低窪之處的「水」,是人類智慧的顏色。
五間色	介於上面5種顏色的中間色。青黃的間色為綠,青白的間色為碧,赤白的間色為紅,黑赤的間色為紫,黑黃的間色則是硫黃。

用占卜解決平日煩惱

明亮開放的占卜咖啡廳「Eros」

滿懷期待踏進店裡，沒想到咖啡廳竟如此開闊。

WHY 「在韓國占卜」

韓國人認為占卜與個人切身相關。占卜攤就位於繁華街上，還有很多可以一邊喝茶一邊占卜的咖啡廳。像結婚、轉職等人生大事，占卜都可以當作參考。此外，它和日本占卜不同，沒有時間限制，無論多少問題都可問，非常平易近人。

街上也有占卜攤

占卜的不安Q&A

Q 感覺很可疑？

A 咖啡廳為主流
現在有很多咖啡廳可以一邊喝茶一邊占卜，空間開放，可以放心。

Q 會不會很貴？

A 1萬W起跳！
費用根據店家有所不同，不過花1萬W（飲料費另計）左右就可以占卜了。大多沒有時間限制，對方也不會要求高額費用。

Q 要花多少時間？

A 20～30分鐘起跳
需時為20～30分鐘起跳。由於在咖啡廳，慢慢占卜也OK。

Eros的占卜流程

1 告知個人資訊

基本上會問名字、出生年月日、生辰。事先查好出生時辰吧。

用西元填寫出生年份！

↓

請指名「Eros的河本」喔！

交給這位老師！
都率老師
老師長得很像搞笑藝人次長課長的河本。還會說些小哏，人很親切。

2 開始占卜

厚重的資料！！

妳的肺和氣管不好吧？

說對了…！

首先由老師告知你的基本性格與工作、戀愛等。

聽到占卜，也許很多人會抱持懷疑，
然而韓國的占卜不僅價錢親民，空間也很舒適，
還可以在咖啡廳一邊飲茶，一邊預測未來！

也推薦這裡！

嗶嗶

還是不要辭職比
較好喔。

認真！

會直接講出痛處，性格爽快！

老師的占卜道具
用米占卜手相和面相
的圖表，上頭還寫了
年限。

紫陽花茶
5000W
人氣餐點是帶有些許甜味的
紫陽花茶。還有免費的小點
心。

在觀光的閒暇時間順便來訪

道通
도통
位於明洞中心的占
卜咖啡廳。占卜老
師朴萬浩會用四柱
推命、看面相和手
相進行綜合式占
卜。

🏠 中區明洞4街39 3F（明洞2街53-18）
☎ 02-776-4984
🕐 9:30～22:00　㊡ 農曆新年、中秋當天
W 3萬W～（飲料費另計）
🚇 4號線明洞站6號出口步行3分鐘
　明洞　▶MAP P.11 D-2

MENU　綜合占卜
PRICE　3萬W
　　　　（含翻譯）

☕ CAFE MENU

研磨咖啡　5000W
新鮮果汁　7000W
菊花茶　5000W

朋友在
一旁做筆記。

3 詢問時間

嗶通嗶通

關於結婚…

老師講解完，盡量追問想問的問題和想更深入了解的事。

韓國首間占卜咖啡廳

Eros
에로스
位於梨大的元老占
卜咖啡廳。陽光照
進店裡，空間明亮
寬廣。座位有20
桌，也有很多客人
單純來喝咖啡。

🏠 西大門區梨花女大街37 3F（大峴洞56-77）
☎ 02-363-1810
🕐 11:00～22:00
㊡ 全年無休
W 1萬W～（飲料費另計）
🚇 2號線梨大站2號出口步行3分鐘
　梨大　▶MAP P.18 C-2

MENU　綜合占卜
PRICE　24歲以下1萬W
　　　　25～34歲1萬5000W
　　　　35歲～2萬W（※虛歲）

只喝咖啡也OK！
也有一些客人只是來喝咖啡的。來店
裡不會有壓力。

柚子茶
5500W

☕ CAFE MENU

咖啡類　5000W～
soft drink　5500W
傳統茶　5500W

TOWN

明洞～南大門
명동~남대문

首爾最大的繁華街。觀光中心地，中文大多能通。明洞更網羅了餐廳、美妝店、美容院等各類店面，簡直到了「有困難去明洞就能解決」的程度。傍晚以後攤販開始營業，更增添活力。

匯集所有王道商品

可以逛美妝、服裝、鞋子等，非常充實，也有很多美容院。

🚶 步行一圈
1小時
MAP P.10、11
MAP P.15

🚉 最近車站
4號線明洞站
2號線乙支路入口站

日：◎ 夜：○

逛街的意外收穫!?
WE LOVE 贈品、試吃

明洞可說是贈品天堂。在美妝店，只要消費就能得到化妝品試用包，百貨公司或市場也能試吃。

贈品

美妝店贈品

只要在美妝店消費，就會得到小包裝或瓶裝的試用品。「샘플 많이 주세요！」（桑卜魯 馬尼 揪ㄙㄟ呦，請給我贈品）是必學短句。

樂天百貨

CD附贈海報

在明洞站6號出口附近的MUSIC KOREA購買K-POP CD，就會贈送海報等。這是粉絲無法抗拒的服務。
MUSIC KOREA Ⓑ
→ MAP P.11 D-3

試吃

南大門市場試吃

南大門市場除了賣廚房用品外，還有很多韓國海苔等食品特產店。大部分店家都可以試吃海苔。

百貨地下街試吃

百貨地下街的食品賣場可以試吃泡菜、海苔等各式各樣食物。
新世界百貨公司 Ⓐ
→ MAP P.10 B-3

吃吃看喔～～!!

南大門地區

南大門路

南大門市場
廚房用品GET

南大門市場聚集許多賣鍋子、筷子、湯匙等餐具的店。回國也能繼續使用韓國餐具，感受道地氣圍！？ Ⓒ

筷子和湯匙組合

3000W

Ⓒ 南大門餐具批發
>>> P.135

泡麵鍋 4560W

SHINSEGAE

郵局

Ⓐ 新世界百貨公司

會賢站

聚集了一人也能用餐的連鎖店 → P.66

想邊走邊吃
就去明洞街
→ P.74

乙支路入口站

乙支路

連鎖店地區

一到晚上就到處林立的攤販！

明洞
藝術劇場

明洞街

400m的美妝店街，
一次制霸9種品牌

出了明洞站6號出口馬上映入眼簾的廣大主要
街道上，林立了許多美妝店。在明洞綜合比價
或大量購買都比較有效率。

NOON SQUARE

步行
5分鐘

明洞8街

K-POP

MUSIC KOREA

B MUSIC KOREA

羅伊薩爾飯店

明洞地區

明洞站

明洞藝術廣場

美妝

最新流行

eSpoir

innisfree

MISSHA

ETUDE HOUSE

SKINFOOD

明洞8街

the SAEM

THE FACE SHOP

TONYMOLY street culture

NATURE REPUBLIC

明洞站

TOWN

明洞～南大門

仁寺洞～三清洞

東大門

弘大

新村～梨大

梨泰院

狎鷗亭洞～清潭洞

林蔭道

其他

位於4號線明洞站樓下的廣大明洞地下街有平價服飾、K-POP周邊商品等各種商店。　183

仁寺洞〜三清洞

歷史凝聚的街道

인사동~삼청동

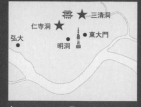

擁有世界遺產昌德宮、美麗景福宮的仁寺洞、三清洞就宛如「歷史之街」，傳統韓屋林立的模樣簡直就像穿越時空一般。這裡有許多傳統雜貨店，是最適合尋找特產的地區。

🚶 步行一圈
3～4小時
MAP P.12、13

🚉 最近車站
3號線安國站6號出口
1、3、5號線鍾路3街站5號出口

傳統商品就交給此地

日：◎　夜：○

王宮等觀光景點多。一邊逛街，一邊購買傳統小物。

用相機捕捉
絕妙景點！

北村韓屋村、景福宮、昌德宮等感受歷史氛圍的景點大多在仁寺洞、三清洞。韓屋村（P.185）等推薦景點也很熱鬧。

古宮

仁寺洞地區有許多朝鮮時代歷代君王與貴族居住的建築，細膩的用色也很引人注目。

景福宮 Ⓐ
→ P.152

Ⓐ 景福宮
>>>P.152

先來這裡拿觀光地圖!!

昌德宮 Ⓑ
→ P.150

在新舊傳統特產地
入手最好item

想買特產，就要去「Ssamziegil」或「仁寺洞MARU」。兩者都是複合性商業設施，網羅傳統雜貨等商品，到處串門子也很不錯！

Ssamziegil Ⓒ
쌈지길

🏠 鍾路區仁寺洞街44（寬勳洞38）
☎ 02-736-0088
🕙 10:30～20:30
🈺 農曆新年、中秋當天
MAP P.13 E-2

B1F　體驗工房、餐廳等
1F　結合傳統×時尚的shop
2F　手工小物等
3F　手工印章等
4F　咖啡廳、陽台等

仁寺洞MARU Ⓓ
인사동마루

🏠 鍾路區仁寺洞街35-4（寬勳洞196-10）
☎ 02-2223-2500
🕙 10:00～20:30，咖啡廳～22:00，餐廳～23:00
🈺 全年無休
MAP P.13 D-2

新館		本館	
B1F	自助式餐廳	1F	韓式甜點
1F	傳統工藝品	2F	咖啡廳、治療區
2F	生活	3F	手工商品
3F	時尚	4～6F	泡菜博物館
4F	頂樓庭園		

在北村韓屋村
感受歷史
傳統房屋「韓屋」
林立的地區。位於
安國站附近,地點
佳,非常推薦。
→ MAP P.12 B-2

北村韓屋村

三清洞地區

正讀圖書館

嘉會路

桂洞街

B 昌德宮
>>> P.150

安國站

觀賞韓屋陳列的
各種可愛商品
三清洞一帶有許多韓屋改裝的
服飾店、鞋店及咖啡廳等店
家。

C Ssamziegil

仁寺興MARU

步行10分鐘

D 仁寺洞街

仁寺洞地區

鐘閣站

邊走邊吃就
要選攤餅♥

TOWN

明洞‧南大門

仁寺洞~三清洞

東大門

弘大

新村‧梨大

梨泰院

狎鷗亭洞~清潭洞

林蔭道

其他

東大門

동대문

東大門是聚集了時尚批發市場的地區。為了配合店家的時間，週末時裝大樓會營業到早上5點。商品都是批發價格，非常親民，好好通宵享受購物樂趣吧！

🏃 步行一圈	🚇 最近車站
2小時	1、4號線東大門站8號出口
MAP P.14	2、4、5號線東大門歷史文化公園站14號出口

購物天堂

日：◎ 夜：○

可以逛街到凌晨，餐廳也大多為24小時營業。

晚餐就在一隻雞街解決！
在綜合市場裡，有水煮雞、一隻雞店非常密集的「一隻雞街」。

東大門站

東大門綜合市場

一隻雞街

清溪川

N.P.H市場

累了就在24H的蒸氣房小憩
在東大門通宵逛累了，就去有汗蒸幕和澡堂設施的蒸氣房放鬆。

SPAREX A >>> P.94

F maxtyle >>> P.126

E doota! >>> P.126

D hello!aPM

步行8分鐘

A SPAREX >>> P.94

光熙市場

G TEAM24 >>> P.128

東大門設計廣場（DDP）

喜歡K-POP就去「體育場」
DDP的D1區域1樓生活1館有SM娛樂公司的店，可以買到東方神起和EXO等藝人周邊商品。

C LOTTE FITIN >>> P.127

東大門歷史文化公園站

B DDP MAP P.14 B-2

在新建的DDP
東大門設計廣場
來場博物館體驗

2014年3月誕生於東大門的複合性設施。在流線形的獨特建築中有展示會場和博物館等，可以接觸藝術。B

ART HALL

可以接觸到各式各樣的設計展，樓下也有商店。

MUSEUM

舉行展覽和特別活動的大型會議室。

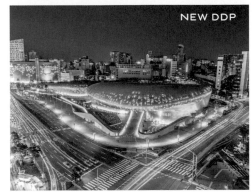
NEW DDP

聳立於東大門中心的流線形建築到了夜晚會點燈。

晚餐後的行程
就是要大買特買不遺漏！

東大門有許多時尚批發設施，會營業到深夜，吃完晚餐開始逛街，優閒享受購物樂趣。

21:00〜

在LOTTEN FITIN 購買個性商品
韓國設計師品牌的價格都很實惠。
C →P.127

5萬4000W
2萬7000W

23:00〜

在hello!aPM可以買到男性和女性商品
除了女性商品以外，這裡也賣男性和兒童服裝，一應俱全。D

7萬8000W

在DOOTA MALL 入手時尚新貨
東大門最地標性的時尚大樓，有超過400間店進駐。
E → P.126

〜24:00

36萬8000W

最後就在TEAM24買鞋子畫下句點
地下1樓和2樓是鞋子專賣樓層，是入手設計感強且價格便宜鞋子的機會。G → P.128

〜26:00
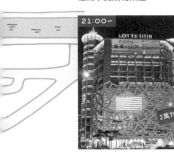

在maxtyle大買平價商品
和網路商城合作，有衣服和各類雜貨，應有盡有。F → P.126。

〜28:00

3萬1000W
3萬5000W

TOWN

明洞〜南大門

仁寺洞〜三清洞

東大門

弘大

新村〜梨大

梨泰院

狎鷗亭洞〜清潭洞

林蔭道

其他

弘大
홍대
白天吃美食、晚上在夜店狂歡的學生街

弘大是弘益大學的簡稱，藝術大學的最高學府，坐擁許多大學的弘大街道充滿年輕人的活力與藝術氣息。還有夜店街，週末甚至得排隊。絕對不能錯過學生取向的便宜美食！

🚶步行一圈
3～4小時
MAP P.16～17

🚇最近車站
2號弘大入口站9號出口
2、6號線合井站3號出口
6號線上水站1、2號出口

夜晚玩樂超豐富

日：◎ 夜：○

想在弘大玩樂，就要去夜店。也有很多營業到深夜的咖啡廳。

光看也很有趣的冰棒
molly's pops Ⓐ
몰리스팝스

🏠 麻浦區臥牛山路29街9（西橋洞332-20）
☎ 070-4300-3045
🕐 12:00～22:00
📅 週一、農曆新年、中秋連休
▶MAP P.17 E-1

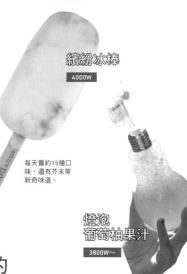

繽紛冰棒
4000W

每天賣約15種口味，還有芥末等新奇味道。

燈泡
葡萄柚果汁
3800W～

造成話題的有趣飲品
HARU Ⓑ
하루

🏠 麻浦區弘益路3街25
☎ 070-7623-9158
🕐 00:00～00:00
📅 無休
▶MAP P.17 D-2

適合上傳社群網站的繽紛燈泡果汁汽水。總共有14種口味，還會真的發光。

掌握首爾流行的
最新美食趨勢

年輕人的街道——弘大是最新美食熱門地，停車場街可以發現新穎美食。穿梭在首爾人中邊走邊吃！

可以帶走和內用
CHURRRO101 Ⓒ
츄로101

🏠 麻浦區和諧廣場路128（西橋洞346-1）
☎ 02-336-0331
🕐 11:00～23:00
📅 無休
▶MAP P.17 E-1

吉拿棒
4400W

在吉拿棒上撒巧克力。可以單手拿著邊走邊吃。

歡樂又安全
弘大club攻略祕訣

弘大有集結了許多夜店的「夜店街」，一到週末夜就會排隊。為了玩得安全盡興，須注意以下事項。

● 必須攜帶護照
入場時須證明身分。有些夜店不接受影本，請帶正本前往。

● 盡量縮減隨身物品
隨身物品可以放在寄放處。方便攜帶的小包包須不離身。

● 注意別喝太多
很多人因為太盡興就被偷或捲進麻煩裡，注意別喝太多。

● 穿著方便行動的服裝就OK
許多人會穿T恤和牛仔褲去弘大的夜店，只要方便行動就行了。

● 拋開羞恥心用力跳舞！
難得上夜店，就別害羞盡情跳舞吧！

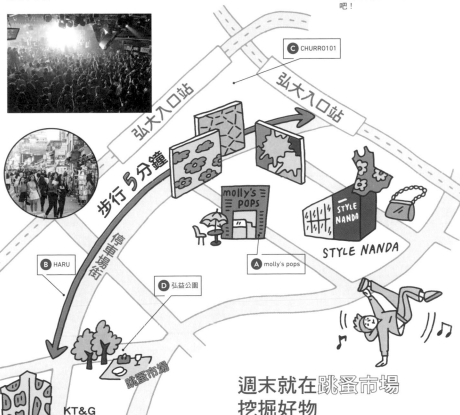

Ⓒ CHURRO101

弘大入口站

弘大入口站

步行5分鐘

停車場街

molly's POPS

STYLE NANDA

STYLE NANDA

Ⓐ molly's pops

Ⓑ HARU

Ⓓ 弘益公園

跳蚤市場

KT&G
想像庭園

夜店街

上水站

週末就在跳蚤市場
挖掘好物

2002年開始在弘益公園舉辦的跳蚤市場，商品皆通過事務局審查嚴選出來，水準非常高。3月～11月的每週六舉行。

也可以買到新銳藝術家的作品！
弘益公園 Ⓓ
홍익공원
🏠 麻浦區臥牛山路21街19-3
（西橋洞359）

🚶 TOWN

明洞～南大門

仁寺洞～三清洞

東大門

弘大

新村～梨大

梨泰院

狎鷗亭洞～清潭洞

林蔭道

其他

👣 弘大的主要街道「停車場街」，顧名思義，是因為街道正中央有停車場而命名。

新村～梨大

신촌~이대

平價商店大集合

日：◎ 夜：○

鄰近地鐵2號線的新村和梨大，延世大學和梨花女子大學分別坐落於兩地。咖啡館與餐廳的行情不貴，口味也出色。而梨大為女子大學，附近也有許多服飾店和美妝店。

🚶 步行一圈
2～3小時
MAP P.18

🚇 最近車站
新村
2號線新村站2、3號出口
梨大
2號線梨大站2號出口

新村的美食不可勝數，梨大則有豐富的時尚商店和美妝店。

延世大

常出現在電視劇或電影中！

新村地區

U-PLEX

Yes aPM
後面有許多鞋店

F 春川家辣炒雞排
>>> P.46

高CP值
美食集中區

現代百貨公司

延世路

E 胖胖豬韓式烤肉
>>> P.32

新村站

高CP值
美食集中區

步行 15分鐘

新村站（地鐵）

D 延南站香吃
食堂
>>> P.40

在1號店shop
採購美妝！

不知是否因為女子大學位於此地，為了反映流行品味敏銳的女孩心聲，許多美妝店都在梨大開設1號店。因為是旗艦店，品項非常豐富，也不會像明洞那樣熱情接客，可以輕鬆自由購物。

Ⓐ A'PIEU梨大1號店

MISSHA的姊妹品牌，可以入手價格實惠的有機美妝品。

▶MAP P.18 C-2

Ⓑ Shara Shara梨大店

將包裝可愛引人注目的平價美妝當成禮物送人，對方也會很開心。

▶MAP P.18 C-2

新村站

梨大地區

梨花女子大

Ⓐ A'PIEU梨大1號店

嗯嗯

占卜咖啡廳

Ⓑ Shara Shara
梨大1號店

Ⓒ Eros
>>> P.178

前往新約會聖地「曖昧階梯」

梨大站附近的YES apM前空地有個壁畫藝術，稱為「曖昧階梯」，是為了朋友以上戀人未滿的「some」而設立的景點。

占卜咖啡廳

在咖啡廳內小憩，預測未來！？
Eros Ⓒ >>> P.178

鞋店區

YES apM

曖昧階梯

梨大站

站

享用首爾學生也
讚賞的高cp值美
食飽餐一頓

學生街新村、梨大地區有許多學生取向的便宜好吃店家。唯有獲得首爾支持的店家才能存活下來，口味可以掛保證。

鐵桶烤肉　1萬6000W
延南站著吃食堂 Ⓓ P.40

五花肉　1萬1000W
胖胖豬韓式烤肉 Ⓔ P.32

辣炒雞排　7500W
春川家辣炒雞排 Ⓕ F P.46

TOWN

明洞〜南大門

仁寺洞〜三清洞

東大門

弘大

新村〜梨大

梨泰院

狎鷗亭洞〜清潭洞

林蔭道

其他

新村〜梨大地區有很多可以住宿的「考試院」。有些念書很拼的學生為了控制預算，會選擇這類便宜住宿。

洋溢異國風情

梨泰院
이태원

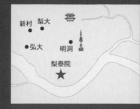

用一句話形容梨泰院，就是「異國風情」。這裡是首爾市第一個觀光特區，可以品嘗各國美食。近來許多時尚店都進駐經理團街，成為設計師大展長才的地區。

新村　梨大
弘大　明洞
　　　梨泰院
★

領受多國籍的魅力

🏃 步行一圈	🚉 最近車站
1～2小時	6號線梨泰院站
MAP P.18	6號線綠莎坪站

日：◎　夜：○

有許多時尚精品店和設計師品牌。

在經理團街來趟
個性咖啡館巡禮

經理團街匯聚許多特別的咖啡館和餐廳，去時尚又可愛的咖啡廳坐坐吧！

A MONSTER CUPCAKE

MONSTER CUPCAKE Ⓐ　　Graddhyllan Ⓑ　　STREET CHURROS Ⓒ

品嘗美味，開心鑑賞

FRANK's Ⓓ
프랭크

以新奇年輪蛋糕聞名的咖啡廳，店內最受歡迎的是色彩繽紛的「彩虹年輪蛋糕」。

🏠 龍山區素月路44街41（梨泰院洞258-228）
☎ 070-8156-5459　🕐 12:00～22:00（週四～21:00）　🈺 週一、農曆新年、中秋當天
▶ MAP P.18 A-1

Ⓔ Sugar Lane

彩虹年輪蛋糕
1萬7000W（1個）

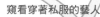

窺看穿著私服的藝人

梨泰院地區一直是藝人出沒的地點。突然偶遇不是夢！？

蛋白霜
1500W（1個）

Ⓒ STREET CHURROS

可愛又圓滾滾的蛋白霜

Suger Lane Ⓔ
슈가레인

使用蛋白霜的甜點專賣店，蛋白霜皆不含麩質、脂肪、膽固醇。

🏠 龍山區綠莎坪大路46街25（梨泰院洞341-6）
☎ 02-790-5333
🕐 12:00～21:00　🈺 週一
▶ MAP P.4 C-2

綠莎坪站

訂製皮件

年輕設計師打造的
珠寶 Check！

近年來，梨泰院成了許多年輕韓國設計師聚集的地方，甚至出現只要想創立品牌就來梨泰院的風潮。試著在集結許多個性品牌的梨泰院找到你喜歡的商品吧！

販售高品質珠寶的店，大多為樣式簡單卻讓人印象深刻的設計。

🏠 龍山區大使館路11街57（漢南洞684-65）
☎ 02-794-5922
🕐 12:00～20:00，週日13:00～18:00 ㊡ 國定假日、農曆新年、中秋連休
▶ MAP P.18 C-1

細緻設計巧奪天工
Monday Edition ❻
먼데이에디션

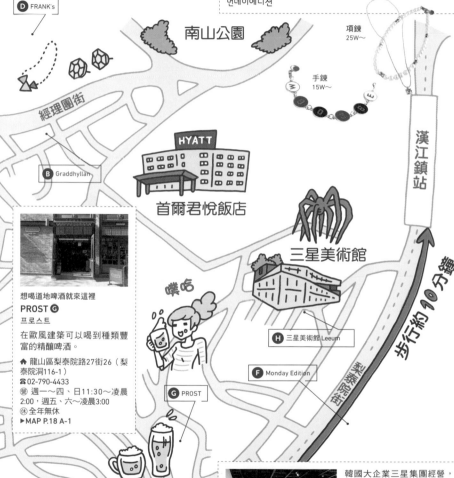

南山公園

項鍊 25W～

手鍊 15W～

D FRANK's

經理團街

HYATT

B Graddhyllan

首爾君悅飯店

漢江鎮站

三星美術館

步行約10分鐘

想喝道地啤酒就來這裡
PROST ❼
프로스트

在歐風建築可以喝到種類豐富的精釀啤酒。

🏠 龍山區梨泰院路27街26（梨泰院洞116-1）
☎ 02-790-4433
🕐 週一～四、日11:30～凌晨2:00，週五、六～凌晨3:00
㊡ 全年無休
▶ MAP P.18 A-1

噗呍

H 三星美術館 Leeum

F Monday Edition

梨泰院路

G PROST

韓國大企業三星集團經營，收藏古今中外約1萬5000件藝術作品。

🏠 龍山區梨泰院路55街60-16（漢南洞747-18）
☎ 02-2014-6901
🕐 10:30～18:00（閉館前1小時最後入場）
㊡ 週一、1月1日、農曆新年、中秋連休
Ⓦ 1萬W
▶ MAP P.18 B-1

梨泰院站

展示古今中外的藝術
三星美術館 Leeum ❽
삼성미술관리움

🚶 TOWN

明洞～南大門

仁寺洞～三清洞

東大門

弘大

新村～梨大

梨泰院

狎鷗亭洞～清潭洞

林蔭道

其他

狎鷗亭洞～清潭洞
압구정동~청담동

各國精品密集的貴婦地區狎鷗亭洞～清潭洞是代表江南的時尚地區。特色是有很多藝人事務所，也許在藝人經營常去的咖啡館和餐廳見到本尊也不再是夢！？

🚶 步行一圈
3小時
MAP P.22

🚉 最近車站
狎鷗亭洞
3號線狎鷗亭站2號出口
清潭洞
盆唐線狎鷗亭羅德奧站

充滿貴婦氣息的地區

有時尚服飾店和販售講究食材的商店等，可盡情購物。

日：◎ 夜：○

享受獨創的韓方茶
&足湯
Tea Therapy Ⓐ >>> P.107

也有很多可以
邊走邊吃的攤販

Ⓕ GOURMET494
>>> P.143

Ⓓ THE MIN'S

Ⓐ Tea Therapy
>>> P.107

Ⓒ 船笛

步行30分鐘

狎鷗亭路

現代百貨公司

狎鷗亭站

羅德奧街

狎鷗亭羅德奧站

彥州路

Ⓑ MOON JAR
>>> P.59

Ⓔ COFIOCA

美妝店
聚集地!!

宣陵路

MOON JAR

島山公園

羅德奧街美食
→ 造訪馬格利酒吧

羅德奧街有很多好吃的店。可以在吃完晚餐後造訪馬格利酒吧，盡情續攤。

用辣炒章魚填飽肚子！
辣炒章魚　1萬2000W

用馬格利乾杯！
MOON JAR Ⓑ >>> P.59

辣炒章魚必吃！
船笛 Ⓒ
뱃고동

辣炒章魚與烏賊烤肉為名產。採數量限定制，也有烤生章魚。

🏠 江南區彥州路172街54 B1F
（新沙洞663）
☎ 02-514-8008
🕙 11:30～22:00（LO21:30）
🈺 農曆新年、中秋連休
▶MAP P.22 C-1

夢想和心愛
明星相遇

狎鷗亭洞、清潭洞地區有許多藝能事務所，
在藝人會去的店裡埋伏也是一種樂趣。

草莓奶昔
6500W

COFIOCA **E**
커피오카

珍珠飲料專賣店。乾淨的店
內有滿滿藝人和演員的簽
名！

🏠 江南區宣陵路161街31鶴松大
廈1F（新沙洞659-9）
☎ 02-515-3032
🕙 10:00～22:30
🚫 農曆新年、中秋當天
▶ MAP P.22 C-1

2AM昌珉經營的咖啡館，
昌珉的父母會來迎接客人。

🏠 江南區狎鷗亭路3301F
112號（新沙洞660-6）
☎ 02-512-1452
🕙 10:00～19:00
🚫 全年無休
▶ MAP P.22 C-1

THE MIN'S **D**
더민스

草莓牛奶
5000W

也來看看百貨公司地下街美食！
Galleria樓下的食品賣場有豐富流行
甜點。

GOURMET494 **F**

Galleria

S.M.
ENTERTAINMENT

JYP
ENTERTAINMENT

CUBE
ENTERTAINMENT

品牌街

島山大路

變裝中

SSG食品超市 **G** SSG
食品超市
>>> P.143

在高級超市尋找
最講究的特產
清潭洞的高級超市SSG食品超市
販售韓國食材和進口商品，種類
廣泛。

SSG食品超市 **G** >>> P.143

5000W

1萬W

韓國海苔

草莓番茄醬

也許
能遇到藝人♥

TOWN

明洞～南大門

仁寺洞～三清洞

東大門

弘大

新村～梨大

梨泰院

狎鷗亭洞～清潭洞

林蔭道

其他

林蔭道
가로수길

林蔭道一如其名，是樹木林立的街道。街上開滿許多時尚名店，宛如日本表參道，路上行人的時尚品味也很引人注目。

明洞
狎鷗亭洞
清潭洞
★ 林蔭道

眾多時尚咖啡廳

🚶 步行一圈
1小時
MAP P.19

🚉 最近車站
3號線新沙站8號出口

日：◎　夜：○

高級服飾店和雜貨店林立，還有許多時尚咖啡廳。

在高級精品店
尋找別緻商品

走進林蔭道的主要街道，就會發現高質感精品店。
用充滿個性的好物犒賞自己！

杯子&茶托
花紋組合相當可愛的餐具組。

 3萬4000W

韓國第一間芳香物精品店
MAISON DE PARFUM Ⓐ
메종드파팡
販售香水和香薰蠟燭的精品店，匯集世界各地的香水。

🏠 江南區島山大路17街27（新沙洞544-19）
☎ 070-4158-1205
🕐 12:00～21:00　🈹農曆新年、中秋當天
▶MAP P.19 F-2

時髦家具的寶庫
Chaper1 Ⓑ
챕터원
網羅歐洲和韓國設計的雜貨和生活用品店。

🏠 江南區論峴路151街48（新沙洞543-10）
☎ 02-517-8001
🕐 11:00～20:00
🈹週日
▶MAP P.19 F-2

 10萬W～

香水
以植物和野生花朵為靈感，香味充滿生氣。男女都適用。

8 SECONDS

步行3分鐘

TOP TEN

J-TOWER

CAFE

新沙站

島山大路

shopx小零食
十足女性喜好

服飾店竟然傳出甜甜香味！
可以在店前小憩，補充糖分，也可以邊走邊吃。

爆米花冰
4500W
享受在牛奶冰上添加焦糖爆米花的口感。

附設咖啡廳的精品店
around the corner C
어라운드더코너

網羅可愛商品的精品店，1樓還有咖啡廳。

🏠 江南區狎鷗亭路12街24（新沙洞532-5）☎02-545-5325
🕐 11:00〜21:00（週五、六〜22:00）
㉻ 無休（農曆新年、中秋連休下午營業）
▶MAP P.19 E-1

A LAND

牛

C around the corner

LAYBRICKS

D LAY BRICKS

A MAISON DE PARFUM

Chapter1

B Chapter1

請喝精心製作的咖啡

點一杯時髦咖啡館
型男沖煮的咖啡

林蔭道有許多非連鎖咖啡館。
還能發現帥哥！？

咖啡類
4500〜7000W

以咖啡工廠為意境布置的店，可以享用咖啡師精心製作的咖啡。

🏠 江南區論峴路153街46（新沙洞555-13）
☎02-545-5513
🕐 週一〜四11:00〜凌晨1:00（LO24:00），週日12:00〜24:00（LO23:00）
㉻ 農曆新年、中秋當天
▶MAP P.19 F-2

煉瓦製的沉穩空間
LAY BRICKS D
레이브릭스

TOWN

明洞〜南大門

仁寺洞〜三清洞

東大門

弘大

新村〜梨大

梨泰院

狎鷗亭洞〜清潭洞

林蔭道

其他

林蔭道（가로수길）韓文的「가」代表橫的意思，而縱向街（세로수길）的名字則是對比林蔭道，因「세로=縱」而命名。

追加季節性景點巡禮

🚶 步行一圈
1小時
MAP P.20

🚃 最近車站
高速巴士客運站3、7號線
高速巴士客運站
COEX
2號線三成站

從購物到美食
江南地區
강남

意指江南站、三成站、高速巴士客運站、新論峴站周邊。商店街有許多商業人士喜好的餐廳。

當地人密集，CP值高

日：◎ 夜：○

超便宜！在GO TO MALL
大買時尚精品

連接高速巴士客運站樓下的GO TO MALL開滿服飾店，還便宜到讓人驚訝，有超高機率可以發現隱藏好物！也有飲食店，無需煩惱沒地方休息。

滿滿便宜又可愛的衣服！

包包全部1萬W！

集結許多便宜商店的地下街
GO TO MALL
고투몰

全長880m，總店舖數620間的地下購物商城。有許多當地人，是隱藏版好去處。

🏠 瑞草區新磐浦路地下200江南巴士客運站地下購物商城（磐浦洞128-4）
☎ 02-535-8182 🕙 10:00～22:00
㊡ 農曆新年、中秋當天
▶MAP P.20 A-3

踏進NEW OPEN
K-POP聖地

開設於COEX的SMTOWN COEX ARTIUM是SM娛樂公司的聖地。到處都展示旗下藝人的立牌和服裝，也可以購買官方周邊商品等。

K-POP粉絲必訪景點
SMTOWN COEX ARTIUM
코엑스아티움

SM娛樂公司經營的複合式商業設施，可以被偶像包圍度過一整天。

🏠 江南區永東大路513（三成洞159） 🕙 11:00～22:00 ㊡ 無休
▶MAP P.21 E-2

1F	歡迎區
2F	商店
3F	整修中
4F	咖啡廳
5～6F	3D列印店、影城

時光靜靜流逝
付岩洞
부암동

位於景福宮後方的北岳山山間，置身大自然，非常清幽。地區雖小，卻有不少時尚咖啡廳等。

🚶 步行一圈
2～2.5小時
MAP P.4 B-1

🚃 最近車站
3號線景福宮站
3號出口搭計程車
約10分鐘

超適合拍照！

日：◎ 夜：○

韓劇咖啡廳外景景點巡禮

「咖啡王子1號店」劇中的咖啡廳「山末同一」就位在付岩洞，一邊回想劇中場景一邊飲茶也很愜意。

「咖啡王子1號店」的外景地。

沉浸在戲劇世界裡
山末同一
산모퉁이

原本是一間工坊，後來以拍攝戲劇為契機改裝成咖啡廳。位於高地上，瞭望風景佳。

🏠 鍾路區白石洞街153（付岩洞97-5）
☎ 02-391-4737 🕙 11:00～21:20
㊡ 農曆新年、中秋當天會較晚營業
▶MAP P.4 B-1

店內色彩繽紛的家具很引人注目。

除了目前介紹的8個主要地區，首爾還有很多值得一看的地方。
既然都到了各個地區，便想更深入造訪一番。
在此介紹成為首爾人話題的嚴選4地區！

小劇場集結之地
大學路
대학로

過去因首爾大學而知名的大學路，現在成
為小劇場集結的戲劇街。北側城北洞還留
有韓屋，是一閑靜之地。

大學路
仁寺洞 ● ★ 東大門
明洞

🚶 步行一圈
2小時
MAP P.15

🚇 最近車站
4號線惠化站

藝術散步

日：◎ 夜：○

拜訪充滿歷史氣息的韓屋

曾擔任國立中央博物館館長的崔淳雨將個人宅
邸對外開放，可以參觀，感受80年前的韓屋景
況。

感受傳統的空間
崔淳雨故居
최순우 옛집

80年前的家屋。家具也復原成
當初的模樣，可以領略其生活
狀況。

🏠 城北區城北路15街9（城北洞
126-20）　☎02-3675-3401
🕐 10:00～16:00（最後入場
15:30）
🚫 週日、一，12～3月、中秋當
天
▶MAP P.4 C-1

家具也重現當年的模樣。

帶著相機尋訪
藝術街道

以梨花洞駱山公園為中心一
帶集結了許多藝術作品，壁
畫和招牌等都非常值得一
看。請帶著照相機前往！

梨花洞駱山計畫
→ P.160。

漂浮在漢江上的島
汝矣島
여의도

位在漢江上的島，是匯集國會議事堂等機
構的首爾政治中心。面向漢江，以美麗夜
景聞名。

梨大
新村 ●
● 弘大　明洞
★
汝矣島

🚶 步行一圈
1小時
MAP P.4 A-2

🚇 最近車站
9號線汝矣島站

耀眼奪目

日：◎ 夜：○

登上仰望首爾全區的63大廈

全長264m的63大廈是汝矣島地標。60樓的展望
台、一邊瞭望絕景一邊用餐的59樓餐廳都不容錯
過。

聳立在漢江邊的首爾
地標 → P.158。

從59樓餐廳眺望的風
景絕美。

TOWN

明洞〜南大門

仁寺洞〜三清洞

東大門

弘大

新村〜梨大

梨泰院

狎鷗亭洞〜清潭洞

林蔭道

其他

抱持homestay的心情入住

住宿韓屋盡情放鬆

住慣了一般旅館，也可試著投宿傳統家屋「韓屋」。
一邊感受木頭的溫潤感，一邊優閒消磨時光。

這回就住
樂古齋！

以「享受古風，純淨舒適的場所」
之意命名的「樂古齋」。住宿於
此，在沉靜的空間裡體驗韓國傳統
文化。

改裝130年前的韓屋

樂古齋
락고재

比鄰景福宮的住宿地，老闆為了讓
大家體驗韓國「風流文化」而開
設。

🏠 鍾路區桂洞街49-23（桂花洞98）
☎ 02-742-3410
🚇 3號線安國站2號出口步行6分鐘
中文OK
三清洞 ▶MAP P.12 B-2
費用 27萬5000W～
IN 15:00
OUT 11:00

15:00

歡迎光臨！

入住

15:00以後check in。到了
可先喝杯精心泡製的韓方
茶小憩一下。

18:30

韓式定食晚餐

晚上就在房間享用參雞湯定食，飽餐一頓
營養滿點的手作美食。

20:00

在蒸氣房流個汗

裡頭有蒸氣房，可以
透過黃土的紅外線恢
復疲勞。

感覺能忘卻時間。

21:00

在房間放鬆time

推薦在韓室溫突室內優閒感受歷史氛圍，度
過時光。

8:00

在陽台享用早餐

早餐在陽台享用。可以選擇粥、簡單定食或
洋食。

STAY

明洞・南大門

仁寺洞・三清洞

東大門

弘大・梨大・新村

梨泰院

狎鷗亭洞・清潭洞

林蔭道

其他地區

其他還有！韓屋住宿

可以享受韓國傳統家屋
休安韓屋民宿
휴안게스트하우스

位於韓國傳統家屋林立的北村韓屋村，離景福宮等觀光景點也很近。一邊接觸韓國傳統，一邊享受住在韓屋的感覺吧。

⌂ 鍾路區北村路6街32-1（桂洞81）
☎ 02-745-6638
Ⓧ 3號線安國站3號出口步行6分鐘
中文OK
三清洞 ▶MAP P.12 C-2

費用 單人8萬W～
IN 15:00
OUT 11:00

講究內裝的韓屋
談笑亭韓屋民宿
담소정게스트하우스

2012年開業以來就廣受大家喜愛。有別於一般民宿，每間房皆有附衛浴設備和廁所。

⌂ 鍾路區北村路9街16-2（嘉會洞57）
☎ 010-3749-9550
Ⓧ 3號線安國站2號出口步行8分鐘
中文OK
三清洞 ▶MAP P.12 B-2

費用 雙人20萬W～
IN 15:00
OUT 11:00

還有這種住宿！

高級住宅般的住宿

這就像是日本週租公寓的住宿設施。有洗衣機和廚房，適合長期居住，出差的人可善用此住宿。

還有附閣樓的房間
忠武路公寓式飯店
충무로 레지던스 호텔

位於明洞隔壁的忠武路站，從機場巴士站走過來只要5分鐘，地點佳，也有洗衣機等完善設施。

⌂ 中區退溪路245（忠武路5街19-5）
☎ 02-2267-7712
Ⓧ 4號線忠武路站步行5分鐘、2號線乙支路4街站步行7分鐘
中文OK
忠武路 ▶MAP P.9 E-3

費用 雙人16萬W～
IN 15:00
OUT 11:00

從頂樓眺望簡直絕景
現代商業公寓
현대 레지던스

15層樓高的大廈。房間寬闊舒適，頂樓也有開放式陽台，可以一覽首爾街景。1樓有便利商店，不必擔心沒東西吃。

⌂ 中區乾川路12街7-4（忠武路5街22-5）
☎ 02-3406-8000
Ⓧ 2號線乙支路4街站8號出口步行5分鐘、5號線東大門歷史文化公園站6號出口步行8分鐘 中文OK
忠武路 ▶MAP P.9 E-3

費用 雙人7萬9000W～
IN 14:00
OUT 11:00

韓屋Q&A

韓屋是韓國傳統住宅，住宿韓屋和普通旅館在使用方法上也有不同之處。

Q1 是否需要預約？

房間有限，必須預約。也有中文網站。（http://www.rkj.co.kr/）

Q2 有附餐點嗎？

每間設施不盡相同，大多沒有附，需事先確認。有一些只要多加費用就會提供。

Q3 便利性如何？

房內大多會附洗髮精和肥皂等簡單衛浴用品，但還是自己帶些比較保險。

Q4 中文能通嗎？

有些設施中文能通，也有些只能講英文。

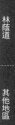

STAY

要住宿就來這裡！
首爾的飯店選擇

特1級

旅客人氣No.1
樂天首爾飯店
롯데호텔서울

位於明洞，位置絕佳的特級飯店。總房間數1000間以上，餐廳、健身房、泳池等設施也很完善，保證給你奢華的韓國住宿體驗。

費用 38萬W～
IN 14:00
OUT 12:00

♠ 中區乙支路30（小公洞1） ☎ 02-771-1000 ⊗ 2號線乙支路入口站8號出口步行1分鐘 中文OK

明洞 ▶MAP P.10 B-1

特1級

明洞地區攻略
世宗飯店
세종호텔

位於機場接送巴士站附近，四周有許多飲食店和便利商店，相當方便，寬闊的室內方便輕鬆整理行李。

♠ 中區退溪路145（忠武路2街61-3）
☎ 02-773-6000 ⊗ 4號線明洞站10號出口步行1分鐘
中文OK

明洞 ▶MAP P.11 F-3

1級

方便購物的地點
明洞九樹飯店
나인 트리 호텔 명동

洲際大飯店系列的商業飯店，非常講究寢具。

費用 10萬W～
IN 15:00
OUT 12:00

♠ 中區明洞10街51（忠武路2街63-2）
☎ 02-750-0999 ⊗ 4號線明洞站8號出口步行1分鐘 中文OK

明洞 ▶MAP P.11 D-3

2級

盡情享受明洞
明洞28飯店
호텔 28 명동

和飯店同棟的建築物內有YG經營的複合式設施，移動也很方便。

費用 13萬W～
IN 15:00
OUT 12:00

♠ 中區明洞7街13（明洞1街59-1 6F）
☎ 02-774-2828 ⊗ 2號線乙支路入口站5號出口步行5分鐘

明洞 ▶MAP P.11 E-3

1級

所有房間都有衛浴設備
薩威飯店
사보이호텔

位於明洞繁華街上正中央的飯店，許多房間都有大型窗戶。

費用 10萬W～
☎ 02-772-7700 ⊗ 4號線明洞站6號出口步行3分鐘

明洞 ▶MAP P.11 D-3

特2級

位於南山塔的山麓地區
太平洋飯店
퍼시픽호텔

位於南山山麓，設施豪華，還可一覽N首爾塔。

費用 22萬W～
IN 14:00
OUT 12:00

♠ 中區退溪路20街2（南山洞2街31-1）
☎ 02-777-7811 ⊗ 4號線明洞站3號出口步行2分鐘 中文OK

明洞 ▶MAP P.11 D-3

1級

可對應日本電壓
明洞新東方飯店
호텔 뉴오리엔탈 명동

1973年經營到現在的老牌飯店，2015年重新裝修，變得更加方便。

費用 19萬8000W～
IN 14:00
OUT 12:00

♠ 中區退溪路14街1（會賢洞3街10）
☎ 02-753-0701 ⊗ 4號線明洞站4號出口步行2分鐘 中文OK

明洞 ▶MAP P.10 C-3

1級

適合積極的首爾觀光
明洞戴斯飯店
데이즈호텔 명동

2014年7月開業。從明洞站只需步行1分鐘，也方便前往南大門。

費用 20萬W～
IN 14:00
OUT 12:00

♠ 中區退溪路107（忠武路1街24-30）
☎ 02-727-8700 ⊗ 4號線明洞站5號出口步行1分鐘 中文OK

明洞 ▶MAP P.11 C-2

2級

離明洞近，位置佳
明洞多特飯店
호텔도트명동

2016年11月開業，地點佳，推薦觀光和商業旅行者使用。

費用 5萬5000W～
IN 14:00
OUT 11:00

♠ 中區明洞8街49（忠武路2街12-10）
☎ 02-779-5555 ⊗ 4號線明洞站10號出口步行2分鐘 中文OK

忠武路 ▶MAP P.11 E-3

1級

也推薦長期住宿
明洞大飯店
더 그랜드 호텔

對舒適度非常講究，所有房間皆附innisfree的衛浴用品。

費用 14萬W～
IN 14:00
OUT 12:00

♠ 中區明洞8街38（忠武路2街62-2）
☎ 02-777-7900 ⊗ 4號線明洞站9號出口步行2分鐘 中文OK

明洞 ▶MAP P.11 E-3

STAY

明洞・南大門

仁寺洞・三清洞

東大門

弘大・梨大・新村

梨泰院

狎鷗亭洞・清潭洞

林蔭道

其他地區

為了有一趟舒適的旅程，選擇飯店很重要。
從奢華到愜意，以下列出所有應掌握的飯店。
配合旅行目的、等級和地區，
當作制定計畫的參考吧！

關於飯店等級

本書說明的等級都是依照各
飯店公告，有特1級到3級，
等級是由韓國觀光旅館業協
會所制定。

 關於Wi-Fi

有些飯店連接Wi-Fi需要
密碼，可在櫃檯詢問。

特2級

愜意充實的設備大受好評
首爾明洞宜必思大使飯店
이비스 앰배서더 서울 명동

有浴池、健身房等完善設施。整潔的
房間有些也有附溫突，1樓還有營業
到深夜的按摩店。

🏠 中區南大門路78（明洞1街59-5）
☎ 02-6361-8888 ⊗ 2號線乙支路入口站6
號出口步行5分鐘 中文OK

費用 10萬W～
IN 14:00
OUT 12:00

明洞 ▶MAP P.10 C-3

1級

周遭都是觀光景點
鍾路區亞雲數飯店
호텔 아벤트리 종로

2012年開業。位於鍾路和仁寺洞之
間，也可以步行到明洞，地點絕佳。
用色狂野且統一的寬闊房間讓人喜
愛。

🏠 鍾路區郵征局路46（堅志洞65-1）
☎ 02-736-1234 ⊗ 1號線鍾閣站3-1號出口
步行4分鐘 中文OK

費用 9萬9000W～
IN 14:00
OUT 12:00

鍾路 ▶MAP P.13 D-2

1級

現代風老牌飯店
地鐵飯店
메트로호텔

2014年重新裝修，check in時必須給
對方看信用卡。

🏠 中區明洞9街14（乙支路2街199-33）
☎ 02-752-1112 ⊗ 2號線乙支路站5、6號
出口步行2分鐘 中文OK

費用 7萬7000W
（上官網預約時支付）
IN 15:00
OUT 12:00

明洞 ▶MAP P.10 C-1

2級

2017年4月開業
9BRICK飯店
나인브릭호텔

位於年輕人喜愛的弘大地區，每間房
的內裝都不相同。

🏠 麻浦區弘益路5街32（西橋洞354-10）
☎ 02-3141-8800 ⊗ 2號線弘大入口站9號
出口步行6分鐘 中文OK

費用 10萬W～
IN 15:00
OUT 12:00

弘大 ▶MAP P.16 C-2

1級

最適合觀光為主的旅行
首爾馬努飯店
호텔마누

近首爾站，位於明洞、南大門徒步圈
內，也有咖啡廳等。

🏠 中區退溪路19（南大門路5街84-16）
☎ 02-777-0100 ⊗ 1號線首爾站5號出口步
行2分鐘

費用 13萬2000W～
IN 14:00
OUT 12:00

南大門 ▶MAP P.6 B-3

1級

深受日本觀客歡迎
瑞克斯飯店
렉스호텔

位於安靜的南山山麓，也有韓國傳統
的溫突房，廣受日本人喜愛。

🏠 中區退溪路10街23（會賢洞1街65）
☎ 02-752-3191 ⊗ 4號線會賢站1號出口步
行2分鐘

費用 11萬7000W～
IN 12:00
OUT 12:00

南大門 ▶MAP P.15 F-3

2級

在明洞享受時尚住宿
明洞G2飯店
G2 호텔

2017年4月開業，健身中心、公共洗
衣機等設施完備。

🏠 中區水標路24（苧洞2街48-27）
☎ 02-2277-9700 ⊗ 2號線乙支路3街站11
號出口步行5分鐘 中文OK

費用 10萬W～
IN 14:00
OUT 12:00

明洞 ▶MAP P.8 C-3

特1級

義大利建築師設計
首爾廣場飯店
더 플라자 호텔

1976年開業，2010年重新裝修，設
計煥然一新。

🏠 中區小公路119（太平路2街23）
☎ 02-771-2200 ⊗ 1號線市廳站6號出口步
行1分鐘 中文OK

費用 20萬W～
IN 15:00
OUT 12:00

市廳 ▶MAP P.10 A-1

特2級

管理安全周到，可以安心
最佳西方國都飯店
베스트웨스턴프리미어호텔국도

建於「國都劇場」舊址的飯店，11
樓為女性專用層。

🏠 中區乙支路164（乙支路4街310）
☎ 02-6466-1234 ⊗ 2號線乙支路4街站10
號出口步行1分鐘 中文OK

費用 18萬W～
IN 14:00
OUT 12:00

忠武路 ▶MAP P.9 D-3

1級

簡單，讓人能夠靜下心來的構造
新國際飯店
뉴국제호텔

位於市廳地區。對面有東和免稅店，
可以享受逛街樂趣。

🏠 中區世宗大路22街12（太平路1街29-2）
☎ 02-732-0161 ⊗ 1號線市廳站4號出口步
行3分鐘 中文OK

費用 9萬W～
IN 14:00
OUT 12:00

市廳 ▶MAP P.8 A-2

👣 若住宿名義為觀光，可以向櫃檯申請EMS（國際快速郵寄）來收行李。

私人高級度假村

首爾悅榕莊度假飯店
반얀트리 클럽 앤 스파 서울

位於南山山麓地區的奢華飯店，幾乎每間房都附有放鬆按摩浴池。

費用 110萬W～
IN 15:00
OUT 12:00
♠ 中區獎忠壇路60（獎忠洞2街 山5-5）
☎ 02-2250-8000　◎ 3號線東大入口站6號出口搭計程車3分鐘
南山 ▶MAP P.7 E-3

附帶賭場的豪華設施

首爾希爾頓千禧飯店
밀레니엄 서울힐튼

位於南山山麓，首爾市內絕佳地點，前往觀光景點和逛街地區都很方便。

費用 各時期不同
IN 15:00
OUT 12:00
♠ 中區素月路50（南大門路5街395）
☎ 02-753-7788　◎ 1號線首爾站8號出口步行5分鐘
中文OK
南山 ▶MAP P.6 B-3

韓國旅行初學者也能安心

PJ飯店
호텔 PJ

有許多日本客人，也有往返於市內和飯店的免費接駁巴士。

費用 20萬W～
IN 14:00
OUT 12:00
♠ 中區乾川路71（仁峴洞2街73-1）
☎ 02-2280-7000　◎ 2號線乙支路4街站10號出口步行5分鐘　中文OK
忠武路 ▶MAP P.9 D-3

令人滿意的良好顧客服務

首爾江南多米飯店
도미인서울강남

館內有完備的大浴場和桑拿，也有會中文的工作人員常駐，無須擔心。

費用 10萬W～
IN 15:00
OUT 12:00
♠ 江南區奉恩寺路134（驛三洞603-1 B1F）　☎ 02-548-5489　◎ 9號線新論峴站4號出口步行5分鐘　中文OK
江南 ▶MAP P.20 C-3

優閒舒緩旅途疲勞

新首爾西方最佳飯店
베스트웨스턴뉴서울호텔

位於市廳地區，步行到明洞、景福宮和德壽宮都只要5分鐘。

費用 17萬5000W～
IN 14:00
OUT 12:00
♠ 中區世宗大路22街16（太平路1街29-1）
☎ 02-735-8800　◎ 1號線市廳站5號出口步行5分鐘　中文OK
市廳 ▶MAP P.8 A-2

一等一的商業飯店

瑞草新羅舒泰飯店
신라스테이서초

高級老飯店「新羅飯店」的商業飯店品牌，2017年4月開業。

費用 9萬5000W～
IN 14:00
OUT 12:00
♠ 瑞草區孝寧路427（瑞草洞1339-1）
☎ 02-2219-9000　◎ 新盆唐線江南站5號出口步行11分鐘　中文OK
江南 ▶MAP P.5 D-3

以創業30年以上的傳統為傲

韓國飯店
코리아나호텔

有健身中心和高爾夫練習場等，設施完善豐富。

費用 12萬5000W～
IN 15:00
OUT 12:00
♠ 中區世宗大路135（太平路1街61-1）
☎ 02-2171-7000　◎ 1、2號線市廳站3號出口步行3分鐘　中文OK
市廳 ▶MAP P.8 A-2

最適合歷史味散步的地點

首爾仁寺洞宜必思大使飯店
이비스 앰배서더 서울 인사동

位於歷史建築林立的仁寺洞地區，宗廟和景福宮也在徒步圈內。

費用 8萬8000W～
IN 14:00
OUT 12:00
♠ 鍾路區三一大路30街31（益善洞34-8）
☎ 02-6730-1101　◎ 1、3、5號線鍾路3街站4號出口步行6分鐘　中文OK
鍾路 ▶MAP P.8 C-1

飯店附有豐富設施

首爾東大門宜必思快捷飯店
이비스 버젯 앰배서더 서울 동대문

離東大門時尚景點近，可以安心購物到深夜。

費用 6萬W～
IN 14:00
OUT 12:00
♠ 中區退溪路334（光熙洞2街238-1）
☎ 02-2079-8888　◎ 2、4、5號線東大門歷史文化公園站3、4號出口步行3分鐘
中文OK　東大門 ▶MAP P.14 B-3

寬闊的浴室讓人興奮

首爾安馬緹飯店
아만티호텔서울

從弘大站步行約10分鐘。地點方便，不必擔心時間盡情玩樂。

費用 10萬W～
IN 15:00
OUT 12:00
♠ 麻浦區世界盃路31街（西橋洞447-1 4F）　☎ 02-334-3111　◎ 2號線弘大入口站1號出口步行9分鐘　中文OK
弘大 ▶MAP P.16 C-1

房間設施和服務都很優良

首爾東大門東橫INN
토요코인 서울동대문

日本東橫INN系列飯店，可以安心，價格也很親民。

費用 6萬500W～
IN 16:00
OUT 10:00
♠ 中區退溪路337（光熙洞2街73）
☎ 02-2267-1045　◎ 2、4、5號線東大門歷史文化公園站3、4號出口步行1分鐘
中文OK　東大門 ▶MAP P.14 B-3

享受高品質的首爾住宿

首爾四季飯店
둘로스호텔

除了良好的服務和用品，飯店內還有7間餐廳。

費用 39萬W～
IN 15:00
OUT 12:00
♠ 鍾路區新門路97（唐珠洞29）
☎ 02-6388-5000　◎ 5號線光化門站步行2分鐘
市廳 ▶MAP P.8 A-2

韓國首屈一指的名門飯店
首爾新羅飯店
서울신라호텔

許多名人會前往的高格調飯店，腹地內有新羅免稅店，購物也很方便。

費用 36萬W～
IN 15:00
OUT 12:00

🏠 中區東湖路249（獎忠洞2街202）
☎ 02-2233-3131　◎ 3號線東大入口站5號出口步行3分鐘
中文OK

東大入口 ▶MAP P.7 E-3

沉醉於奢華的氣氛中
首爾柏悅飯店
파크 하얏트 서울

離江南地區三成站非常近的飯店，寬闊的客房受到世界級好評。

費用 34萬6500W～
IN 15:00
OUT 12:00

🏠 江南區德黑蘭路606（大峙3洞995-14）
☎ 02-2016-1234　◎ 2號線三成站1號出口步行3分鐘
中文OK

江南 ▶MAP P.21 F-2

待客周到，大受好評
首爾艾美飯店
르 메르디앙 서울

世界級飯店系列，近COEX等購物景點，位置良好。

費用 參考官網、預約網站
IN 15:00
OUT 12:00

🏠 江南區奉恩寺路120（驛三洞602-9）
☎ 02-3451-8000　◎ 9號線新論峴站4號出口步行2分鐘 中文OK

江南 ▶MAP P.20 C-3

充分享受飯店時光
首爾世貿中心洲際飯店
인터컨티넨탈서울코엑스

氣氛沉靜的簡單客房最適合療癒旅途疲勞。

費用 20萬W～
IN 15:00
OUT 12:00

🏠 江南區奉恩寺路524（三成洞159）
☎ 02-3452-2500　◎ 9號線奉恩寺站5號出口步行5分鐘 中文OK

三成 ▶MAP P.21 E-2

玩樂後直接回到飯店
樂天世界飯店
롯데호텔월드

比鄰樂天瑪特、免稅店和樂天世界等，位於周遭環境完善的地區。

費用 22萬W～
IN 14:00
OUT 12:00

🏠 松坡區奧林匹克路240（蠶室洞40-1）
☎ 02-419-7000　◎ 2號線蠶室站3號出口步行1分鐘 中文OK

蠶室 ▶MAP P.5 F-3

方便在林蔭道購物
首爾林蔭道多米高級飯店
도미인 프리미엄 서울 가로수길

有免費大浴場、夜間提供的蕎麥麵等。

費用 12萬W～
IN 15:00
OUT 12:00

🏠 江南區島山大路119（新沙洞514-2）
☎ 02-518-5489　◎ 3號線新沙站8號出口步行1分鐘 中文OK

林蔭道 ▶MAP P.19 E-3

被沉穩的氣氛給療癒
里維埃拉飯店
호텔리베라

位於高級品牌林立的清潭洞，也有高級溫突房。

費用 19萬2000W～
IN 14:00
OUT 12:00

🏠 江南區永東大路737（清潭洞53-7）
☎ 02-541-3111　◎ 7號線清潭站13號出口步行5分鐘 中文OK

清潭洞 ▶MAP P.23 F-2

設計多樣的個性派飯店
首爾弘大設計師飯店
더 디자이너스 홍대

合井站位於徒步圈內，最適合弘大地區的觀光，每間客房也都有各自的設計理念。

費用 13萬5000W～
IN 15:00
OUT 12:00

🏠 麻浦區楊花路86（西橋洞373-9）
☎ 02-326-5801　◎ 2、6號線合井站3號出口步行1分鐘 中文OK

弘大 ▶MAP P.16 B-2

設施完善的城市度假村
首爾君悅飯店
그랜드하얏트 서울

概念為「都市的綠洲」，飯店內的俱樂部已成為連續劇外景地。

費用 參考官網
IN 15:00
OUT 12:00

🏠 龍山區素月路322（漢南洞747-7）
☎ 02-797-1234　◎ 6號線梨泰院站2號出口搭乘程車3分鐘 中文OK

梨泰院 ▶MAP P.18 B-1

魅力在於每間客房設計不同
首爾帝宮精品飯店
임피리얼 팰리스 부티크 서울

位於梨泰院地區，從機場接駁巴士站前往只要步行5分鐘，地點佳。

費用 22萬W～
IN 14:00
OUT 12:00

🏠 龍山區梨泰院路221（漢南洞37-32）
☎ 02-3702-8000　◎ 6號線梨泰院站2號出口步行5分鐘 中文OK

梨泰院 ▶MAP P.18 B-1

從高樓層一覽漢江
格蘭德華克山莊首爾飯店
쉐라톤그랜드워커힐호텔

非常受歡迎的韓國戲劇拍攝地點，為都市度假館。

費用 41萬1400W～
IN 15:00
OUT 12:00

🏠 廣津區華克山莊路177（廣壯洞21）
☎ 02-455-5000　◎ 5號線廣渡口站搭乘接駁巴士分鐘、2號線江邊站搭乘接駁巴士10分鐘 中文OK 廣津區 ▶MAP P5 F-2

位於明洞主要街道
明洞九樹2號精品飯店
나인트리호텔명동 Ⅱ

位於明洞地區，方便前往東大門和N首爾塔等觀光地。

費用 9萬W～
IN 15:00
OUT 12:00

🏠 中區乾川路28（草洞72-10）
☎ 02-6967-0999　◎ 3號線乙支路3街站12號出口步行4分鐘 中文OK

明洞 ▶MAP P.7 D-2

STAY

明洞・南大門

仁寺洞・三清洞

東大門

弘大・梨大・新村

梨泰院

狎鷗亭洞・清潭洞

林蔭道

其他地區

首爾之旅
Info

只要5個步驟，
就能從容出國，輕鬆回國

只要掌握出國、回國5步驟就不必慌張，可以順順利利地結束。
早點去機場也是要點所在！

台灣 ⇒ 韓國

STEP1 機內
別忘了填寫入境卡！
航行時間約2.5小時。事先寫好入境卡和旅客關稅申報書，入境會比較順利。

STEP2 抵達
抵達後就直接去入境樓層，遵循指示牌前往外國人專用櫃台排隊，進行入境檢查。

STEP3 入境審查

指紋認證是用手勢來進行！
護照、在飛機上寫好的入境卡交給海關，遵循指示接受臉部認證和指紋認證。

STEP4 領取行李

為了不要拿錯，請事先作好記號。
在寫有搭乘航班編號的轉盤前領取自己的行李，若發生遺失行李等問題請找負責人員。

STEP5 關稅審查

提交申請書！
將在機內寫好的關稅申報書交給出口附近接待的海關，只要在免稅範圍內就無需特別檢查。

入境重要 POINT

護照：3個月
注意有效期限。如果剩下期限不到3個月以上就無法進入韓國。

簽證：不需要
只要是以觀光、語言研修、短期商業目的，90天以內都不需要簽證。

韓國 ⇒ 台灣

STEP1 check in
在購票的航空公司櫃檯check in，託運行李，換取登機證和領取行李券。

STEP2 關稅
攜帶超過US$1萬以上現金必須申報。若要退稅，就請對方蓋確認章。

STEP3 行李檢查
在出境閘門進行手提行李和身體檢查，注意液體、膠類化妝品不能放進手提行李內。

STEP4 出境審查
在外國人專用窗口排隊，機票和護照出示給海關看，完成出境手續。

STEP5 搭乘
出發30分鐘前前往登機門。在市區購買的免稅品可以於領收櫃台領取。

回國重要 POINT

歸還稅金
若在加盟店且1間店內消費3萬W以上，進行申報就可以歸還稅金。

攜帶特產
泡菜、面膜等物品屬液體類，無法帶上機，得託運。

帶入機艙內 NG

✖ 重量10kg以上的行李（每家航空公司的大小限制不同）
✖ 化妝品等液體類（含膠類、噴霧式產品）
✖ 刀子或尖銳物 ✖高爾夫球桿、衝浪板等長形物
✖ 日用品 ✖運動用噴霧

出入境免稅範圍

若為未成年，酒和香菸為免稅範圍外

酒	1L以下
香菸	捲菸200支、雪茄25支或菸絲1磅
貨幣	台幣10萬、US$1萬以上需申報
其他行李物品	以合於本人自用及家用者為限

出入境免稅範圍

若為未成年，酒和香菸為免稅範圍外

酒	1L以下
香菸	捲菸200支、雪茄25支或菸絲1磅
貨幣	台幣10萬、US$1萬以上需申報
其他行李物品	以合於本人自用及家用者為限

抵達前於飛機內填寫
【填寫範例】

入境卡

即使是未成年，入境審查所需的入境卡也必須每人填寫1張。
開始搭乘後沒多久就會配發，在機內就先填寫完畢吧！

> 居住地和護照號碼等資料
> 先記下來，填寫時會方便
> 許多。

ARRIVAL CARD 入國申告書（外國人用）		漢字姓名	晴旅 晴子 ③
Family Name / 姓 ① Harerabi	Given Name / 名 ② Haruko		⑤ □ Male/男 ☑ Female/女
Nationality / 國籍 ⑥ Japan	Date of Birth / 生年月日(YYYY-MM-DD) ④ 1 9 8 7 0 4 0 3		Passport No. / 旅券番號 ⑦ AB0000000
Home Address / 本國住所 ⑧ 5-3-2 Tsukiji, Chuo-ku, Tokyo			Occupation / 職業 ⑨ Office Worker
Address in Korea / 韓國內 滯留豫定地 ⑩ LOTTE HOTEL SEOUL			(Tel : 02-771-1000)
Purpose of visit / 入國目的 ⑪ ☑ Tour 觀光　□ Business 商用　□ Conference 會議 □ Visit 訪問　□ Employment 就業　□ Official 公務 □ Study 留學　□ Others 其他（　　　）			Flight(Vessel) No. / 便名船名 ⑫ KE 702 Port of Boarding / 出發地 ⑬ Tokyo
Signature / 署名 ⑭ 晴旅 晴子		Official Only 公用欄	資格 B1 B2 期間 015 030 090 03년

① 姓（羅馬拼音）
② 名（羅馬拼音）
③ 姓名（漢字）
④ 出生年月日
⑤ 性別
⑥ 國籍（台灣TAIWAN）
⑦ 護照號碼
⑧ 台灣居住地
⑨ 職業（公司職員OFFICE WORKER／學生STUDENT）
⑩ 韓國居住地（飯店旅館名稱）
⑪ 目的（觀光Tour）
⑫ 航班
⑬ 出發地
⑭ 署名（簽名需和護照相同）

旅客關稅申報書

自2005年10月起，所有入境韓國的旅客都有義務提交
「關稅申報書」，一家人寫1張。

【正面】

【反面】

別忘了簽名！

入境英語會話
SIMULATION

旅行的目的是什麼？

What is the purpose of your visit?

觀光。

Sightseeing

會在韓國待多久？

How long will you stay in this country?

預計待1週。

I'll stay for 1week.

首爾之旅
Info

了解機場內部，
知道最佳使用方法

2003年起國際航線再開，再度轉為國際機場。
到首爾市區也很方便，還增加了僅需20分鐘就能抵達的機場鐵路，
以及前往東京、大阪、北京、上海等亞洲各都市的固定班次。

到市區 **45**分鐘 | ## 金浦國際機場

2012年開啟松山機場直行航班後再次受到矚目的國際機場。
目前有松山機場和金浦機場對飛的固定航班，變得更加便
利，可以預測今後國際線航班會越來越多。

GOOD

● 搭乘機場鐵路，
花20分鐘即可抵
達首爾市區。
● 比鄰樂天商場。
● 出機場不需花太
多時間。

BAD

● 機場內的設施不
夠完備。
● 24小時設施少。

✈ 國際線航廈MAP

與機場相連！

樂天商場金浦機場

具備飯店、百貨公司、電影院等設施的
大型商場，連接金浦機場。設施完善，
可以充分享受搭機前的等待時間。

1F 入境樓層

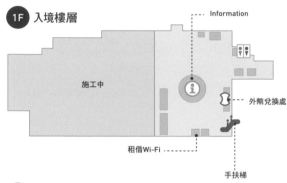

Information

施工中

外幣兌換處

租借Wi-Fi

手扶梯

樓層介紹

1～8樓　　　　　樂天城市飯店
地下2～6樓　　　樂天百貨
地下2～地下1樓　購物商場
地下2樓　　　　　樂天瑪特

位置

▶從金浦機場站
朝著3號出口（國際線方向）前進，走
車站內的通道。

▶從機場
搭乘國際線航廈1號登機門附近的手扶
梯到地下樓，朝著寫有「LOTTE MALL」
的路左轉，直行。

2F Check in樓層

施工中

check in櫃台

＼ 地下樓的樂天超市
有滿滿大型特產！ ／

**樂天超市
金浦機場店**

泡菜和海苔等食品非
常充足，也有國際郵
寄服務。

3.4F 出境樓層

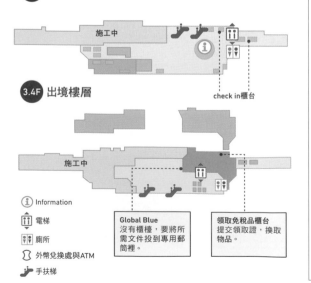

施工中

ⓘ Information

電梯

廁所

外幣兌換處與ATM

手扶梯

Global Blue
沒有櫃檯，要將所
需文件投到專用郵
筒裡。

領取免稅品櫃台
提交領取證，換取
物品。

技巧1 行李寄放在大型置物櫃
行李寄放在國際線連接通道上
的免費大型置物櫃，就可以盡
情購物。

技巧2 在服務休息室寄送
樂天超市旁有服務休息室，裡
頭有寄送國際包裹的櫃台，即
使買多了也安心。

仁川國際機場

到市區 約60分鐘

2001年開始營業以來就以亞洲最大國際機場活躍著。2015年4月參與國際機場評議會（ACI）舉辦的世界機場服務評估，連續10年獲獎。服務品質高，各項設施也很完善。

GOOD
- B1～4F有免稅店、spa等充實多樣設施。
- 與金浦機場相比，航班數量較多。
- 現代化設計。

BAD
- 與金浦機場相比，前往首爾市區較花時間。
- 機場空間太大，有時候會迷路。

✈ 國際線航廈MAP

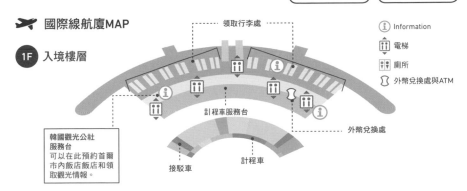

1F 入境樓層

領取行李處

(i) Information
電梯
廁所
外幣兌換處與ATM

計程車服務台

外幣兌換處

韓國觀光公社服務台
可以在此預約首爾市內飯店飯店和領取觀光情報。

接駁車　計程車

3F 出境樓層

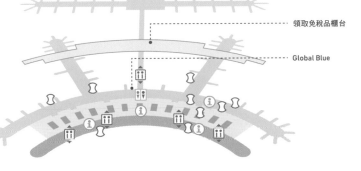

領取免稅品櫃台

Global Blue

店面數量也很多！

免稅店

可以購買高級美妝品組合，超便宜！
購買好幾項商品就可以打折的企畫方案也能用免稅價格買到。

＋α 還可以做的事
除了在仁川國際機場的免稅店購物，還有很多可以做的事情。了解機場有哪些設施，有效利用等待時間吧！

治療疲勞！

24小時全年無休的「SPA ON AIR」有桑拿、按摩服務和舒眠室。

可以吃！

還有華克山莊飯店經營的餐廳區和輕食餐點充足的美食區。

可以買！

除了免稅店以外，便利商店和藥妝店也很多，在出境前享受購物樂趣。

可以郵寄！

2樓郵局平日營業時間為9：00～18：00，寄送大型行李回台灣很方便。

可以玩！

機場有3處可以體驗韓國傳統工藝品手作樂趣與欣賞韓國傳統演出的體驗館。

首爾之旅
Info

從3種交通工具中
選出進入市區的最佳方法

如果到了機場後想立刻移動，最好事先查好前往市區的移動方法。考量時間、金錢與人數等，從接駁巴士、計程車和電車中選擇最適當的方法！

金浦國際機場 ⇔ 市區　　　　約**40**分鐘

🚌 BUS｜接駁巴士

目的地	路線名・編號	種類	搭乘處編號	去這裡很方便	費用
首爾站	6021	一般	6	麻浦樂天城市飯店、首爾站、乙支路入口站、乙支路高爺商業公寓、東大門設計廣場等	7000W
樂天世界	KAL6706	高級	6	樂天世界	7500W
蠶室	6000	高級	6	江南高速客運巴士站、江南站、驛三站、三成站、蠶室站等	7000W

何謂「一般接駁巴士」、「高級接駁巴士」？
一般接駁巴士價格便宜，但停的站多，會花較久時間。
高級接駁巴士的座位舒適，價格較高。

一般
接駁巴士

高級
接駁巴士

🚕 TAXI｜計程車　　約**40**分鐘

目的地	需時	價格費用	
		一般計程車	模範計程車
明洞站	約40分鐘	3萬5000W左右	5萬W左右
首爾站	約40分鐘	3萬5000W左右	5萬W左右
江南站	約40分鐘	4萬5000W左右	7萬W左右

清晨、深夜也OK
即使是一大早或深夜到達機場，前往市區也只要40分鐘左右，可以安心搭乘計程車。

🚆 TRAIN｜地鐵　　約**30**分鐘

目的地	需時	費用	轉乘路線
明洞站	約40分鐘	1350W	搭乘機場鐵路，在首爾站轉乘地鐵4號線
首爾站	約20分鐘	1650W	機場鐵路
江南站	約60分鐘	1450W	搭乘地鐵5號線，在永登浦站轉乘地鐵2號線

善用地鐵也很方便
可搭乘地鐵5、9號線或機場鐵路（A'REX）。
9號線在搭到新論峴站前都不需轉車！

仁川國際機場 ⇔ 市區

約**60**分鐘

🚌 BUS | 接駁巴士

仔細聽廣播！

目的地	路線名・編號	種類	搭乘處編號	去這裡很方便	費用
明洞	6015	高級	5B、12A	孔德站、樂天城市飯店、首爾站、首爾宜必思明洞大使飯店、乙支路入口站、首爾皇家飯店等	1萬5000W
首爾市廳	KAL6701	高級	4B、11A	首爾廣場飯店、首爾威斯汀朝鮮飯店、首爾樂天飯店、新國際飯店、韓國飯店等	1萬6000W
首爾市廳	6005	高級	5B、12A	希爾頓大飯店、西大門新羅舒泰飯店、首爾市廳、仁寺洞亞雲樹飯店、世宗文化會館、光化門等	1萬5000W
狎鷗亭洞	6006	高級	5B、11B	狎鷗亭站、Galleria百貨公司、普瑞瑪飯店、里維埃拉飯店、三成站等	1萬5000W
江南	KAL6703	高級	4B、11A	首爾皇宮飯店、首爾麗思卡爾頓飯店、諾富特江南國賓飯店、萬麗飯店	1萬6000W
COEX	KAL6704	高級	4B、11A	首爾皇宮飯店、首爾華美達飯店、首爾世貿中心洲際飯店、首爾洲際飯店	1萬6000W
蠶室	KAL6705	高級	4B、11A	樂天世界、東首爾巴士站、廣渡口站、華克山莊首爾大飯店	1萬6000W

🚕 TAXI | 計程車

約**60**分鐘

目的地	需時	價格費用	
		一般計程車	模範計程車
金浦機場	約40分鐘	3萬9000W左右	6萬W左右
首爾市廳	約60分鐘	5萬左右	8萬W左右
樂天世界	約75分鐘	5萬5000W左右	9萬W左右

一行人搭計程車比較好

也有8人座的大型車，只要人數多，搭計程車也是聰明方法。

🚆 TRAIN | 機場鐵路（A'REX）

約**45**分鐘

目的地	需時	費用	轉乘路線
金浦機場	37分鐘	3750W	地鐵5、9號線
弘大入口站	51分鐘	4050W	地鐵2號線
首爾站	58／43分鐘（直達）	4150W／8000W（直達）	地鐵1、4號線、電鐵京義線、國鐵京釜線、KTX京釜線

搭乘機場鐵路快速前往目的地

在首爾站之前搭，無須換乘地鐵，可以輕鬆前往市區。

4步驟輕鬆搭乘
地鐵和市內計程車

對於主要在市區奔走的觀光客而言，最方便的就是地鐵以及跟日本比起來較為划算的計程車了。在此介紹搭乘方法的4個步驟，只要掌握步驟結合地鐵和計程車，去哪裡都不會迷路！

＼搭乘方法和日本幾乎相同！／

地鐵
SUBWAY

網羅主要地區，就算不會韓文也不成問題，韓國旅行初學者也能安心使用。

基本費用	一般（現金）1350W、（T-money）1250W
轉乘	在首爾地鐵內可以不出站進行轉乘
搭乘時間	17～19點為下班尖峰時段，道路擁擠，建議搭乘地鐵，比計程車省時又省錢

① 買票

 塑膠製票卡。購買費用包含500W押金。

先找到售票機

顯示中文
按下畫面下方最右邊的「中文」按鈕，切換成中文。

選擇一次性用的票卡
按下「初次搭乘專用」按鈕。T-money可以在專門販賣機購買。

搜尋車站路線或站名
搜尋目的地站名，按下該地按鈕。所有車站都有編號。

選擇張數，付款
按下站名後，進入張數選擇畫面，點選所需人數並投入現金。

② 搭乘

前往目的地方向的驗票口
有些驗票口是按照行車方向來區分，進站時先確認目的地方向。

搭乘地鐵
跟在日本相同，搭乘時請守規矩。不必在意車內販售。

③ 下車

在目的地下車
以明洞為首的觀光地區周邊車站都有中文廣播。

④ 退還押金

退還500W押金
只要將卡片放入印有「Deposit Refund Device」的機器並按下按鈕即可。

用T-money好輕鬆！

何謂T-money
可以搭乘地鐵和巴士等的儲值式交通卡。

 儲值方法

在售票機的螢幕上選擇儲值交通卡。

放置T-money的地方會亮燈，把卡放進去。

選擇想要儲值的金額，投入金錢。

和司機交流好開心！

計程車
TAXI

和日本相比，韓國計程車非常平價。
有4種，依照人數和目的來使用吧！

費用	一般計程車：基本3000W、追加費用（距離）100W／142m（時間）100W／35秒 模範計程車：基本5000W、追加費用（距離）200W／164m（時間）200W／39秒 ※24:00～凌晨4:00會增加20%，經過收費路段會由乘客支付
支付方法	現金（也有計程車可以使用T-money和信用卡）

2大計程車種類！

一般計程車
台數多，比樟範計程車便宜，服務品質逐年上升中。

國際計程車
外國人專用計程車，呼叫中心與司機都會講中文。

模範計程車
寫有黑字「Deluxe Taxi」的車體為指標，價格高但服務良好。

大型計程車
8人座的大型車，只要預約就可以包租1天，價格和模範計程車相同。

①

招呼計程車
伸手攔車，前方坡璃上閃著「빈차」就代表是空車。可以坐在後座或副駕駛座，這點和台灣相同。

②

告知目的地
給司機看地圖，用右表的短句告知目的地，事先記好目的地的電話號碼，遇狀況時比較方便。

出發後，確認跳表是否正確！

③

支付
確認跳表的金額並支付。為了預防發生問題，請記下司機的名字和車號。

④

開門下車
韓國計程車的車門不會像日本一樣自動開關，必須手動，注意下車時別忘了關車門。

計程車・韓文
SIMULATION

「請到〇〇」
〇〇까지 가주세요
〇〇卡吉 卡揪ㄙㄟ呦

「請在這裡停車」
여기서 세워주세요
呦ㄍㄧ搜 ㄙㄟ烏歐揪ㄙㄟ呦

「請讓我看跳表」
메터를 보여주세요
妹頭魯魯 波呦揪ㄙㄟ呦

「請開慢一點」
천천히 가주세요
秋恩秋尼 卡揪ㄙㄟ呦

「請打開後車廂」
트렁크를 열어 주세요
頭隆苦魯 呦囉 揪ㄙㄟ呦

首爾之旅
Info

不為錢所苦
聰明的首爾換外幣技巧

以下介紹花點工夫就入手更多韓幣的換錢祕訣，以及控制多餘支出等
掌握金錢的「5個技巧」！聰明省錢，來趟更開心的首爾之旅吧。

韓幣與匯率

韓國貨幣為W（圓）

1000W≒29台幣

（2018年3月）

硬幣

現在韓國流通的硬幣有500W、100W、50W、10W這4種，和日本的硬幣形狀類似。

10W　　　50W

100W　　　500W

紙鈔

紙鈔有5萬W、1萬W、5000W、1000W這4種，新舊紙鈔都有在市面上流通。

1000W

5000W

1萬W

5萬W

技巧 **1**

在街上的兌換所換錢更划算！

機場的兌換所、銀行、明洞與東大門市場等的公認兌換所都可以把台幣換成韓幣，招牌上寫有「exchange」或「換錢」。至於手續費，最貴的是飯店，接著是機場兌換處，因此抵達時就先換必要的量，之後再去公認兌換所換吧。在銀行換要出示護照，須事先準備好。

注意 **在台灣換錢不划算**
在國內也能換錢，只是匯率低又要手續費，還是使用首爾市區的公認兌換所吧。換回台幣時還會需要此收據，需妥善保管。

手續費

便宜

> 重視匯率就來這裡！

公認兌換所

位於街上的兌換所，匯率最佳，明洞和仁寺洞有很多。

銀行

街上的銀行也能換錢，只是只有平日營業。

> 有些地方中文NG！

機場兌換所

機場兌換所是由銀行經營，手續費高，換小額就好。

> 換所需的最小限額！

飯店　貴

只要飯店的櫃檯有開著，半夜也能換錢。

> 可立即換錢！

> 匯率好的兌換所就在這裡！

傳說中的兌換所

仁寺洞

道元兌換所

位於仁寺洞主要街道上（MAP P.13 E-3），親切的店家會用高匯率換錢給你。對方也會講中文，可以放心。

POINT

匯率要這樣看！

兌換時的匯率要從匯率表上的
YOUR BUYING來確認。1台幣可以
換38.9W，若要換1萬台幣，就會
得到38萬9000W。

數字越大
越划算！

通貨 CURRENCY	사실 때 YOUR BUYING	파실 때 YOUR SELLING
USD 美金	1,137.00	1,037.00
JPY 日幣(100)	960.00	850.00
CNY 人民幣	190.00	160.00
TWD 台幣	38.90	32.10

技巧 2　使用ATM

事先確認PIN
（密碼）！

① **插入卡片**
在插入口放入卡片，選
擇語言時就在Other
Language選「中文」。

② **選擇提領**
選擇「外國媒體」。若
不小心按錯選到「國內
媒體」，只要按下取消
就可以重新操作。

③ **選擇「現金服務」**
在提領方法的畫面中選
擇「現金服務」，選擇
後會進到下一個畫面。

④ **輸入密碼「PIN」**
輸入密碼「PIN」。
「PIN」和在台灣結算信
用卡費用時的4字密碼相
同。

⑤ **輸入金額，提領現
金**
選擇想要的金額。若要
指定金額，就直接輸
入，完成後即能提領。

●海外ATM單字集

帳戶	ACCOUT	存錢	SAVINGS
金額	AMOUNT	交易	TRANSACTION
修正	CLEAR	匯款	TRANSER
支付	DISPENSE	提領	WITHDRAWAL

※ATM操作順序會根據機種而有所不同。

技巧 3　活用信用卡

幾乎所有韓國的店都能使用信用卡支
付，若持有Visa等大型國際品牌的卡
片，就可以在當地ATM領取當地現
金。換錢就換最低程度，聰明地活用
卡片吧！

若手上的韓幣不
夠，也可以用信
用卡支付！

技巧 4　把韓幣全部用完

就算把兌換過的韓幣再換回台幣，也
會因為匯率和手續費等因素無法換回
原本的數目。此外，硬幣不能兌換，
所以在當地把換的錢都用完會比較
好。

退稅手續在機場的
Global Blue櫃台辦
理！

技巧 5　退還稅金

韓國的商品價格都有包含10%的附加
價值稅，若在加盟「Tax Free
Shopping」的店內1天購買3萬W以
上，就可以在機場辦退稅手續，最多
可歸還8.18%的稅金。

**韓國沒有
付小費的習慣！**

韓國和台灣一樣沒有
付小費的習慣。飯店
住宿費都包含了服務
費，不需另外支付。

「傷腦筋！該怎麼辦？」時的 最佳解答匯整

即使韓國很近，但畢竟還是國外。不了解當地語言和風俗，真的好困擾！
若是身體出狀況該怎麼辦……為了不要在發生問題時慌慌張張，得先知道
處理方法！

 傷腦筋，行李好重！

 BEST ANSWER 用EMS寄送吧！

用國際快速郵遞。長、寬、高合計3m以內、重量30kg以下的行李就能寄送，若大小、重量和橘子箱差不多，價格約840台幣左右。

STEP1　把行李帶到郵局

尋找寫有「KOREA POST」的紅色LOGO。最好在飯店櫃檯先問好地點。

> 也可以在飯店或超市寄。

↓

STEP2　在郵局打包

打包用的BOX可以在郵局購買，那裡也有膠帶和剪刀等工具。

↓

STEP3　填寫寄送單

① 寄件者資訊，要用英文填寫，住所寫居住飯店的地址。② 收件者地址。③ 填寫品名、個數、重量、金額，開頭寫上「非隨身行李」（Unacconpanied Baggage）。④ 若有好幾項，就填寫數量。⑤ 簽名

↓

STEP4　支付

行李和寄送單交給窗口，對方會秤重以決定費用。也可以用信用卡支付。

如何領取？
回國在機場填寫「海關申報書」。只要收到連絡說已送達，就可以帶著申報書到指定地點領取。

 電話怎麼打？

 BEST ANSWER 用飯店電話或手機

可以用飯店房間的電話、手機或公用電話。使用飯店房間電話時要先按外線號碼（每間飯店不同）。

☎ **韓國 → 台灣**

001（國際電話識別碼）＋ 886（台灣國碼）＋ 2（台北）（拿掉區域碼前的0）＋ 對方號碼

☎ **台灣 → 韓國**

002（國際電話識別碼）＋ 82（韓國國碼）＋ 2（拿掉區域碼前的0）＋ 對方號碼

＊從飯店撥打電話要另付手續費。
＊若沒有登錄my line，必須在國際電話識別碼前按各電話公司的識別號碼。

📱 **用手機**

只要有加入國際漫遊服務，就可以像在國內時那樣使用。請諮詢各電信業者。也可以在機場等地租借電話機。

 喝水怎麼辦？

BEST ANSWER 礦泉水比自來水來得安心

韓國的自來水別拿來喝，用來淋浴和刷牙會比較安全。若想喝水，就去便利商店等地購買礦泉水，價格為500ml瓶裝500～800W左右。

身體狀況變差，好困擾！

BEST ANSWER

流程會視是否有保險而不同！

若在韓期間身體狀況不佳，處理方法會因是否投保旅平險而不同。無論如何，還是先和飯店櫃檯商量為佳。

若有投保……

只要事前有投保旅平險，回國就可以申請治療費用，就算去醫院也不用擔心錢的問題。若想更安心地旅行，就先投保旅平險吧！

(1) 聯絡保險公司
聯絡保險公司的協助照護中心等，對方會介紹有和保險公司合作且通中文的醫院，再前往醫院治療。

(2) 到醫院治療
在醫院治療完，別忘了請對方填寫回國後申請海外旅平險時不可或缺的診斷書，也要妥善保管治療申請書和收據。

(3) 支付
只要向醫院提交海外旅平險證明和免現金服務單，就無需自行負擔。代墊費用時也別忘了領取診斷書、治療申請書和收據。

(4) 聯絡保險公司
於遭遇事故當天或生病後30天內與保險公司連絡，向保險公司說明事故和生病狀況，進行申請保險費的手續。

若沒有投保……

要是沒有投保旅平險，治療費可能會非常高。為了以防萬一，還是帶上平常服用的藥比較安心。

(1) 和櫃台商量
如果不是很緊急的情況，就先和櫃台商量。高級飯店有時會有醫師常駐，先確認看看吧。

(2) 到醫院治療
若沒有投保旅平險，必須全額負擔治療費，但只要有加入國民健康保險，回國後還是可以歸還健保負擔的部分。

● 記下備用的緊急TEL ●

救護車 119　　警察112
駐韓國台北代表部緊急聯絡電話：
市話：(82-2) 399-2780　行動電話：82-10-9080-2761
韓國境內直撥：010-9080-2761
遺失物中心 02-2299-1282

廁所紙怎麼處理？

BEST ANSWER

沖到馬桶是NG的！要丟在準備好的BOX裡

基本上和台灣相同，為了防止馬桶堵塞，使用完的廁所紙一般都會丟在準備好的BOX裡。

遺失物品好困擾！

BEST ANSWER

盡快連絡各單位

旅行中常常會發生遺失物品的情形。處理方法會根據遺失物而有所不同，先冷靜下來，進行妥當處置。

護照
請警察寫遺失證明書，之後提交遭竊、遺失表給駐韓代表部，申請新護照。

卡（信用卡、簽帳卡、預付卡）
聯絡各公司服務中心，進行停卡手續。對方會問信用卡號碼，旅行前請先記好。

機票
連絡發售機票的公司。基本上都要重新購買，而電子機票就算沒有留底也沒關係。

現金、貴重物品、旅行支票（T/C）
若遺失現金或貴重物品要請警察填寫遺失證明書，若為T/C則是連絡發行公司的客戶服務中心。

電源、電壓怎麼辦？

BEST ANSWER

帶著轉換插頭吧

韓國的電壓為220V，插座為2孔的「C type/SE type」，要使用能對應220V的電器，就得用轉換插頭。

首爾之旅 SUPER INDEX

依目的反向查詢

營業時間、費用、觀光客多寡等,每個店家類型該注意的焦點都不一樣,只要一眼就能一目瞭然!這是幫助你盡情旅遊首爾的超級索引。

地區	店家‧景點	公休日	營業時間	中文	中文菜單	信用卡	一人前往	觀光客	頁碼	MAP
清潭洞	I'm C(아이엠씨)	農曆新年、中秋當天	9:00～23:00(週五、六～24:00)	×	×	○	○	★★★	85	P.23 E-2
明洞	一號牛小腸(일번지곱창 대창)	全年無休	11:30～24:00(週日、國定假日16:00～)(LO23:30)	×	○	○	×	★★	39	P.11 D-1
明洞	元堂脊骨土豆湯(원당감자탕)	全年無休	24小時	○	○	○	○	★★★	31	P.10 C-3
江南	元祖菜包飯(원조쌈밥집)	全年無休	24小時	×	○	○	×	★★★	41	P.5 F-1
新沙	元祖馬山奶燉鮟鱇魚(원조마산할매아구찜)	全年無休	24小時	×	○	○	○	★★★	71	P.20 B-2
明洞	牛里花園(우리가든)	全年無休	10:30～15:00、17:00～22:30	×	○	○	○	★★★	72	P.11 D-3
鍾路	銀朱亭(은주정)	週日、國定假日	11:30～22:00	×	×	○	×	★	50	P.9 E-2
梨泰院	ECLAIR BY GARUHARU(에클레르바이가루하루)	農曆新年、中秋連休	12:30～20:30	×	×	○	○	★★★	81	P.17 D-2
弘大	Lga COFFEE弘大店(엘가커피 홍대점)	全年無休	12:00～24:00	×	×	○	○	★	85	P.17 D-2
三清洞	五嘉茶(오가다)	全年無休	9:00～22:30	×	×	○	○	★★★	83	P.12 C-3
梨泰院	On ne sait jamais(옹느세자메)	農曆新年、中秋連休	11:00:22:00(週日～21:30)	×	×	○	○	★★★	80	P8 C-1
三清洞	Cafe緣(카페 연)	全年無休	13:00～凌晨1:00	×	×	○	○	★★★	83	P.12 A-2
鐘閣	甘村(감촌)	週日、農曆新年、中秋當天	9:30～22:00	×	×	○	×	★	51	P.8 A-2
狎鷗亭洞	江西麵屋(강서면옥)	農曆新年、中秋前天與當天	11:00～22:00	×	×	○	○	★	30	P.22 B-2
南大門	家美谷傳統手工包子&刀削麵(가메골 옛날손왕만두&손칼국수)	週日、1月1日、農曆新年、中秋連休	8:00～20:00(內用LO19:10)	×	×	×	○	★★★	58	P.15 E-3
林蔭道	KKANBU CHICKEN(깐부치킨)	全年無休	16:00～凌晨2:00	×	○	○	×	★★	47	P.19 E-3
林蔭道	金家飯捲(김가네)	週日	8:00～21:30	×	○	○	○	★★★	59	P.19 D-3
弘大	教授烤腸(교수곱창)	全年無休	11:00～早上7:00	×	×	○	×	★	68	P.17 D-2
弘大	橋村炸雞(교촌치킨)	全年無休	12:00～凌晨2:00(LO 凌晨1:00)	○	○	○	○	★★★	60	P.17 D-2
東大門	雞林院 東大門店(계림원 동대문점)	全年無休	16:00～24:00	×	×	○	○	★★	69	P.14 B-2
鍾路	廣藏市場(광장시장)	週日、暑休(8月上旬)、農曆新年、中秋連休	9:00～22:00	○	○	×	○	★★★	76	P.9 E-2
弘大	CREAM FIELDS(크림필즈)	農曆新年、中秋連休	10:00～23:00(週日12:00～21:00)	×	×	○	○	★★★	80	P.4 A-2
三清洞	國代辣炒年糕(국대떡볶이)	全年無休	11:30～22:00	×	×	○	○	★★★	58	P.12 A-3
梨泰院	烤肉1231(고깃집1231)	全年無休	16:00～23:00(週六、日、國定假日12:00～)(LO22:00)	×	×	○	×	★	35	P.4 C-2
新村	肉倉庫(고기창고)	農曆新年、中秋連休	10:00～23:00	×	○	○	×	★★	35	P.18 A-3
狎鷗亭洞	COFIOCA(카피오카)	農曆新年、中秋當天	10:30～22:30	×	×	○	○	★★★	195	P.22 C-1
大學路	The Bub(더밥)	週一、農曆新年、中秋連休	11:30～16:00、17:00～21:30(LO21:00)	×	×	○	×	★★	38	P.15 D-1
狎鷗亭洞	THE MIN'S(더민스)	每月第一個週二	10:00～22:00	×	×	○	○	★	195	P.22 C-1
三清洞	三清洞麵疙瘩(삼청동수제비)	農曆新年、中秋連休	11:00～21:00	×	×	○	×	★★	59	P.12 A-1
三清洞	北村里 韓定食(북촌리 한정식)	全年無休	11:30～22:00 週五、六11:00～21:30	×	×	○	×	★	56	P.12 C-3
南山	山菜家(산채집)	農曆新年、中秋當天	11:00～22:00(L21:30)	×	×	○	○	★	70	P.6 C-3
付岩洞	山末同一(산모퉁이)	農曆新年、中秋當天	11:00～21:00	×	○	○	○	★★★	198	P.4 B-1

地區	店名	公休	營業時間					評價	編號	地圖
明洞	詹姆士起司豬肋排 明洞店（제임스치즈등갈비 명동점）	全年無休	11:00〜23:00	×	○	○	○	★★	68	P.11 D-2
狎鷗亭洞	神仙先農湯（신선설농탕）	農曆新年、中秋當天	24小時	×	○	○	○	★★★	63	P.22 A-2
梨泰院	suger lane（슈가레인）	週一	12:00〜21:00	×	×	○	○	★★	195	P.4 C-2
大學路	新村食堂（새마을식당）	農曆新年、中秋當天	24小時	×	○	○	○	★★★	40	P.15 D-1
市廳	小公粥家（소공죽집）	全年無休	8:00〜22:00（週六、日、國定假日〜19:00）	×	×	○	○	★★	31	P.8 A-3
三清洞	小赤豆（소적두）	全年無休	10:00〜22:00	×	×	○	○	★★★	85	P.12 A-2
鐘閣	瑞麟章魚（서린낙지）	農曆新年、中秋當天	10:30〜23:00	×	○	○	×	★	71	P.8 A-2
明洞	雪冰（설빙）	全年無休	10:00〜23:00（LO22:30）	×	○	○	○	★★★	85	P.11 D-2
望遠	Gelateria Dango（당도）	週一	12:40〜21:00	×	×	○	○	★★	81	P.4 A-2
梨泰院	CHEESE PANGYA（치즈 팡야）	週一	12:00〜22:00	×	×	○	○	★	69	P.18 A-1
三清洞	燉雞和豬蹄 桂洞店（찜앤족 계동점）	全年無休	11:30〜21:30（L20:30）	×	×	○	○	★	69	P.12 B-2
弘大	W hand Steak（더블핸스테이크）	全年無休	12:00〜23:00	×	×	○	○	★★★	19	P.17D-2
弘大	CHURRO101（츄로101）	全年無休	13:00〜23:00（LO22:00）	×	×	○	○	★	188	P.17 E-1
新村	春川家辣炒雞排（춘천집닭갈비 막국수）	全年無休	11:00〜凌晨6:00（LO凌晨5:00）	×	○	○	×	★★★	46	P.18 A-3
梨泰院	Jangkkoma（장꼬마）	週一	12:00〜15:00、17:30〜22:00	×	×	○	○	★	55	P.8 B-1
鍾路	鍾路老奶奶刀削麵（종로할머니손칼국수）	週日	11:00〜20:00	×	×	○	○	★★	68	P.8 C 2
明洞	全州中央會館（전주중앙회관）	全年無休	08:30〜22:30（LO22:00）	×	×	○	○	★★★	55	P.10 C-3
東大門	陳玉華老奶奶元祖一隻雞（진옥화할매원조닭한마리）	農曆新年、中秋前天與當天	10:30〜凌晨1:00（LO23:30）	×	×	○	×	★★★	49	P.14 A-2
弘大	巨蟹可樂餅（테헤록로켓）	全年無休	11:00〜22:00	×	×	×	×	★★	19	P.17 D-2
弘大	小豬存錢筒（돼지저금통）	農曆新年、中秋連休	15:00〜凌晨2:00	×	×	○	×	★★	37	P.17 E-1
鍾路	庭院茶館（뜰안）	週一、1月1日、農曆新年、中秋連休	11:00〜22:00	×	×	○	○	★★★	73	P.8 C-2
景福宮	土俗村（토속촌）	全年無休	10:00〜22:00	○	○	○	×	★★★	29	P.6 B-1
清潭洞	土牆巷弄（토담골）	全年無休	11:30〜22:00	×	○	○	×	★	57	P.23 E-2
東大門	鬼怪調味牛肉（도깨비불고기）	農曆新年、中秋當天	24小時	○	○	○	×	★★	39	P.14 A-2
鐘閣	糕三時代（떡쌈시대）	農曆新年、中秋當天	11:00〜24:00	×	○	○	×	★★	34	P.8 B-2
新村	胖胖豬韓式烤肉（통통돼지）	全年無休	16:30〜24:00（週五、六〜凌晨4:00）	○	○	○	×	★★	32	P.18 A-3
新設洞	肉典食堂3號店（육전식당3호점）	1月1日、農曆新年、中秋當天	11:00〜16:00、17:00〜23:00	×	○	○	×	★★★	28	P.5 D-1
東大門	東海海鮮湯（동해물탕）	全年無休	11:00〜24:00	×	○	○	×	★	51	P.14 B-1
東大門	挪夫生菜包肉店（놀부보쌈）	全年無休	24小時	○	○	○	×	★★	37	P.14 A-2
明洞	咸草醬蟹（함초간장게장）	全年無休	11:00〜23:00	○	○	○	○	★★★	72	P.11 E-2
東大門	八色五花肉（팔색삼겹살）	全年無休	24小時	○	○	○	×	★★★	36	P.14 A-2
弘大	Haru（하루）	全年無休	00:00〜00:00	×	×	○	○	★★	19、188	P.17 D-2
新沙	Bistopping（비스토핑）	農曆新年、中秋當天	11:00〜21:30	×	×	○	○	★★★	80	P.20 B-2
弘大	別天地先農湯（별천지설농탕）	全年無休	24小時	×	○	○	○	★	53	P.16 C-1
江南	富一排骨（부일갈비）	農曆新年、中秋連休	11:00〜23:00	×	○	○	×	★★	41	P.5 D-3
明洞	黑豚家（흑돈가）	全年無休	11:30〜24:00	○	○	○	○	★★	34	P.10C-1
梨泰院	FRANK's（프랭크）	週一	12:00〜22:00（週四〜21:00）	×	×	○	○	★★★	195	P.18A-1
梨泰院	PROST（프로스트）	全年無休	11:30〜凌晨2:00（週五、六〜凌晨3:30）	×	×	○	○	★★	193	P.18 A-1
弘大	百年土種參雞湯（백년토종삼계탕）	全年無休	9:30〜22:30	×	○	○	○	★★★	53	P.16 C-2
狎鷗亭洞	船笛（뱃고동）	農曆新年、中秋連休	11:30〜22:00（LO21:30）	×	○	○	×	★★★	194	P.22 C-1
梨泰院	Hong Cup（홍컵）	全年無休	14:00〜24:00	×	×	×	○	★	69	P.17 D-2

地區	店家・景點	公休日	營業時間					觀光客	頁碼	MAP
明洞	味加本 (미가본)	農曆新年、中秋當天	8:00～21:00	○	○	○	○	★★★	62	P.11 D-2
明洞	明洞餃子 (명동교자)	農曆新年、中秋當天	10:30～21:30	○	○	○	○	★★★	52、70	P.11 D-2
明洞	明洞一隻雞 (명동닭한마리)	農曆新年、中秋當天	10:00～22:00	○	○	○	○	★★★	73	P.11 D-2
狎鷗亭洞	MOON JAR (달빛술담)	農曆新年、中秋連休	11:00～凌晨2:00 (LO24:30)	×	×	×	×	★★★	59	P.22 B-2
市廳	武橋洞明太魚湯 (무교동북어국집)	農曆新年、中秋連休	7:00～20:00	○	○	○	○	★★★	53	P.8 B-2
仁寺洞	木響 (목향)	全年無休	10:00～22:30 (國定假日～23:00)	○	○	○	○	★★★	82	P.13 E-2
三清洞	吃休錢走 (먹쉬돈나)	全年無休	11:00～20:40 (LO20:30)	○	○	○	×	★★★	50	P.12 A-3
弘大	molly's pops (몰리스팝스)	週一、農曆新年、中秋連休	12:00～22:00 (週五、六～23:00)	○	○	○	○	★★★	188	P.17 E-1
弘大	菜包肉冷麵 (육쌈냉면)	全年無休	10:30～22:30	×	×	×	×	★★★	62	P.17 D-1
鍾路	生拌牛肉姊妹家 (육회자매집)	第1、3個週一、1月1日、農曆新年、中秋連休	9:00～22:50	×	×	×	×	★★★	38	P.9 E-2
弘大	烈鳳燉雞 (열봉찜닭)	農曆新年、中秋連休	11:00～23:00	○	○	○	×	★★★	47	P.17 D-2
明洞	永東海螺 (영동골뱅이)	農曆新年、中秋連休	14:00～凌晨1:00	×	×	×	×	★	60	P.11 F-1
新村	延南站著吃食堂 (연남서식당)	1月1日、農曆新年連休	12:00～肉賣完結束營業 (20:00左右)	×	×	×	×	★★★	40	P.18 A-3
狎鷗亭洞	李家飯捲 (리김밥)	週日	7:30～21:00 (週六～20:00)	×	×	×	×	★★★	65	P.22 A-1
林蔭道	LAY BRICKS (레이브릭스)	農曆新年、中秋當天	11:00～凌晨1:00 (LO24:00)、週日12:00～24:00 (LO23:00)	○	○	○	○	★★	197	P.19 F-2
林蔭道	REMICONE新沙洞本店 (레미콘 신사동본점)	全年無休	11:00～22:00	○	○	○	○	★	81	P.9 E-1
弘大	機器人飯捲 (로봇김밥)	全年無休	10:30～22:00	×	×	×	×	★★	65	P.4 A-2

	地區	店家・景點	公休日	營業時間	中文	觀光客	頁碼	MAP
BEAUTY	東門	ASUCA (아스카)	農曆新年、中秋當天	10:00～22:00	×	★★	105	P.14 A-3
	明洞	李恩美自然韓醫院 (이은미내추럴한의원)	週日、國定假日	週一、三11:00～20:00，週二、五～21:00，週四14:00～20:00，週六10:00～16:00	○	★★★	100	P.11 D-3
	江南	李平善傳統韓方藥酒皮膚研究所 (이평선 참마인)	週日	10:00～19:00	×	★★	101	P.21 D-2
	明洞	李惠卿美容沙龍 (이혜경에스테살롱)	全年無休	10:00～22:00 (最後受理20:00)	×	★★	105	P.11 D-2
	清潭洞	李文元韓醫院 (이문원 한의원)	週四、日	週一、二10:00～19:00，週三、五～21:00，週六9:00～17:30	○	★★★	101	P.23 F-2
	江南	webeauty清潭本店 (위뷰티 청담본점)	不定休	平日10:00～19:00，週六、日、國定假日10:00～18:00	×	★★★	109	P.23 F-3
	鍾路	LK Spa (엘케이스파)	全年無休	9:00～23:00	×	★★★	92	P.9 D-2
	江南	O HUI SPA (오휘스파)	農曆新年、中秋	10:00～22:00 (最後受理20:00)	×	★★★	108	P.9 F-3
	林蔭道	Garosu Therapy (가로수 테라피)	農曆新年、中秋 (各2天)	11:00～凌晨6:00 (週日～20:00)	×	★★	106	P.19 E-3
	仁寺洞	貴足按摩 (귀족마사지)	農曆新年、中秋 (各1天)	10:30～24:00 (最後受理23:00)	×	★★	106	P.13 E-2
	江南	廣東韓方醫院 (광동한방병원)	週日、國定假日	9:00～18:00	○	★★★	100	P.12 E-2
	東門	QUICK推拿 (퀵피부엔바디힐링센터)	農曆新年、中秋前天與當天	24小時	○	★★★	106	P.14 B-2
	新沙	Go Minjeong Esthétique (고민정 에스테틱)	週六、日、國定假日	週一、三10:00～22:00，週二、四14:00～，週五10:00～20:00	×	★★	104	P.20 B-2
	明洞	korea sport massage (코리아스포츠마사지)	農曆新年、中秋當天	10:00～23:00	×	★★★	106	P.11 E-3
	明洞	健美人美容院 (건미인에스테)	全年無休	10:00～23:00	×	★★★	105	P.11 D-2
	新村	THE FOOT SHOP (더풋섭)	全年無休	11:00～凌晨3:00	×	★★★	106	P.18 A-3
	松坡區	The Spa in Garden 5 (더 스파 인 가든파이브)	全年無休	24小時	×	★	99	P.5 F-3
	明洞	Spa G 明洞店 (스파지 명동점)	全年無休	9:30～23:00 (最後受理21:00)	○	★★★	109	P.11 D-1
	漢南	SPADAY江南店 (스파데이 한남점)	農曆新年、中秋連休、週三	週一～五11:00～21:00，週六、日10:30～20:00	○	★★★	108	P.20 A-1
	東大門	SPAREX東大門店 (스파렉스 동대문점)	全年無休	24小時	○	★★★	95	P.14 A-2

220

新村	森林韓方樂園24小時傳統桑拿 （숲속한방랜드 숲가마24시 사우나）	全年無休	24小時	×	★★	99	P.4 B-1
狎鷗亭洞	Tea Therapy（티 테라피）	農曆新年、中秋連休	10:00～22:00（最後受理21:00）	○	★★★	107	P.22 B-1
龍山	DRAGON HILL SPA（드래곤힐스파）	全年無休	24小時	○	★★★	99	P.4 B-2
弘大	BL Therapy（비엘테라피）	全年無休	10:00～凌晨5:00	×	★★	106	P.17 D-1
鍾路	BJ Therapy（비제이테라피）	全年無休	10:00～凌晨2:00	×	★★	106	P.15 D-1
梨泰院	Mr. foot（미스터 풋）	全年無休	10:00～22:00	×	★	106	P.18 A-2
明洞	明洞首爾汗蒸幕（명동서울한증막）	全年無休	10:00～22:00	×	★★	93	P.11 F-2
明洞	明洞瑞草火汗蒸幕（명동서초불한증막）	無全年休	9:00～凌晨2:00（女性最後受理24:30）	○	★★★	93	P.10 C-2
明洞	明洞韓方美容（명동한방에스테）	農曆新年、中秋當天	9:00～23:00（最後受理21:30）	○	★★★	101	P.11 F-2
明洞	明洞MUD汗蒸幕（명동머드한증막）	全年無休	9:00～凌晨1:00（最後受理23:00）	○	★★★	93	P.10 C-3
狎鷗亭洞	藥手名家（약손명가）	全年無休	10:00～22:00，週六9:00～18:00，週日11:00～20:00，國定假日10:00～18:00	×	★★★	105	P.22 A-2

SHOPPING

地區	店家・景點	公休日	營業時間	中文	觀光客	頁碼	MAP
明洞	IOPE BIO SPACE（아이오페 바이오 스페이스）	（1F）全年無休、 （2F）週六日	（1F）10:30～22:00 （2F）11:00～19:00	×	★	125	P.11 D-3
林蔭道	around the corner（어라운드더코너）	全年無休	11:00～21:00（週五、六～22:00）	×	★★★	197	P.19 E-1
三清洞	innisfree JEJU HOUSE三清洞店 （이니스프리 제주하우스 삼청점）	全年無休	10:00～22:00	○	★★★	117	P.12 A-1
仁寺洞	仁寺korea（인사코리아）	農曆新年、中秋連休	10:00～18:30 （週六～21:00）	×	★★★	137	P.13 F-3
仁寺洞	仁寺洞MARU（인사동마루）	全年無休	10:30～20:30，咖啡廳～22:00，餐廳～23:00	×	★★★	184	P.13 D-1
梨泰院	in toto（인토토）	第2個週三、農曆新年、中秋當天	9:00～20:00	×	★★★	131	P.18 A-2
仁寺洞	原州韓紙特約店（원주한지특약점）	全年無休	10:00～20:30	×	★★★	134	P.13 D-1
明洞	8IGHT SECONDS明洞店（에잇세컨즈 명동점）	全年無休	11:00～22:00	○	★★★	124	P.11 D-2
明洞	ALAND 明洞本店（에이랜드 명동본점）	全年無休 （僅明洞本店）	10:30～22:30	○	★★	125	P.11 D-2
清潭洞	SSG食品超市（SSG 푸드마켓）	農曆新年、中秋當天	10:00～22:00	×	★★★	143	P.23 D-2
江南	SMTOWN COEX ARTIUM（SM타운 코엑스 아티움）	全年無休	11:00～22:00	○	★★★	198	P.21 E-2
明洞	eSpoir明洞中央店（에스쁘아 명동중안점）	全年無休	9:00～22:30	×	★★	118	P.11 D-2
江南	ETUDE HOUSE新論峴店（에뛰드하우스 신논현점）	全年無休	9:00～23:00	×	★★★	115	P.20 B-3
梨大	A'PIEU梨大店（어퓨 이대1호점）	全年無休	10:00～22:00	×	★★	191	P.18 C-2
仁寺洞	Gallery mir（갤러리미르）	週日	11:00～19:00 （體驗～18:00）	×	★★	134	P.12 A-3
仁寺洞	國際刺繡院（국제자수원）	全年無休	10:00～20:30	○	★★★	132	P.13 D-2
江南	GO TO MALL（고투몰）	農曆新年、中秋當天	10:00～22:00	○	★★	198	P.20 A-3
狎鷗亭洞	GOURMET494（고메이494）	全年不定休、農曆新年、中秋前天與當天	10:30～21:00	×	★★★	143	P.22 C-1
明洞	the saem明洞Savoy world店（더 샘 사보이 월드점）	全年無休	8:00～24:00	○	★★★	119	P.11 D-2
明洞	THE FACE SHOP明洞1號店 （더 페이스샵 명동1호점）	全年無休	9:00～22:30	○	★★★	118	P.11 D-2
仁寺洞	Ssamziegil（쌈지길）	農曆新年、中秋當天	10:00～20:30	×	★★★	184	P.13 D-1
東大入口	新羅免稅店 首爾店（신라면세점 서울점）	全年無休	9:30～21:00	○	★★★	121、145	P.7 E-3
明洞	3CE STYLE NANDA PINKHOTEL （쓰리씨스타일난다 핑크호텔）	全年無休	11:00～23:00	○	★★	21	P.11 D-3
三清洞	JAY HAUS（제이하우스）	全年無休	10:30～21:30	×	★★	128	P.12 A-1
仁寺洞	Jetoy（제토이）	農曆新年、中秋當天	10:30～20:30	○	★★★	137	P.13 E-2
江南	SKINFOOD 林蔭道概念店 （스킨푸드 컨셉스토어 가로수길점）	全年無休	11:00～22:00	×	★★	116	P.19 E-2
三清洞	SPUR（스퍼）	農曆新年、中秋當天	10:30～21:30	×	★★	128	P.12 A-2
明洞	SPAO明洞店（스파오 명동점）	全年無休	週一～四、日10:30～22:00，週五、六10:30～22:30	○	★★	125	P.11 D-3
梨大	shara shara梨大店（샤라샤라 이대1호점）	全年無休	9:00～23:00	○	★★	191	P.18 C-2
仁寺洞	SORIHANA（소리하나）	全年無休	9:00～20:00	×	★★★	132	P.13 E-2
林蔭道	Dami（다미）	農曆新年、中秋當天	11:00～22:00	×	★★	131	P.19 E-2

地區	店家·景點	公休日	營業時間	中文	觀光客	頁碼	MAP
林蔭道	chapter1（챕터원）	週日	11:00～22:00	×	★	196	P.19 F-2
東大門	TEAM204（팀204）	週六6:00～週日20:00，農曆新年、中秋連休、暑休（8月第2週左右）	20:00～早上6:00	○	★★	128	P.14 C-2
東大門	doota!（두타）	暑休、農曆新年、中秋連休	10:30～24:00（週五、六～凌晨5:00）	○	★★★	126	P.14 B-2
明洞	TONY MOLY明洞2號店（토니모리 명동2호점）	全年無休	9:00～23:00	○	★★★	120	P.11 D-3
林蔭道	TOPTEN10 林蔭道店（탑텐 가로수길점）	全年無休	10:00～22:00	×	★★	122	P.19 E-3
南大門	南大門餐具批發（남대문그릇도매）	全年無休	9:00～19:00	×	★★	135	P.15 E-3
明洞	NATURE REBUPLIC世界店（네이처리퍼블릭 월드점）	全年無休	1F8:30～23:30 2F14:00～22:00	○	★★★	117	P.11 D-3
麻浦	Funny Fish（퍼니피쉬）	農曆新年、中秋當天	10:30～20:30	×	★★★	137	P.13 E-2
明洞	Vtcosmetics（부이티코스메티）	全年無休	9:00～23:00	×	★★	21	P.10 D-2
弘大	VPROVE（브이루브）	全年無休	10:30～23:30	×	★★	21	P.17 D-2
仁寺洞	VIIN COLLECTION（비콜렉션）	週六日	9:00～18:00	×	★★★	134	P.4 B-2
梨泰院	FERRARA KOREA（페라라 코리아）	農曆新年、中秋當天	9:30～21:00	×	★★★	130	P.18 A-2
新村	PENPIA（펜피아）	全年無休	10:00～22:00	○	★★★	137	P.18 A-3
東大門	maxtyle（맥스타일）	週日、農曆新年、中秋、暑休	11:00～凌晨5:00（週六～凌晨2:00）	○	★★★	126	P.14 B-2
梨泰院	Monday Edition（먼데이에디션）	國定假日、農曆新年、中秋連休	12:00～20:00，週日13:00～18:00	×	★★	193	P.18 C-1
明洞	MISSHA明洞1號店（미샤 명동1호점）	全年無休	9:00～22:30（週一三五9:00～）	×	★★★	114	P.10 C-2
明洞	MIXXO明洞店（미쏘 명동점）	全年無休	9:30～23:30	×	★★★	123	P.11 D-2
東大門	美利來東大門（밀리오레동대문）	週一4:30～週二10:30、暑休（8月中旬）、農曆新年、中秋連休	10:30～凌晨4:30	×	★★★	126	P.14 B-2
三清洞	moonshot（문샷）	全年無休	11:00～20:00	×	★★	21	P.12 A-2
林蔭道	MAISON DE PARFUM（메종드파팡）	農曆新年、中秋當天	12:00～21:00	×	★	196	P.19 F-2
仁寺洞	打開筆房（열림필방）	全年無休	10:00～22:00，週日15:00～21:00	×	★★	135	P.13 D-1
三清洞	Repetto（레페토）	全年無休	11:00～20:00（週六、日～21:00，農曆新年、中秋縮短營業時間）	×	★★	129	P.12 A-1
東大門	LOTTE FITIN（롯데피트인）	農曆新年、中秋當天	11:00～24:00	○	★★★	127	P.14 A-3
明洞	樂天百貨 本店（롯데백화점 본점）	每月休1次週一（不定時）、農曆新年、中秋連休	10:30～20:00（週五日～20:30）	○	★★★	143	P.10 B-1
首爾站	樂天超市首爾站店（롯데마트 서울역점）	第2、4個週日	10:00～24:00	○	★★★	143	P.16 B-3
明洞	樂天免稅店 本店（롯데면세점 본점）	全年無休	9:30～21:00	○	★★★	144	P.10 B-1
蠶室	樂天世界塔（롯데월드타）	全年無休	各設施不同	○	★★★	20	P.5 F-3

地區	店家·景點	公休日	營業時間	中文	費用	觀光客	頁碼	MAP
南山	N首爾塔（N서울타워）	全年無休	瞭望台10:00～23:00（最後入場22:30），週六～24:00（最後入場23:30）	○	瞭望台大人9000W，小孩7000W	★★★	157	P.7 C-3
南山	n·GRILL（엔그릴）	全年無休	11:00～14:00、17:00～23:00（LO21:30）	○	—	★★★	157	P.7 C-3
景福宮	景福宮（경복궁）	週二	9:00～17:00，6～8月～18:30 3～5、9～10月～18:00（閉園前1小時最後入場）	○	大人（25歲以上）3000W，小孩（24歲以下）1500W	★★★	152	P.8 A-1
弘大	京義線林蔭道公園（경의선숲길공원）	全年無休	無	×	免費	★★	19	P.5 A-2
水原	水原華城（수원화성）	全年無休	9:00～18:00（11～2月～17:00）（閉園前1小時最後入場）	○	水原華城大人1000W，小孩700W，兒童500W，華城行宮1500W	★★	162	P.24 A-1
江南	宣陵（선릉）	週一	6:00～21:00、11～2月6:30～（閉園前1小時最後入場）	○	1000W	★★★	151	P.21 D-2
大學路	崔淳雨故居（최순우 옛집）	週日、一，12～3月	10:00～16:00（最後入場15:30）	×	免費	★	199	P.4 C-1